망설이는 사랑

표지 설명

흰색 가장자리 안쪽으로 네모난 빨간색 영역이 있다. 책의 제목과 표지 중앙의 하트는 모두 픽셀이 드러나는 듯한 도트 디자인이다. 표지의 중앙에는 가장자리의 픽셀들이 흩어진 하트가 있는데, 하트 안에는 'BLIИ', 'EX'라는 알파벳이 있고, 동그란 회오리 모양과 별 모양이 각각 막대에 얹혀 있으며, 그 외에도 팬덤의 아이콘으로 보이는 요소들이 담겨 있다. 왼쪽 위에는 책 제목인 '망설이는 사랑'이, 오른쪽 아래에는 부제목인 '케이팝 아이돌 논란과 매혹의 공론장'이 빨간색 영역과 흰색 가장자리에 걸쳐 있는 하얀색 상자 안에 적혀 있다. 부제목 위에는 '안희제 지음'이, 표지 왼쪽 가장 아래에는 '오월의봄'이 빨간색 상자 안에 적혀 있다. 빨간 영역의 오른쪽 위에는 '닫기' 버튼처럼 '×' 표시가 적힌 빨간색 상자가 있다.

표지 설명은 이 책이 전자책이나 오디오북, 시각장애인용 대체자료로 만들어질 때 표지의 디자인을 청각적으로도 전달하기 위한 최소한의 조건이다. 비록 부족한 설명이지만, 더 많은 책에 표지 디자인 설명이 담기길 바란다. 더불어, 케이팝 뮤직비디오들에 한국어 자막이 기본으로 탑재되고, 화면 해설 버전이 제작되길 바란다. 케이팝을 모두가 차별 없이 즐길 수 있는 날이 오면 좋겠다.

망설이는 사랑

안희제 지음

케이팝 아이돌 논란과
매혹의 공론장

오월의봄

어떤 사랑도 경멸하지 않기로
마음먹었다

터널은 어두워서 누군가는 덜컥 겁이 나 뒤로 돌아 터널의 입구를 찾으려고 하는 사람들도 있어요. 터널 안은 같은 것만 보여서 답답할 수도 있지만 그 터널을 조금만 견디다 보면 터널 끝이 보이며 밝은 빛이 언니를 기다리고 있을 거예요. 저는 언니와 터널을 지나 끝이 보이기 전에 밝은 빛을 위해 단단해지는 법을 배우면서 터널의 끝을 맞이하고 싶어요. 우리 같이 걸어가요 언니. 힘들고 지칠 땐 서로에게 의지하면서 그렇게 나아갑시다. 항상 응원하고 사랑해요.

나는 주로 질병과 장애처럼 사회에서 주변화된 경험에 관심을 갖고 글을 써왔다. 그런 내가 한국 대중문화의 주류 중 주류인 아이돌과 그들의 팬들에게 진지하게 관심을 갖게 되었다. 어머니 때문이었다. 온갖 클래식 연주 앨범들과 수많은 록밴드, 팝 가수들의 앨범을 모아두고 그들의 음악을 틀던 어머니가 2017년 하반기에 방탄소년단의 팬이 된 것이다.

나 역시 그런 환경에서 별 생각 없이 건즈 앤 로지즈Guns N' Roses와 핑크 플로이드Pink Floyd의 앨범을 들으며 자라왔다. 학창 시절에도 딱히 아이돌 음악을 좋아해본 적은 없었다. 오히려 싫어하고 무시하는 편이었다. 내 주변에는 록 음악이 최고고 아이돌 음악은 수준이 떨어진다는 생각을 가진 이들이 많았고, 나 또한 그중 하나였다. 그게 무슨 음악이냐, 가사도 안 들린다, 립싱크하지 않냐, 직접 작사·작곡도 안 하면서……. 나는 마치 케이팝K-pop을 싫어할 이유를 찾아내려고 노력이라도 하는 사람처럼 싫어할 이유를 늘려갔다. 나중에는 케이팝 산업 내부의 성차별과 인간의 상품화와 같은 것들도 케이팝을 싫어하는 이유에 추가되었다.

그런데 어머니가 방탄소년단에 입덕했다. 나까지 팬이 된 건 아니었지만, 밤늦게까지 함께 뮤직비디오를 해석하다가 늦게 자는 일이 늘었고, 어머니가 부탁하면 투표도 하고, 뮤직비디오와 음원 스트리밍도 돌리고, 콘서트가 있으면 티켓팅도 함께했다. 연말에는 거의 모든 시상식의 무대를 함께 봤다. 그렇게 나는 아이돌 문화에 익숙해지고 있었다.

또 다른 계기는 〈문명특급: MMTG〉이라는 유튜브 채널이었다. 처음에는 웃겨서 보기 시작했는데, 이 채널을 보면서 새삼스럽게 깨달은 것들이 있었다. 케이팝의 역사뿐 아니라, 나오는 노래마다 안무 포인트와 창법의 특징을 꿰고 있는 아이돌 아티스트들, 일명 '케이팝 교수'들을 보면서, 나는 이들이 한 분야의 전문가라는 당연한 사실을 깨달았다. 자신의 분야에 대한 열정과 지식으로 똘똘 뭉친 사람들.

그러다가 나도 누군가의 팬이 되었다. 어머니가 방탄소년단의 팬, 즉 아미A.R.M.Y.가 된 이후로 우리는 새로 나오는 뮤직비디오라면 어떤 아티스트의 것이든 일단 틀어보게 되었는데, 그러던 중 한 뮤직비디오를 발견했다. 처음엔 '그냥 그런데?' 하고 넘겼다가, 왠지 모르게 한 장면이 다시 떠올라서 한 번 더 틀어보고, 방금 어딘가 놓친 것 같아서 또 틀어보고, 그러다가 한 40번 정도 돌려 보게 것 같다. 그게 내 첫 아이돌 덕질의 시작이었다.

그렇게 덕질을 시작한 지 얼마 되지 않았을 때, 〈문명특급〉에서는 '컴눈명'(다시 컴백해도 눈감아줄 명곡) 프로젝트를 진행하고 있었다. 내가 한 번도 좋아해본 적 없는 어느 그룹의 멤버들이 〈문명특급〉에 출연했는데, 이상하게 눈물이 나려 했다. 그 눈물이 어떤 의미였는지 여전히 잘 모르겠지만, 거기에 부끄러움이 섞여 있었음은 분명하다. 내가 케이팝을 가장 경멸하던 시기에 자신의 모든 열정과 청춘을 케이팝에 쏟아붓고 있었던 이들, 자신의 인생을 무대 위에 걸고 뛴 이들의 모습이 그제야 보이기 시작했다. 내가 단지 취향이 맞지 않는 음악을 듣지 않은 것이 아니라, 대단한 이유조차 없이 누군가의 삶을 경멸하고 있었던 것일지도 모른다는 생각에 이르렀고, 그 사실이 부끄러웠다.

케이팝은 분명 한국 대중문화의 주류 중 주류지만, 어디까지나 한국 문화의 세계적 위상을 상징하거나 문화 수출의 증거로 언급될 때만 존중받았다. 케이팝은 '애들이나 듣는 것'이나 '상품에 불과한 것'으로 여겨져 무시당하기 일쑤였고, 이런 경향성은 지금도 존재한다. 그래서 케이팝은 주류이면서도 주류가 아니다. 티빙 오리지널 다큐멘터리 〈케이팝 제너레이션〉에 나온 말마따나, 케이팝은 '거대한 서브컬처'다. 가장 빛나는 몇몇 그룹을 제외하면 당장 생활조차 어려운 경우도 더러 있다. 여타의 문화예술 노동자들처럼 본업과 함께 아르바이트를 하기도 한다. 그런데 계약 조건 때문에 사생활의 자유는 없고, 때로는 소속사에 의해 일방적으로 그룹이 해체되거나 멤버가 퇴출되는 경우까지 있다. 케이팝의 안팎에는 무언가 이상한 게 있다는 직감이 들었다. 무엇이 문제인지 더 알고 싶었다. 왜 케이팝을, 아이돌을 싫어하는 일이 이렇게나 쉬운지, 싫어할 이유들이 왜 계속해서 생겨나는지 궁금했다. 이토록 주류적인 문화가 어떻게 주변적이기도 한지 알고 싶어졌다. 케이팝을 시끄럽게 하는 네트워크를 보고 싶었고, 이를 통해 우리가 살아가는 세상을 보고 싶었다.

　나는 내가 이해하기 힘든 경험을 하면 그것을 이해하려고 안간힘을 쓰는 버릇이 있다. 나에게 찾아온 팬심과 덕질을 이해하기 어려웠다. 케이팝을 싫어하던 사람으로서, 나아가 케이팝이 어떤 면에서 해롭다고 생각하는 사람으로서, 나 자신의 팬심을 인정하거나 이해하기가 무척이나 어려웠다. 마음이 복잡했다. 좋아하는 아티스트의 열정과 내가 추구하는 가치관이 부딪힐 때, 나는 어떤 태도로 덕질에 임해야 할지 알 수 없는 곤란한 상황에 빠지곤 했다. 둘 중 무엇이 맞다고 섣불리 결정할 수 없었다. 덕질의 시작부터 내게 케이팝은 사회에 대한 나의 생각과 아티스트들에 대한 나의 마음 사이에서 발생하는 충돌 그 자체였다.

　그래서 다른 팬들의 마음이 궁금해졌다. 다른 이들은 자신의 마음을 어떻게 다루고 있을까. 이 글의 도입부에서 인용한 글은 내가 좋아하는 한 아이돌 아티스트의 데뷔 5주년 기념 게시물에 달린 댓글의 일부분이다. 해당 아티스트의 소속 그룹에서 한 멤버가 소속사의 악의적인 공지와 함께 퇴출되어 그룹의 존폐가 불분명한 상황에서 한 팬이 그런 댓글을 단 것이다. 나는 저런 마음들이 어떻게 생겨날 수 있는지, 무엇보다도 저런 마음이 무엇을 할 수 있는지, 어떤 세상을 만들 수 있는지 알고 싶었다. 그룹의 해체가 불 보듯 뻔한 상황에도, 돌아오지 않을 탈퇴한 멤버에게도 언제까지고 함께하겠다고 약속하는 마음이 궁금했다. 유치하다고 무시당하고 현생을 살라고 욕먹으면서도 덕질을 포기하지 않는, 낙인을 견디게 하는 마음이 궁금했다. '연예인 걱정이 제일 쓸모없다'는 말에 가려지는 마음이 궁금했다.

흔히 사람들은 덕질을 헛짓이라고 생각한다. 연예인이 꾸며낸 이미지에 홀라당 속아 넘어간 팬들이 가짜에 돈과 시간과 체력을 낭비하는 헛짓. 여기서 우리는 팬심은 진짜가 아니라 가짜이고, 팬들은 비합리적이라는 유구한 편견과 마주한다. 그러나 '가짜', '허상', '환상' 같은 말들은 얼마나 많은 감정들과 관계들을 지워버리고 있나? 팬과 아티스트가 주고받는 마음이란 단지 아이돌 산업이 만들어내는 상품이라는 말로 환원될 수 없는 복잡한 대상이다. 이렇게 많은 사람들이 공유하는 팬심이라는 것은 각자의 삶의 과정 안에서 각기 다르게 고유한 형태로 솟아나는 마음이다. 팬, 그리고 팬덤의 경험이 전혀 없는 사람들에게도 이 마음을 조금이나마 전달하고 싶었다.

'논란'을 경험한 팬들을 만나며 내가 발견한 것은, 팬심을 뒤흔들고 나아가 탈덕으로 우리를 떠미는 고통스러운 시간 안에서도 팬들이 그저 굴복하지 않는다는 사실이다. 그들은 아티스트를 마음에 안 들면 치워버릴 수 있는 상품이 아니라, 오히려 그 자체로 복잡하고 고유한 인간으로 대하려고 안간힘을 쓰며, 이를 위해 윤리적 고민들을 놓지 않는다. 이게 사랑이 아니라면 무엇이 사랑일까? 그 마음을 그저 철없는 짓이나, 나잇값 못하는 짓이나, 마케팅에 넘어간 한심한 짓으로, 시간 낭비로 치부할 수 없었다. 아니, 그래서는 안 된다고 생각했다. 나는 이 마음을 굳이 사랑이라고 부르고 싶었다. 설령 그것이 다소간의 낭만화를 수반할지라도, 그 말이 상기하는 어떤 찬란함과 이 마음들을 연결하고 싶었다. 어떤 열정도, 어떤 사랑도 경멸하지 않기로 마음먹었다.

차례

책에 자주 등장하는 용어들을 간략히 정리했다. '논란'의 경우 이 책의 관점에 따라 설명을 비판적으로 재구성했다. 등장 빈도가 적은 용어들은 해당 지면에서 그때그때 각주로 의미를 설명했다. 다른 현장에서는 같은 단어가 다른 의미로 사용될 수도 있다.

논란: 학교폭력, 갑질, 성폭력, 인권 의식부터 역사 인식, 인성 등에 이르기까지 아이돌 아티스트의 이미지에 타격을 줄 수 있는 모든 사건을 통칭한다. 논란이라는 범주는 각 사건의 내용과 큰 관련이 없으며, 개별 사건이 생산되고 증폭되며 특정한 방식으로 처리되는 과정 전반의 특성에 기인한다. 사건들은 온라인 커뮤니티, 소셜미디어, 검색 포털과 연동된 언론 등 관심경제의 원리로 작동하는 행위자들의 연결 안에서 생산되고 증폭되면서 논란으로 만들어진다. 이렇게 생산된 논란은 유행처럼 소비되며, 그 과정에서 특정 주장이 여론에 따라 사실의 지위를 얻으면 일단락된다. 그때도 논란은 완전히 사라지는 대신 다음에 생산될 논란의 토양으로 기능한다. 논란은 관심경제 안에서 특정 종류의 관심을 생성하고 유통할 뿐 아니라, 그와 결부된 특정 사회적 사안에 대한 (도덕적) 의견을 두고 경합을 벌이는 사람들, 즉 대중을 구성하고, 그들이 말을 주고받는 공간, 즉 공론장을 구성한다.

덕후/덕질: 덕후는 '오타쿠'의 준말, 덕질은 '덕후+질'의 준말이다. 따라서 덕질이란 "어떤 분야를 열성적으로 좋아하여 그와 관련된 것들을 모으거나 파고드는 일"을 말한다. 덕질의 정의는 티빙 오리지널 다큐멘터리 〈케이팝 제너레이션〉 1화를 참고했다.

팬심/팬질: 팬심fan心은 '팬fan'으로서의 마음心, 팬질은 '덕질'과 같은 의미인데, '덕질'이 아이돌 외의 영역에도 포괄적으로 사용되는 것과 달리 팬질은 아이돌 영역에 국한된 의미로 더 자주 사용된다.

입덕/탈덕: 입入덕은 덕질의 시작入을, 탈脫덕은 덕질의 끝脫을 의미한다. 탈덕의 경우 같은 의미로 '탈'에 '빠순이'의 첫 음절을 합친 '탈빠'를 사용하기도 한다.

본진/최애: 본진本陣은 현재 가장 좋아하는 아이돌 그룹을, 최애最愛는 현재 가장 좋아하는 멤버를 의미한다. 이때 최애는 '○○을 가장 좋아하는 사람'이라는 뜻의 '○○ 최애'와 같은 형태로도 사용된다.

돌판: '(아이)돌'과 '판'을 합친 말로, 보통은 팬덤fandom이나 아이돌 덕후들이 주로 이용하는 온오프라인 네트워크를 의미하며, 때로는 아이돌 산업까지 포함하는 의미로 사용된다.

떡밥: 아티스트의 성격이나 세계관 등에 대한 실마리들을 의미한다. 전자의 경우 주로 예능이나 자컨에서, 후자의 경우 노래 가사나 뮤직비디오 등에서 발견된다.

자컨: '자체 컨텐츠'의 준말. 소속사나 아티스트가 직접 만들어서 올리는 영상을 의미한다.

인터뷰이 소개

가명	성별	생년	본진	최애	입덕
일침	남	1997	**에스파**aespa	카리나/유지민	2021
			아이유/이지은		2011
홍대	여	1998	샤이니SHINee	태민/이태민	2009
종로	여	1998	**NCT**	마크/이민형	2016
			(여자)아이들(G)I-DLE	수진/서수진	2019
			아이유/이지은		2008
			샤이니	키/김기범	2008
			소녀시대SNSD	티파니/황미영	2007
풀문	여	1995	여덕		2011
개미	남	1995	있지ITZY	리아/최지수	2020
하늘	여	1997	레드벨벳Red Velvet	아이린/배주현, 슬기/강슬기, 웬디/손승완, 조이/박수영, 예리/김예림	2018
피자	여	1998	이달의 소녀LOONA/LOOПΔ	올리비아 혜/손혜주	2019
			~~빅뱅BIGBANG~~	~~G-DRAGON/권지용, T.O.P/최승현~~	2010
소바	남	1996	**(여자)아이들**	우기/쑹위치	2020
			NCT	런쥔/황런쥔	2021
			이달의 소녀	희진/전희진, 하슬/조하슬, 여진/임여진	2021
			~~빅뱅~~	~~G-DRAGON/권지용~~	2008
아메	여	1997	(여자)아이들	수진/서수진	2018
히비	여	1996	**에스파**	윈터/김민정	2021
			~~엑소EXO~~	~~백현/변백현~~	2010
			~~빅뱅~~	~~G-DRAGON/권지용, 승리/이승현~~	2007

인터뷰이는 인터뷰한 순서대로 기재했다. 비대면(ZOOM)으로 인터뷰를 진행한 경우 가명에 밑줄을 쳤고, 인터뷰이가 여러 아티스트의 팬이면 현재 본진을 굵게 처리했다. 취소선은 탈덕을 의미한다. 인터뷰에서 밝히지 않은 이전의 본진이나 최애 또한 존재할 수 있다. '여덕'은 주로 여성 아이돌을 좋아하는 여성 팬, 즉 '여돌여팬'을 의미한다. 지금의 본진이나 최애에게 논란이 발생하지 않았더라도, 이전에 그런 경험을 한 적이 있는 인터뷰이도 있다.

이것은 팬덤에 대한 책이 아니다

나는 아무리 현실이 추악한 것이라고 해도, 그 안에 분명히 존재하는 찬란함을 증언하고 싶었다.[1]

논란 이후에도 자기 안의 죄책감과 겨루면서까지 덕질을 이어가는 팬들의 이야기가 궁금했던 건 내가 아이돌 음악을 좋아하고, 덕질을 하고 있는 사람이어서만도, 케이팝이 점점 더 인기를 얻고 있어서만도 아니었다.

흔히 케이팝은 크게 두 가지 방식으로 다뤄진다. 하나는 성공한 문화산업이고, 다른 하나는 '케이팝 산업의 어두운 이면'과 같은 것이다. 여기서 후자는 다음과 같은 것들을 포함한다. 아이돌 아티스트들의 성적 대상화, 그와 결부되는 건강 문제, 아티스트 및 스태프 모두의 열악한 노동조건, 소속사와 아티스트 사이의 위계 관계, 감정적으로 아티스트를 착취하곤 하는 팬들과 그러한 착취를 적극적으로 조장하는 소속사들, 기약 없는 연습생 생활, 데뷔하더라도 종종 자신의 몫을 제대로 정산받지 못하는 산업 구조…….

이런 것들을 모르고 책을 쓰기 시작한 것은 아니었다. 다만 이런 문제들을 지적하면서도, 꼭 이야기해야 하는 중요한 것이 있다고 생각했다. 이것은 마음에 대한 이야기다. 너무 자주 '허상'이나 '무지성'으로 폄하되는 그 마음.

'팬덤 정치'는 아무것도 말해주지 않는다

팬덤은 아이돌에 국한된 현상이 아니지만, 최근 한국에서 '팬덤 정치'라는 단어가 사용되는 방식은 유독 아이돌 팬덤의 그것과 닮아 있다. 이재명이나 문재인 등에 대한 젊은 여성들의 열성적 지지에는 '팬덤 정치'라는 명명이 붙었지만,[2] 박근혜에 대한 중노년층의 열광이나 이준석에 대한 젊은 남성들의 열광은 그렇게 불리지 않은 현실이 이를 보여준다.

2022년 10월, 대통령직속 국민통합위원회는 '팬덤 정치'를 디지털 매체 환경의 변화 속에서 새롭게 생겨난 정치 문화로 규정하고, 이를 숙의 민주주의의 걸림돌이자 사회 분열의 원인으로 짚었다.[3] 같은 해, 어떤 정치인들은 "팬덤 정치와 결별하고 대중정치를 회복"해야 한다거나, "반지성주의가 현실에서 나타난 현상이 바로 팬덤"이라고 말하며, 특정 정치인들을 향한 지지 행위를 '팬질'로 규정했다.[4] 이처럼 '팬덤 정치'라는 말은 최애를 묻어놓고 지지하는 '무지성 팬덤'[5]과 '합리적 대중'이라는 이분법에 기대며, 이 이분법은 팬덤은 대부분 여성이며 여성은 비이성적이고 감정적

이라는 편견의 순환 안에서 탄생했다.[6]

'팬덤 정치'라는 단어는 마치 팬덤으로 '오염'되지 않은 순수하고 합리적인 정치가 있었던 것처럼 전제한다. 그러나 '팬덤 정치'는 애초 정치의 장 안에 흐르고 있었던 감정이 관심경제와 소셜미디어 등의 네트워크 안에서 더욱 증폭·재생산되며 나타난 현상이다. 오히려 우리는 지지자들이 언제나 특정 정치인들에게 '매혹'되어 움직였다는 사실을 인정해야 한다. 매혹 그 자체는 좋거나 나쁘지 않다. 그것은 다만 우리를 추동하는 힘이다. 그리고 설령 우리가 매혹에 따라 움직이는 '비합리적인' 존재일지라도, 우리는 매혹에 열려 있는, 타인을 느끼는 존재들이기에 변화할 수 있다. 나에게 중요한 부사는 언제나 '설령'이다.

팬심, 논란 속의 혼란

m 나는 그들로 인해 기록하는 것이 나의, 아니 망각하는 모든 인간이 해야 할 저항이라는 걸 알았고, 설령 망각에 패배하더라도 우리의 의무라는 걸 알았거든요. 또 복잡한 세상에서 한 아이돌 그룹의 한철과 그 시절 팬의 일상은 아무도 중요하게 생각하지 않지만 그래서 더 기록해야 한다는 것도요. (141)[7]

팬덤은 주로 빠른 속도로 움직이는 집단으로 이야기되었다. 사람들은 어떤 경우에는 그것을 가능성으로, 또 다른 경우에는 한계로 지적했다. 그러나 온라인 공간에서 팬덤은 그때그때 덕질의 문법과 여론에 영향을 크게 받기에, 단지 팬덤에 초점을 맞추게 되면 개개인의 팬이 마주하는 윤리적 고민을 포착하기 어렵다. 무엇보다도 이런 접근은 지배적인 여론만을 재생산하면서 주변화된 팬들을 이중으로 삭제할 위험이 있다. 그런 의미에서 이 책은 팬덤에 대한 책이 아니다.

책의 초고를 넘긴 지 며칠 되지 않은 2022년 10월 초, 다큐멘터리 〈성덕〉(오세연, 2022)을 보러 극장에 갔다. 성범죄로 사법적 판단을 받은 남성 연예인에게서 탈덕한 팬들의 마음을 조명하는 이 다큐멘터리는 '별 탈 없이 덕질하는 게 성공한 팬 아닐까. 나도 언젠가는 다시 성덕(성공한 덕후)이 되고 싶다'라는 결론으로 나아간다. 이 작품은 팬들의 복잡한 마음을 담아내고자 노력하면서도, 그것을 결국 죄책감이나 즐거움 둘 중 하나로 정리되어야 하는 것으로 그린다.

나는 이 책에서 사법적 판단이 뚜렷하지 않거나, 경찰 조사로도 이어지지 않은 사건들에 좀 더 집중했다. 내가 만난 팬들은 대부분 (논란 이후) 탈덕하지 못한 팬들이다. 소셜미디어와 관심경제가 결합하는 네트워크 안에서 가속되는 팬덤의 속도, 그리고 그 속도를 가능케 하는 감응과 여기서 구성되는 '팬덤'과 '대중'의 경계……. 이 난기류 안에서 판단이나 결정을 미루고 망설이는 팬들과 만났다. 나는 사법적 판단에 기댈 수 없어 옳고 그름의 기준부터 질문해야만 하는 상황에 놓인 팬들의 혼란과 마주했다. 그 팬들은 수많은 타자들이 던지는 윤리적 질문 앞에서 헤매고 있었다. 그 헤맴과 망설임이 관심경제 안에서 어떤 가능성을 만들어낼 수 있을까?

이 책이 논란을 다루는 방식

책을 쓰며 가장 고민한 지점 중 하나는 논란을 다루는 방식이었다. 기본적으로 논란은 팬들이 가장 피하고 싶어 하는 대화 주제다. 진실을 알기 어려운 논란들은 그 특성상 종결되지도 않고, 어딘지 찝찝하게 '일단락'될 뿐이다. 논란에 대한 논의가 누군가에게는 또 다른 피해가 될 수도 있다는 것이 특히 더 조심스러웠다. 인터뷰이들 또한 피해자가 존재할 수 있는 논란들을 더 다루기 어려워했다.

나는 개별 논란 자체의 사실관계에 대해 판단하지 않았다. 논란에 대한 팬들의 판단에 동의하느냐도 중요하지 않다. 특정 아티스트나 팬덤을 변호하거나 비난하는 일은 이 책의 목표가 아니기 때문이다. 중요한 것은 사람들이 논란 안에서 갖게 되는 태도와 그 태도가 줄 수 있는 시사점이다. 불확실한 믿음도 얼마든지 우리의 삶을 바꿀 수 있다.

따라서 이 책은 논란이 일어나고 증폭되는 과정, 그리고 그 속에서 팬들이 갖게 되는 고민에 초점을 맞춘다. 다뤄지는 논란에 대한 이해를 돕기 위해 관련 기사들뿐 아니라 인터뷰이들의 말과 팬들의 아카이브를 참고해 간략한 설명을 덧붙였다. 단, 인터뷰가 아닌 온라인 공간에서 찾은 자료 중 도리어 논란을 만드는 데 기여하거나 특정 집단에 대한 편견을 재생산하게 될 위험이 있다고 판단한 경우에는 예외적으로 익명으로 처리했다.

네트워크로서의 논란

수많은 폭로, 반박, 부인, 사과, 탈퇴가 반복되었다. 그런데 그렇게 많은 논란 이후에도 갑질과 학교폭력, (돌판 내부의) 성별에 따른 이중 잣대는 사라지지 않고 있으며, 미성년인 아티스트들에 대한 과도한 성적 대상화도 계속되고 있다. 왜일까? 사실 여기에는 우리가 아이돌 논란으로부터 학교, 계급, 노동, 성차별, 섹슈얼리티라는 주제들로 나아가지 못하도록 지속적으로 방해하는 어떤 네트워크가 존재하는 것은 아닌가?

이때 네트워크network란 인터넷 네트워크에 국한되지 않는 훨씬 넓은 의미다. 사람, 알고리즘, 기사, 댓글 등의 요소가 서로 연결되며 논란과 같은 효과를 일으키게 되는데, 이처럼 무언가가 연결되어 어떤 효과를 일으키는 양상을 네트워크라고 부르고자 한다. 이 책에서는 사람뿐 아니라 알고리즘, 소셜미디어 플랫폼, 처형대 영상, 댓글, 특정한 개념들 등 사람이 아닌 행위자actor의 역할 또한 촘촘히 살피며, 이런 맥락에서 우리가 이런 행위자들과 어떻게 연결되어 있는지 들여다본다.*

나는 논란을 일종의 실험실들이 힘을 겨루는 현장으로 이해한다. 팬, 대중, 사이버렉카** 등은 시각적 자료를 만들어내는 스마트폰, 노트북 등의 도구를 활용하고, 동영상 편집 프로그램이나 메모장 등을 통해 이를 글이나 동영상으로 제작한다. 이것이 특정한 주장과 함께 소셜미디어와 같은 온라인 공간에 게시되면, 주장들은 '사실'의 지위를 두고 경쟁한다. 이는 프랑스의 과학인류학자 브뤼노 라투르Bruno Latour가 관찰한 과학 실험실의 모습을 연상케

한다. 그런 의미에서 논란의 네트워크는 서로 반박하거나 힘을 실어주는 실험실들로 가득하다.[8] 라투르는 '주장'들이 '사실'로 인정받는 과정을 분석함으로써 사실이 '제조^{fabricate}'된다고 지적하며, 허구와 사실 사이, 합리와 비합리 사이에 절대적인 질적 차이는 없다고 말한다.[9] 이는 폭로나 사건 보도가 논란이 되고, 그 안에서 특정한 주장이 사실이 되어 논란이 일단락되는 과정 전반, 즉 논란의 네트워크의 역동을 살펴보는 데 적절한 틀이 된다.

케이팝 아이돌 논란은 사이버렉카, 언론, 대중, 팬덤뿐 아니라 사이버렉카가 만든 영상들, 댓글들, 소셜미디어 플랫폼과 그 구조, 그리고 알고리즘과 '짤' 등이 결합해 발생하는 효과다. 따라서 '아이돌 논란'이라는 효과를 발생시키는 네트워크는 '온라인 공론장'이라는 효과 또한 발생시킨다. 나는 그 네트워크를 스케치하

---

* 네트워크라는 말을 사용할 때 행위자-네트워크-이론Actor-Network-Theory, ANT의 아이디어를 일부 빌렸다. 이는 기본적으로 '아이돌 논란'을 이루는 행위자들이 무엇이며, 그들이 이루는 네트워크의 형태를 상세히 밝혀서 그에 연루되어 있는 나를 드러내고, 어떤 식의 개입이 가능한지 고민하기 위함이다. 행위자들 사이의 연결과 관계 안에서 만들어지는 효과에 집중하는 행위자-네트워크-이론은 네트워크 안에서 어떤 효과를 발휘한다는 측면에서 인간이 아닌 존재들 또한 행위자라고 이야기한다. 그리고 네트워크를 이루는 모든 종류의 행위자들이 자신의 이해관계를 상대의 이해관계로, 혹은 상대의 이해관계를 자신의 이해관계로 해석하고 협상하며 네트워크를 건설하는 과정, 즉 번역translation 과정을 좇으며 네트워크를 기술describe해내고자 한다. 자세한 내용은 다음을 참고하라. 브루노 라투르 외, 《인간·사물·동맹》, 홍성욱 엮음, 이음, 2010.

** 렉카들이 사고 차량을 선점하기 위해 교통사고가 난 현장으로 빠르게 달려가는 모습에 착안한 용어로, 주로 논란이 생긴 사안을 다루는 영상을 빠르게 제작해 논란을 증폭하는 유튜브 채널들을 지칭한다. 본문에서 설명하겠지만, 이들은 실제 렉카와 달리 단지 사고 현장에 달려간다기보다 사고를 직접 일으키거나 논란으로 만들어내곤 한다.

고, 특히 팬들과 그들의 감정에 집중했다. 그 네트워크 안에서 생성되는 윤리적 분투를 보기 위함이었다.

누구를 만나 어떤 이야기를 나누었나

대부분의 논란에 대해 '언급 금지'가 원칙인 돌판에서 논란을 주제로 인터뷰를 진행하기 위해 이미 신뢰가 있는 관계에서 출발했고, 인터뷰이들을 통해 또 다른 이들을 소개받아 범위를 넓혀나갔다. 인터뷰이들은 출신 지역이 다양하지만 대부분 수도권에 거주하고 있고, 모두 대학 입학과 졸업 중 적어도 하나를 경험한 1990년대 생들이다. 이들은 대부분 성차별에 대한 문제의식을 가지고 있으며, 학창 시절에 덕질을 시작했거나, '아이돌 전성시대'가 시작되던 시기에 청소년기를 보냈다. 아이돌에게서 학창 시절, 군대, 과거 수험생활의 추억이나 향수를 느끼고, 때로는 불안한 자신의 삶을 떠올리기도 했다.

주로 "친구 간의 대화와도 같은 비형식적이고 자유분방한 대화"[10]로 두 시간 내외의 인터뷰를 진행했다. 기본적으로 처음 덕질을 시작한 시점과 계기를 묻고, 논란 전후로 팬심이나 덕질에 변화가 있었는지, 논란 당시 어떻게 대응했는지 등을 질문해 논란이 팬으로서의 마음이나 실천에 어떤 영향을 주었는지 들여다보고자 했다. 몸에 힘을 빼고 인터뷰이들의 이야기에서 그때그때 만들어지는 맥락에 집중하려 했다. 이는 어느 정도 의도한 것이기도 했지만, '입덕'과 '논란'이라는 단어에 즉각적으로 반응하는 인터뷰이들 덕분에 가능한 일이기도 했다. 이 흐름 안에서도 주로 이들이 '감정적으로' 논란을 경험한 방식에 주목하고자 했다.

이 책에서 논란은 지극히 모호한 범주로, 사실상 연예인의 이미지에 부정적 영향을 줄 수 있는 것이라면 모두 포함하는 방식으로 사용된다. 현장의 언어를 반영하는 동시에 비판하고자 이 용어를 그대로 사용했다. 각기 다른 사례들을 하나의 단어로 묶는 것이 부적절하다는 비판이 마땅히 제기될 수 있겠지만, 그 사례들이 전부 논란으로 불리고, 또 비슷한 방식으로 처리되면서 더 깊은 고민과 문제의식으로 이어지지 못한다는 사실 자체가 의미하는 바가 있다고 생각한다.

어디에서 무엇을 관찰했나

2021년 5월부터 누구나 볼 수 있는 유튜브와 트위터, 인스타그램, 카카오톡 오픈채팅방 등의 소셜미디어 플랫폼이나 팬 플랫폼에서 게시물, 영상, 댓글, 대댓글, 채팅 등을 검토했다. 온라인에서 발견한 자료는 기본적으로 익명으로 처리했고, 가급적이면 특정 커뮤니티에 가입하지 않더라도 누구나 확인할 수 있는 자료만 직접 인용했다. 댓글이나 영상에 등장하는 아이돌 아티스트는 논란과의 연관성을 밝히고자 그대로 적되, 일부는 익명으로 처리했다. 온라인에서 찾은 자료를 인용할 때는 채널 및 계정의 규모나 콘텐츠의 수, 주로 올라오는 콘텐츠의 형태나 책에서 이를 다루는 방식 등을 고려해, 어떤 정보를 어디까지 공개할지 각기 판단을 달리했다. 이때 구독자 수, 채널 가입일, 영상 게시 날짜, 영상의 조회수 등을 기재한 이유는 처형대가 얼마나 빠르게 사람들의 관심을 잡아채는지 보기 위해서였다.

논란을 둘러싸고 만들어지는 조각보patchwork로서의 공론장들 안에서 사이버렉카라는 행위자의 역할은 의미심장하다. 따라서 그 지점을 상세히 볼 필요가 있었고, 그들의 영상을 중심으로 대중과 팬들 사이의 충돌이 두드러지는 유튜브 채널들과 영상들을 주로 관찰했다. 그중 적잖은 영상이 유튜브나 인스타그램 알고리즘이 추천해준 것들이다. 알고리즘이 아이돌 논란을 확산시키고 있는 현실을 감지할 수 있는 대목이다.

참여관찰과 인터뷰에서 발견한 내용과 잘 부합하면서, 동시에 그것을 효과적으로 보여준다고 생각되는 문장들을 발견하면 문학작품들도 적극적으로 인용했다. 가능한 한 정확하게 쓰려고 노력했지만, 여전히 부족한 지점들은 함께 고민해보자고 제안하고 싶다.

불순한 공론장, 매혹의 공론장

무엇보다도 나는 이 책을 통해 공론장과 공론장에 임하는 태도를 함께 고민하고 싶다. 지금 우리가 살아가는 세상에서 공론장이란 사건 하나하나에 따라 플랫폼들 사이를 움직이는 사람들, 그들을 움직이게 하는 플랫폼의 구조와 알고리즘 등의 조합을 통해 구성되는 하나의 조각보이다. 그리고 그 공론장은 대체로 소셜미디어와 관심경제의 자장 안에서 만들어진다. 책의 1부에서는 사이버렉카들이 활동하는 유튜브와 그 팔로워들, 이들의 목소리를 증폭시키는 언론 등을 살펴봄으로써 우리에게 망설일 틈을 주지 않고, 어디로 어떤 관심을 보내야 할지 사방에서 명령을 주고받는 빠른 폭력의 네트워크를 탐구한다. 2부에서는 팬들이 논란을 겪어내는 방식으로 논의의 층위를 이동해, 네트워크 안에서 요동치는 감정과 윤리적 분투에 집중한다.

"비합리성이란 언제나, 방해가 되는 누군가에 대하여 네트워크를 만들고 있는 사람이 가하는 기소다"[11]라는 문장은 논란의 네트워크 안에서 대중과 팬들 사이에 벌어지는 재판을 포착한다. 그런데 이 재판이 벌어지는 '이성의 법정'의 기저에는 강렬한 감정이 요동치고 있다. 사실 공론장의 원리는 재미, 사랑, 죄책감이 뒤섞인, 관계와 대화를 형성하고 지속해내는 불순한 원동력이다. 이를 직시할 때, 우리는 비로소 '공론장의 위기'에 대한 닳고 닳은 이야기 너머로 나아갈 수 있다.

미국의 미디어학자 헨리 젠킨스Henry Jenkins는 팬덤이 "매혹fascination과 좌절frustration 사이의 균형"에서 탄생한다고 말한다. 매혹되었기에 덕질을 하지만, 거기에 온전히 만족하진 못하기에 무언가를 새로이 쓰게 된다고.[12] 여기에 나는 덧붙이고 싶다. 팬들뿐 아니라 우리 모두는 항상 무언가에 매혹되어 있으며, 그 사실을 인정할 때 비로소 좌절이 좌절로 끝나지 않고, 2차 창작을 넘어 윤리적 분투로 이어질 수 있다고.

이 과정에서 나는 생각하게 되었다. 아이돌 산업의 모든 문제가 해결되어 돌판이 '클린'해진다 하더라도, 그 산업에 자신의 삶과 열정을 쏟아부은 아이돌 아티스트들, 자신도 어찌할 수 없고 이해하기 힘든 사랑에 휘말려 가치관과 사랑의 충돌이 만들어내는 회색지대에 자리 잡은 팬들에게 대중이 책임을 묻는 와중에,

대중의 책임은 쏙 빠진 채 과거에 대한 수치심이 아티스트와 팬의 몫으로만 남겨져서는 안 된다고. 돌판 안에서 그 누구보다 치열하게 고민하고, 다치고, 아프고, 뛰고, 춤추고, 이기고, 지고, 좌절하고, 사랑한 사람들만이 수치심을 안고 살아가는 것이 정의로운 일은 아닐 거라고.

돌판은 사랑과 증오, 열정과 탈진, 그리고 자부심과 수치심이 뒤엉킨 공간이었다. 그 복잡한 마음들을 보고 싶었다. 조금 더 가까이서, 그 마음들로 세상을 들여다보고 싶었다. 때로는 너무도 고통스럽고, 악의가 가득한 추악한 세상에서, 찬란한 사람들에게 매혹된 이들의 망설임에 깃든 찬란함을 보고 싶었다. 그 찬란함을 지우지 않는 일, 그것을 어떻게든 함께 끌어안고 논쟁을 이어나가는 일이 산업의 문제를 은폐하는 것이 아니라 산업 안에서 치열하게 고민하고 싸우고 사랑하는 당신과 함께하는 일이라고, 나는 믿는다.

· 팬에게 팬덤은 어떤 의미인가
· 사이버렉카가 자극하는 욕망은 무엇인가
· 다양한 사건사고는 어떻게 논란이 되는가
· 논란을 일으키는 네트워크는 어떻게 만들어지는가
· 우리 모두는 그 네트워크에 어떻게 연루되는가

1부

논란의 네트워크

1장

논란이 휩쓸고 지나간 자리에서

1. 선택이 아닌 팬심과 덕질

홍대 그 사건이 터지고 나서 2018~2019년 전까지는 그게 불문율
이었어. 말 안 하는 게.

2022년 여름의 유독 더웠던 어느 금요일 오후, 나와 '홍대'는
신촌의 한 식당에서 만나 점심을 먹고, 계단이 많은 카페로 이동
했다. 차 종류가 많은 카페였다. 테라스를 막아서 만든 듯한 2층
구석 자리에 앉은 뒤, 커피와 차 한 잔씩을 마시며 녹음과 함께 대
화를 시작했다. 손님이 늘어나 카페가 시끄러워졌지만, 그는 오히
려 목소리를 낮추고 고개를 약간 떨궜다. 특히 '온유'*라는 단어가
대화에 등장해야 할 순간마다 그의 목소리는 더욱 작아졌다.
　돌판에서 '언급 금지' 규칙은 익숙하다. 다른 팬덤과의 마찰을

피하기 위한 '타돌** 언급 금지' 규칙부터 제각기 다른 이유들로 특정 아티스트의 예명을 변형하거나 초성만 사용하는 '써방'***까지. 논란 또한 마찬가지다. 팬들은 자기 본진의 논란에 대해 이야기가 나오는 것 자체를 꺼린다. 논란에 대한 이야기 자체가 고통을 되살리거나 논란을 재점화할 수 있기 때문이다. 돌판의 덕질은 논란을 잊을 의무를 포함한다. 보통 덕질은 행복하려고 하는 것이고, 행복의 의무란 "좋은 것을 말할 긍정적 의무인 동시에 좋지 않은 것에 대해서는 말하지 않을 의무"이기 때문이다.[1]

때로는 팬덤 자체가 논란을 두고 편이 갈리거나, 서로 다른 입장 사이에서 패권 다툼이 발생하기도 한다.[2] 이처럼 논란은 다양한 이유들로 돌판에서 제대로 논의되지 못한다. 홍대의 작아지는 목소리와 떨구는 고개는 팬덤 내부의 분열과 팬덤 바깥의 시선, 무엇보다도 자기 안의 수많은 충돌 안에서 형성된 망설임이었다. 다른 인터뷰이들에게서도 비슷한 망설임이 느껴졌다. 이 책은 바로 이런 망설임에 대한 것이다.

하늘 선택하는 게 아니더라. 나는 그전까지는 선택하는 덕질이었

---

* 본명 이진기. 보이그룹 샤이니의 멤버. 1989년 12월 14일 출생. 2008년 데뷔해 현재까지 활동 중이다. 2017년 8월 12일, 한 여성이 그를 성추행 혐의로 고소했고, 소속사는 빠르게 '의도치 않은 신체 접촉'이 발생했음을 인정했다. 이후 피해 여성은 고소를 취하했고, 온유/이진기는 자숙의 시간을 가졌다. 그는 사건 발생 8개월 뒤 무혐의 처분을 받았고, 이후 논란은 일단락되었다.
** '타他+아이돌'의 준말('他dol'). 특정 아이돌 그룹의 팬 커뮤니티를 기준으로 해당 그룹이 아닌 아이돌 그룹을 지칭한다.
*** '써치search 방지'의 준말. 해당 아이돌 아티스트를 검색했을 때 검색에 걸리지 않도록 이름을 변형하는 것을 의미한다.

어. 접을 때는 내 선택으로 접고. 이렇게 해왔는데, 이상하게 레드벨벳 덕질은 그렇지 않더라고. …… 무엇보다 우리 둘 다 알고 있잖아, 우리가 원래 이런 사람이 아니라는 걸……. 나는 내 동생이 초등학생 때부터 소녀시대 좋아하고 샤이니 좋아했고 걔는 삶의 모든 때에 모든 아이돌을 덕질하는 애야. 지금도 여전히 그러고. 그걸 옆에서 보면서 난 절대 아이돌 덕질 안 하겠다 생각했는데, 그랬다…….

***

만옥 더 이상 발을 들이면 모든 게 엉망이 될 게 뻔했다. 그러나 그걸 알면서도 나는 너를 보러 갔다. 도대체 왜 이러는지 스스로를 이해하지 못하면서. (107)

어떤 인터뷰이는 '성공할 것 같은 그룹'을 골라서 덕질한다고 말하기도 했는데, 이는 아이돌 그룹을 '주식'에 비유하며 '망돌'(망한 아이돌)이 아닌 성공할 그룹을 골라 덕질하는 문화와 연결된다.[3] 또 많은 팬들은 덕질이 '하는' 것이 아니라 '당하는' 것이라고 말한다. 물론 덕질은 온전히 수동적이지도, 온전히 능동적이지도 않다. 덕질은 경제적 조건과 가족관계, 또래 집단의 영향 등이 얽혀 이뤄지는 선택 하나하나의 합이기 때문이다.

"언니가 먼저 꼬셨잖아요" 같은 말도 자신의 사랑을 과장해 표현하는 '주접 떨기'의 일환일 수 있겠지만, '덕질은 선택이 아니다'라는 레퍼토리는 온라인 현장뿐 아니라 인터뷰에서도 반복적으로 등장했다. 누군가는 모두가 당연히 좋아하는 분위기라서 좋아했고, 또 누군가는 그냥 갑자기 꽂히기도 했고, 심지어 아이돌을 싫어하다가도 난데없이 덕질을 시작하게 된 경우도 있었다. 주로 웹툰과 배우 등을 덕질하던 하늘은 자신의 동생이 아이돌 덕질을 너무 열심히 하는 걸 보면서 자신은 그러지 않겠다고 다짐했지만, 거리에서 나오는 음악을 듣고 뮤직비디오를 찾아 보다가 레드벨벳에 입덕했다.

"우리가 원래 이런 사람이 아니"라는 하늘의 말은 본디 케이팝과는 거리가 먼 나와 그의 문화적 취향을 시사한다. 어머니에게서 물려받은 내 음악 취향은 실제로 1960~1970년대 록 음악에 오랫동안 머물러 있었고, 인디밴드의 음악을 듣더라도 대체로 록 음악이었다. 나는 '슬램slam'(록 페스티벌에서 다른 사람과 서로 몸을 부딪치며 흥을 돋우는 일)을 즐기는 록 음악 마니아였다. 그래서 "고급문화와의 위계적인 비교 속에서 대중문화와 팬덤을 폄하하는 시선으로" 보다가 대학원 재학 중 보이그룹 동방신기에 빠진 "당혹"스러운 경험에 대한 한 연구자의 고백[4]은 대학원 진학을 앞두고 난데없이 케이팝 덕질을 시작하게 된 내게 깊이 와닿았다.

갑자기 찾아온 마음이 바꾸는 것

소바 걔네가 갔어. 난 가만히 있었는데.

***

만옥 누군가 너를 가진다는 생각만 해도 괴로웠고 네가 누군가를 쳐다보기만 해도 괴롭다면 네가 사라지는 게 옳았다. 내가 너를 포기하는 것은 선택지에 없었으므로 그게 최선의 답이었다.
(109)

이처럼 팬심이라는 마음은 바라지 않아도, 선택하지 않아도 갑자기 찾아오는 어떤 사건 혹은 상황에 가깝다. 소바의 말처럼, 탈덕조차 자신의 선택에 따른 것이 아니라 아티스트들의 상황이 변한 결과에 가까웠다. 이런 맥락에서 이 책의 1부는 '돌판'이라는 현장에 초점을 맞추며, 2부에서는 돌판으로 매개된 팬심을 들여다본다. 아이돌의 팬이 아니더라도 돌판에 진입하는 것이 가능하지만, 돌판에 진입한다고 해서 팬심이 생기는 것은 아니기 때문이다. 내가 보고자 하는 것은 팬덤에서 벌어지는 일들보다는 팬덤, 온라인 커뮤니티, 소셜미디어, 대중, 알고리즘 등의 네트워크 안에서 솟아나지만, 온라인상에서 쉽게 드러나지 않는 팬들의 마음과 그것과 관련된 사회의 단면들, 그리고 그 안에서 발견되는 어떤 태도의 문제다.

그렇다면 '팬'은 누구인가? 팬덤 안에서는 수집한 굿즈*의 가짓수와 분량, 참여하는 행사의 가짓수와 같이 주로 소비에 따라 팬들의 위계가 나뉘며, '진정한 팬'과 그렇지 않은 팬의 구분이 생기기도 한다. 그러나 이 책에서는 그러한 기준 없이 스스로 자신을 팬이라고 생각하거나 어떤 아티스트에게 팬심을 가지고 있다고 생각하는 이들에게 주목했고, 무엇이 이들을 계속해서 팬이게끔 하는지를 보고자 했다. 이는 소비 행위 혹은 팬덤이라는 공동체에 대한 강한 소속감이 아닌 방식으로 팬 정체성을 이해하고자 하는 하나의 시도이다.

---

* '굿즈goods'의 사전적 정의는 말 그대로 '상품'이지만, 돌판에서 굿즈는 아이돌 아티스트와 관련된 상품 전반을 지칭한다.

나는 팬을 소위 '일반 대중'에 비해 유독 비합리적인 존재로 취급하거나, 이들을 둘러싼 사회의 영향을 소거하지 않고자 한다. 팬심이라는 상황에 내던져진 이들은 어떤 방식으로든 덕질을 할 수밖에 없게 되었고, 덕질은 각자가 처한 개인적·사회적 맥락에 따라 각기 다른 형태를 띠었다. 이를테면, 30대 기혼 여성 팬들과 중년 주부 팬들에 대한 연구들에 따르면, 팬들은 자신의 덕질이 '나잇값 못하는 짓'이자 '엄마'나 '아내'라는 역할에 소홀해지는 과정으로 여겨지는 상황에서 죄책감을 느끼지만, 여전히 팬심을 가지고 있다. 남편이 잠든 뒤 커뮤니티 활동을 하기도 하고, 자신의 덕질을 숨기기도 한다.⁵ 혹은 작정하고 싸워 덕질을 '쟁취'하기도 한다. 덕질은 이들에게 나이와 성 역할에서 잠시나마 벗어날 수 있는 틈을 만들어주고, 이들의 팬 정체성은 이 틈에서 만들어진다. 이는 단지 여가 활동이 아니라 "자신에게 노력과 시간을 투자하는 활동"이다. 나아가 이들에게 덕질은 '엄마'나 '아내' 역할이라는 사회규범을 위반하는 과정에서 느끼게 되는 일종의 '길티 플레저guilty pleasure'이기도 했다.⁶

한국으로 이주한 중국 한류 팬 중에는 덕질이 자신의 학업과 진로를 결정하는 데 큰 영향을 주었다고 이야기하는 이들이 결코 적지 않다. 한 중국 팬은 덕질을 하고 싶다는 열정 하나로 한국 어학연수를 택했고, 어학연수가 끝난 뒤에는 아예 '홈마'*가 되면서 직업적으로 팬 생활을 시작했다. 또 다른 중국 팬들은 한류 스타의 통역사가 되고 싶다는 꿈을 안고 대학에서 한국어를 전공한 뒤 한국 대학원에 진학하거나, 자기 최애의 소속사에 입사하고 싶어서 한국에 왔다. 앞서 살펴본 기혼 여성들의 덕질에서처럼, 여기서도 팬들의 덕질은 개인의 취미 활동을 넘어서는 의미를 지닌다. 중국 한류 팬덤에 대한 이 연구에서는 중국 중산층 가정 자녀들의 덕질이 학업과 진로라는 생애주기와 관련된 실천임을, 나아가 타국에서 새로운 관계들을 맺으며 입덕 이전과는 다른 존재가 되어가는 과정임을 보여준다.[7]

이와 같이 덕질이란 팬심이라는 상황에 내던져진 이들이 자신에게 찾아온 당혹스러운 행복을 다루기 위해 선택할 수밖에 없는 실천이었고, 자신의 삶 자체를 새롭게 조율하는 과정이기도 했다. 덕질이 단순한 취미나 여가 활동을 넘어 생애 전체에 영향을 주는 상황에서 죄책감을 다루는 윤리적인 고민을 팬심이자 덕질의 한 구성 요소로 만드는 논란은 그 자체로 팬들에게 거대한 사건이 된다. 자신이 사랑하는 아티스트가 자신이 알던 것과 전혀 다른 모습을 드러낼 때, 특히 폭력적인 언행에 대한 의혹이 제기될 때, 논란은 삶을 재구성했던 덕질의 근간이 되는 팬심 자체를 뒤흔들게 된다.

---

*   '홈페이지 마스터homepage master'의 준말. 과거에 이들이 자신의 홈페이지를 운영하던 시기에 만들어진 이름으로, 팬사인회나 팬미팅, 콘서트뿐 아니라 공항이나 출퇴근길 등지로 아이돌 아티스트를 촬영하러 다니는 이들을 지칭한다. 현재는 대개 트위터에서 활동한다. 홈마들은 때로 생일 카페를 주최하기도 하고, 지하철이나 버스 등에 옥외 광고를 달기도 하고, 직접 찍은 사진으로 전시회를 열기도 한다. 자세한 내용은 다음을 참고하라. 〈아이돌 홈마의 생태계를 들여다보았다〉, 닷페이스, 2018. 12. 19(장지현, 〈3세대 아이돌 산업의 친밀성 구조: BTS 팬덤을 중심으로〉, 연세대학교 대학원 문화인류학과 석사학위논문, 2019, 17쪽 각주 6번에서 수정·재인용).

2. 논란이라는 모호한 범주

여기서 논란이라는 명칭에 대해 생각해볼 필요가 있다. 이 책에서는 갑질, 학교폭력, 성추행, 소아성애 옹호 등 내용상 하나로 묶이기 어려운 논란들을 함께 다룬다. 그것이 과연 가능할까? 나는 이런 논란들 사이의 공통점을 사건의 내용에서 찾는 대신, 논란을 대하는 사람들의 태도와 논란을 증폭시키는 네트워크에서 찾고자 한다.

이를테면 이런 것이다. 인터뷰이 중 '아메'는 2021년 음악 채널 엠넷Mnet에서 방송된 〈스트릿댄스 걸스 파이터〉의 경연 과정에서 발생한 논란, 힙합 댄스 크루 웨이비WAYB의 리더인 댄서 노제/노지혜의 광고 및 협찬 관련 논란, 아이린/배주현*의 '갑질 논란'을 연달아 언급했다. (사실 해당 인터뷰는 주로 수진/서수진의 '학교폭력 논란'**에 대해 이야기하는 인터뷰였다.)

〈스트릿댄스 걸스 파이터〉의 경연 중에는 두 댄스 크루가 맞붙을 때 일정 부분 서로의 안무를 대신 짜주는 미션이 있었다. 이경우 경연 규칙상 상대가 추기 어려운 스타일의 안무나 수준이 높지 않은 안무를 줌으로써 상대 크루의 점수를 깎을 수 있게 된다.

---

* 걸그룹 레드벨벳의 멤버. 1991년 3월 29일 출생. 2014년 데뷔해 현재까지 활동 중이다. 2020년 10월 20일, 아이돌 산업에 종사하는 스타일리스트가 인스타그램을 통해 자신이 아이린/배주현에게 갑질을 당했다고 폭로했고, 이후 소속사와 본인의 인정 및 사과, 그리고 자숙이 이어졌다. 이외에도 아이린/배주현은 소설 《82년생 김지영》을 읽었다고 비난받거나 각종 예능 프로그램에서 '태도 논란'의 중심에 놓였는데, 그중 대부분이 '여성' 아이돌이기 때문에 겪어야 했던 논란들이었다고 할 수 있다.

해당 미션을 수행하는 와중에 한 크루가 만든 안무가 너무 이상하다며 논란이 되었고, 논란이 된 크루의 멤버들은 인성과 실력에 대한 비난에 시달려야 했다. 미성년자 여성인 크루 멤버들을 대상으로 한 성희롱도 적잖이 발생했다. 노제/노지혜는 광고를 해주기로 하고 나서 제때 광고를 올리지 않았다거나, 유명세에 따라 브랜드를 차별했다는 비판을 받으며 인성 논란에 휩싸였다.

경연 과정, 광고 및 협찬, 갑질, 학교폭력은 어떻게 연달아 언급될 수 있었을까? 아메는 각 논란의 결이 다르다고 말하면서도, 이 모든 논란에서 개별 사건의 특수성을 이야기하기보다 논란을 대하는 사람들의 태도에 집중했다. 연예계에서 발생하는 논란은 종류를 막론하고 그 논란의 당사자들을 거의 매장하는 방식으로, 사건 자체에 집중하기보다 당사자들의 인성과 노력을 깎아내리거나 성희롱을 일삼는 방식으로, 즉 "그 사람의 존재를 깎아내리기 위한 비난"으로 나아간다는 것이다. 그는 여기서 대중이 논란이 된 행동 자체에 집중하기보다 당사자를 비난하는 프레임에 집착하는 과정에서 정작 개별 사건의 진실은 관심의 영역에서 사라

** 걸그룹 (여자)아이들 멤버였지만, 논란 이후 그룹 탈퇴 및 전속계약 해지 절차를 밟아, 현재는 소속사가 없으며 활동하지 않는 상태다. 1998년 3월 9일 출생. 2018년 데뷔, 2021년 탈퇴. 2021년 2월 19일을 시작으로 네이트판을 통해 피해자 언니 및 동창생의 폭로, 그리고 한 배우의 인스타그램을 통해 학교폭력 의혹이 제기되었고, 이에 대한 다른 동창생들의 반박과 수진/서수진, 소속사의 대응이 이어졌다. 이후 수진/서수진의 그룹 탈퇴와 이후 전속계약 해지로 일단락되었다가, 최초 폭로 내용의 진위 여부를 밝힐 수 없다는 경찰의 판단과 수진/서수진의 학교폭력대책자치위원회 결과가 무죄로 나왔다는 내용을 수진/서수진 측 법무대리인이 2022년 9월 공개한 이후 논쟁이 재점화되기도 했지만, 수진/서수진의 연예 활동이 재개되지는 않았다.

진다고 지적한다. 아이돌이 엮이는 순간 논란은 개별 사건의 특성과 무관하게 삽시간에 '인성'의 문제로, 즉 아이돌 아티스트 개개인의 문제로 치환된다. 무수히 많은 이질적인 사건들은 그렇게 논란이라는 단어로 묶일 수 있게 된다.

한 아이돌 아티스트의 앨범 콘셉트 논란에 대한 한 인터뷰이(일침)의 분투를 듣고, 다른 아이돌 아티스트의 성추행 논란을 바라보며 자신이 했던 고민을 떠올린 다른 인터뷰이(홍대)의 모습 또한 이러한 맥락과 상통한다. 상이한 두 사건은 이처럼 고민의 과정이라는 측면에서 같은 범주에 속하게 된다. 따라서 논란에서 주목해야 할 핵심은 개별 사건의 원인이나 전개와 같은 특징보다 그에 대응하는 팬과 대중의 태도, 그리고 그것을 생산·증폭·유통하는 네트워크다.

그렇다면 팬들은 논란에 어떻게 대응할까? 어떤 이들은 아티스트를 떠나고 덕질을 그만두기도 한다. 하지만 어떤 이들은 판단을 보류하거나 계속해서 수정하고 갱신함으로써 떠나지 않고 그 자리에 머무른다. 내가 관심을 두는 팬들도 바로 그런 이들이다. 논란이 발생하면 해당 아티스트는 으레 '클린'하지 못하다는 평가를 받는다. 그런 아티스트의 팬이 된다는 일은 한편으로 '오염'을 공유하는 일이다. 도덕적·윤리적 오염에 더해, 팬들에게는 '무지성'이라는 꼬리표가 달라붙는다. 도덕적·윤리적 위계는 지적 위계와 결합한다. 논란은 종종 아티스트, 특히 여성 아티스트를 (그들이 무죄이든 유죄이든 간에) 빠르게 매장시키며, 이때 관심경제 바깥으로 밀려난 '철 지난' 이들을 계속 좋아하는 일은 유행에 뒤처지는 일이 된다. 논란은 유행이지만, 논란에 휩싸인 아티스트의 팬이 되는 것은 유행에 뒤처지는 일이다.

이처럼 논란은 현존하는 감정이나 감각을 뒤처진 무엇으로 만들면서 논란을 겪은 이들을 과거에 가둔다. 동시에 논란은 바로 그렇게 함으로써 과거를 논란을 중심으로 다시 쓴다. 나아가 이는 도덕성과 윤리, 나아가 '지성' 혹은 '지능'과도 결부되면서 논란 속 아티스트를 떠나지 못하는 팬들에게 강력한 낙인 혹은 멸시를 부여한다. 팬덤 안에서도 논란을 둘러싸고 소수파와 다수파가 나뉜다. 논란이 도덕이나 아티스트 개인의 인성과 결부된 경우, 아티스트에 대한 적극적 비난 혹은 비판은 팬덤 내부에서도 재생산된다. 거기 동조하지 않는 팬들은 팬덤에서 소외된다.

3. 팬덤의 경험

홍대 좀 찾아보고 이러다 보니까 팬들이 모이는 공간들이 있더라고. 블로그도 엄청 많고, 그때 당시에 '샤기지'라는 팬페이지가 있었어. '샤이니 기지'인 거지. 그런 곳에 가니까 떡밥들이 엄청 많아. 나는 뮤직비디오만 좋아했는데, 사람들이 이걸로 캡처도 만들고, 이 아이돌이 공연한 걸 사진을 찍어서 보여주고. 그때가 샤이니 팬들이 고화질 직찍, 그거의 거의 시초, 시작이었거든. 그렇게 좀 맞물린 거지. 막 넘쳐나는 이 떡밥들 속에서 더 좋아지게 된, 그러니까 좋아하기 더 편해진 상황이 된 거지.

***

나 사람들과 덕질을 공유하는 게 덕질을 지속하는 데 좀 큰 원동력 중 하나인 거예요?

피자 저는 그렇다고 생각해요. 저는 완전 그런 편이거든요. 누구랑 얘기하고 떠들고 그래야 좀 더 좋아하는 마음이 생기고, 좋아한다고 혼자 생각하는 거랑 입 밖으로 빼는 건 다르잖아요. 근데 그거를 같이 좋아하는 사람이랑 얘기한다? 기절하는 거죠.

***

히비 같이 얘기할 사람이 생기면, 더 막 내뱉으면 마음이 깊어지잖아요.

***

m 우리는 만나서 서로에 대해 묻지도 않고 매번 사랑하는 것에 대한 얘기만 나눴죠. 그런데 그 순간을 돌이켜봤을 때 기억에 남는 건, 내가 얼마나 그들을 사랑했느냐 하는 것보다는 기다림의 순간에 있었던 일들이에요. 요컨대 우리가 대화하던 도중 빛나던 만옥씨의 눈빛이나, 내가 만옥씨에게 느낀 감정 같은 것들. 그때는 그런 게 내겐 큰 의미가 없고, 오히려 시간을 견디기 위한 방책에 불과했는데. 이상하죠. 지나고 나니 오히려 그게 가장 중요했다는 생각이 든다는 게. (175~176)

팬덤이란 기본적으로 함께 덕질을 하는 이들의 모임일 것이다. 인터뷰이들은 아이돌 덕질 외에도 다양한 덕질 경험을 가지고 있었다. 하늘은 웹툰 덕질, 홍대는 아이돌 덕질, 히비는 영화 덕질, 피자는 종류를 특별히 지정하지 않은 채 덕질 일반에 대해 이야기했다. 각기 다른 덕질을 이야기하고 있음에도, 이들에게서는 공통적으로 덕질하는 이들의 공동체에 대한 애정이 느껴졌다. 자신이 좋아하는 것을 함께 좋아하는 이들이 자신의 사랑을 표현하는 것을 보고, 그들과 함께 '주접을 떨며' 사랑을 확인하기도 하고, 다른 사람들이 만들어 올려주는 '떡밥'들을 보는 공동체 안에서의 경험들은 덕질의 재미를 구성했다.

페미니스트 학자 사라 아메드$^{\text{Sarah Ahmed}}$는 《행복의 약속》에서 '행복'이라는 개념이 우리가 살아가는 사회에서 어떤 방식으로 작동하는지 분석한다. 그는 팬클럽이나 동호회가 우리에게 존재하는 "자신이 좋아하는 것을 좋아하는 사람을 좋아하는 경향"을 잘 보여줌으로써 사회적 결속이 감각적임을 드러낸다고 말한다. 우리에게 행복을 주는 것은 '좋은 것^{goods}[재화/굿즈]이고, 좋은 것을 향한다는 건 곧 올바른 방향을 갖는 일이 된다. 이 방향은 사람들과 공유되면서 강해지고, 사회적 삶을 이루는 중요한 요소가 된다. 같은 대상을 두고 행복을 느끼거나, 삶을 행복하게 만들어줄 거라고 믿게 되는 대상이 같을 때, 우리는 같은 곳을 바라보는 것이며, 그렇게 "우리는 같은 대상을 행복의 원인으로 보고 그것에 몰두함으로써 타인과 하나가" 된다. 이때 만들어지는 것이 정동^{affect} 공동체이며, 팬덤은 그 하나의 사례다.[8]

아이돌 아티스트들은 "꽃길이 아니어도 좋으니 같이 걷자", "항상 행복하게 해줄 테니까 믿고 따라와" 같은 말들로 행복을 약속하곤 한다.[9] 하지만 그 행복은 다소 부적합한 것으로 여겨진다. 아이돌 덕질은 종종 이성애를 전제로 하는 유사연애의 한 형태로 규정되며, '현실의 관계에 만족하지 못해 무의미한 환상에 빠지는 일'로 폄하되곤 한다. 이런 편견은 청소년과 여성에 대한 비하의 시선('10대 여자애들이나 좋아하는 것')과 깊은 관련이 있다. 그렇기에 아이돌 덕질은 청소년기 혹은 이성애적 관계를 맺기 어려운 군대와 같은 환경에서만 얼마간의 사회적 이해를 획득할 수 있는 특수한 행위가 된다.

이처럼 덕질이 통상적인 상황에서 승인되지 않는다는 사실은 그것이 행복해지기 위한 적절한 방식이 아님을 시사한다. 덕질은 적당히 즐기기만 해야지, 진심으로 해서는 안 되는 것이다. 이는 '덕질'과 '팬질'이라는 단어에서 이미 드러난다. 기본적으로 '오타쿠질'과 그것의 준말인 '덕질'에 붙는 '~질'은 국어사전에 따르면 "(일부 명사 뒤에 붙어) 주로 좋지 않은 행위에 비하하는 뜻을 더하는 접미사"로 정의된다. 대표적으로 '도둑질'을 꼽을 수 있다. 덕질에 진심인 태도를 때로 '과몰입'과 같은 말로 설명하는 것만 보더라도 알 수 있다.

그렇기에 누군가와 함께 덕질하는 일, 아이돌 아티스트가 건네는 행복의 약속을 공유하는 일은 팬의 삶에서 큰 의미일 수밖에 없다. 어떤 의미에서 이것은 다른 형태의 사회적 지위에 소속되는 일이며, '허상'이나 '망상'과 같은 말로 불리던 승인되지 못한 욕망을 정상적이라고 여겨지는 공간에서 승인받는 일이다. 즉 덕질에서 발생하는 것은 정체성의 전환이다. 그래서 팬덤 안에서 활동하는 일은 덕질의 양상 자체를 바꿔놓곤 한다. 각 팬덤은 본진에 소속된 아티스트들의 사진이나 영상을 밈meme으로 활용해 소통하는 식으로 특정한 형태의 고유한 집단기억과 문화를 갖게 된다.

팬덤은 일종의 의식을 치르기도 한다. 이를테면, 본진의 데뷔 날짜나 멤버들의 생일을 시간에 대응시켜 하루에도 두 번씩 단체로 특정한 날짜들을 되새긴다. 이를테면 '가나다'라는 그룹이 데뷔한 날짜가 8월 19일이라고 할 때, 8시 19분에 '가나다시^時'라고 트위터나 오픈채팅방에 올리는 식이다. 해당 그룹의 한 멤버인 '라마바'의 생일이 8월 18일이면 사람들은 8시 18분에 '라마바시'라고 써서 올린다. 이는 팬의 자격을 입증하는 행위이자, 해당 공간에 연결되어 있는 이들에게 집단적으로 특정한 기억을 각인하는 과정이다.

이때 생일은 덕질에서 매우 중요한 사건이다. 이는 '생일 카페'(생카)의 사례에서 두드러진다. 아이돌 아티스트의 생일에 맞춰 열리는 생일 카페는 주로 트위터나 디시인사이드 갤러리와 같은 온라인 공간을 통해 널리 홍보되고 공유된다. 어떤 카페들은 아예 생일 카페를 주된 수익 모델로 삼는다. 카페 앞에는 아티스트의 얼굴이 크게 인쇄된 현수막이 걸리거나, 비슷한 디자인의 입간판이 세워져 있다. 카페 안에는 아티스트의 사진이 사방에 붙어 있고, 주최자들과 팬들은 포토카드가 빠진 앨범이나 중복된 포토카드, 혹은 직접 만든 엽서처럼 남는 굿즈를 무료로 나누기도 한다.

카페에는 해당 아티스트의 음악이 흘러나오고, 벽에서는 프로젝터를 통해 영상이 재생된다. 사방에 붙은 풍선들은 아티스트의 나이, 이름, 'HAPPY BDAY' 같은 글자들을 나타내며 '생일'이라는 기념일을 구성하고, 테이블에는 친필 사인이 적힌 엽서나 앨범, 그가 나온 잡지나 화보, 그가 직접 쓴 글 등이 전시된다. 아티스트들이 현장을 방문해 흔적을 남기거나 팬들을 만나기도 한다. 방문자들은 이렇게 꾸며진 모습을 사진이나 영상으로 남겨 간직하거나 온라인에 게시한다. 카페는 아티스트를 주제로 기획된 하나의 전시 갤러리에 가깝다.

또한 생일 카페는 한정 '비공굿'*을 얻을 수 있는 기회이기도 하다. 아이돌 아티스트의 어린 시절 사진이나 팬미팅** 혹은 팬사인회***에서 찍힌 사진처럼 무대 위에서의 사진보다 친밀한 분위기를 주는 사진이 인쇄된 스티커나 포토카드****는 비공굿의 단골 아이템이다. 카페에서 파는 음료에도 생일인 멤버의 이름이 적힌 스티커 등이 부착되는데, 이 스티커 하나가 해당 음료를 굿즈로 탈바꿈시킨다. 무엇보다도 아티스트의 생일을 축하한다는 목적과 함께 이곳은 생일을 핑계로 팬들끼리 모일 수 있는 시공간이 되어 주요 '오프'***** 장소 중 한 곳이 된다. 팬들은 이곳에서 굿즈를 나누기도 하고, 생일 카페를 여는 사람들은 직장에서 시간을 쪼개 생일 카페 때 나누거나 '럭키 드로우lucky draw', 즉 뽑기 경품으로 사

---

*   '비공식 굿즈'의 준말로, 주로 아이돌 아티스트의 사진 등을 활용해 팬들이 직접 만드는 굿즈를 의미한다. '비공굿'의 반댓말로는 '공식 굿즈'의 준말인 '공굿'이 있다.
**   팬과 아티스트가 만나는 공식적인 행사 중 하나로, 콘서트처럼 공연장을 대관해 진행한다.
***   흔히 '팬싸'로 줄여 부른다. 기본적으로는 포스터나 앨범에 사인을 받는 행사지만, 스킨십과 대화 등 다양한 상호작용이 이뤄지기도 한다. 코로나19 이후로는 영상통화로 진행하는 '영통팬싸'가 생기기도 했다. 이에 대한 자세한 설명과 분석은 다음을 참고하라. 장지현, 〈3세대 아이돌 산업의 친밀성 구조〉, 30~35쪽.
****   아이돌 아티스트의 사진이 인쇄되어 있는 명함 사이즈의 카드형 굿즈로, 흔히 '포카'로 줄여 부른다. 주로 음반 등에 랜덤으로 들어 있다. 주로 트위터나 중고거래 플랫폼에서 거래되며, 한 장당 가격이 1000원대부터 수십만 원에 이르는 것까지 천차만별이다. 포토카드 거래만을 목적으로 하는 플랫폼도 존재할 만큼 포토카드는 덕질에서 중요한 지위를 점한다. 포토카드를 종류별로 모두 모으는 것은 만화 〈드래곤볼〉에서 드래곤볼을 모두 모으면 소원이 이뤄지게 할 수 있는 것에 빗대 '드볼'(드래곤볼)이라고 불린다.
*****   '오프라인offline'의 준말로, 카페나 콘서트장 등에서 이루어지는 팬들 사이의, 혹은 팬들과 아티스트 사이의 대면 만남을 의미한다.

용할 굿즈를 준비하기도 한다.

누군가는 흘러나오는 음악을 흥얼거리며 따라 부르기도 하고, 발로 리듬을 타기도 하고, 굿즈를 함께 보며 웃고 떠들기도 한다. 음악, 풍선, 영상, 핸드폰, 소셜미디어, 포토카드, 사진, 웃음소리, 어색하게 앉아 있는 손님들, 혹시나 당사자가 들를지도 모른다는 기대감에 가져온 선물……. 이 모든 것이 결합해 '생일 카페'라는 특수한 시공간을 구성한다. 생일 카페는 당사자 없이 생일을 축하하는 팬들의 작은 축제이자, 생일 카페를 추진하는 팬과 카페 사장 등의 이해관계가 협상되는 장이기도 하다.[10]

만나고 기다리는 덕질

생일 카페 사례가 드러내듯, '오프를 뛰는' 것은 덕질이 이전과 다른 단계로 접어들었음을 의미한다. 혼자서 조용히 팬클럽 등에 가입하고 활동하던 아메는 1년 전쯤 학교에서 만난 다른 팬에게 '끄집어내어져' 오프라인 매장에 가서 앨범을 사고 개봉하거나, 음악방송 공개방송 무대를 보러 가는 등 오프를 뛰기 시작했다. 돈을 모아 앨범과 굿즈를 사는 게 자신에게 맞지 않는 행동이라고 여겼던 그의 생각은 어느 순간 달라지기 시작했다.

콘서트나 팬미팅 현장에서는 팬들끼리 유대감을 느낄 수 있는 다양한 사건이 벌어진다. 팬들은 아티스트의 말을 듣고 특정한 색깔의 옷을 입고 모이곤 해서, 현장으로 향하는 길에서부터 이미 서로를 알아본다. 현장 근처에서는 최애의 사진이나 이름이 포함된 포토카드나 응원용 슬로건 등 비공굿을 만들어 무료로 나눠

주기도 한다. 콘서트 관련 굿즈를 사고 거기서 나오는 포토카드를 모르는 사람과 교환하는 모습도 흔히 볼 수 있다. 공개방송처럼 다른 팬덤과 마주치는 자리에서는 그들과의 기 싸움에서 이기고 자기 본진의 기를 살려주기 위해 특정 가사를 따라 부르고 구호를 외치는 팬챈트^{fan chant}, 즉 응원법과 같은 "절도 있는 '행동 양식'"을 익히며 집단에 소속되고자 노력한다.[11] 그래서일까, 팬덤의 지배적 의견에 따르지 않는다는 이유로 소외된 경험은 덕질을 하며 겪을 수 있는 가장 큰 고통 중 하나로 언급됐다.

m 팬의 시간은 대부분 기다리는 시간이다. 음악방송이 있는 날, 팬들은 아침부터 방송국 앞에 모인다. 그곳에서 멤버들이 출근하길 기다리고, 출석 체크 시간을 기다리고, 입장시간을 기다린다. 방송국에 들어간 뒤에도 기다림은 계속된다. 멤버들의 순서를 기다리고, 그들의 차례가 끝나면 전체 엔딩을 기다린 뒤 다시 처음의 자리로 돌아가 퇴근하는 멤버들을 기다린다. 멤버들이 출퇴근하고 무대에 오르는 약 십 분 정도의 시간을 제외하면 말 그대로 기다리는 일에 하루를 다 쓴다고 해도 무방했다. (18~19)

함께 모여 공통의 대상을 향한 사랑에 감응하는 팬들은 언제나 기다리는 존재이기도 하다. m은 최애를 보기 위해 음악방송 녹화 일정을 챙기는 팬들의 모습을 알려준다. 아메는 인터뷰 당일 아침에도 한 걸그룹의 공개방송을 다녀왔는데, 공개방송은 이른 새벽부터 몇 시간을 대기해야 한다. 팬들은 (자신의 의지와 무관하게) 기다림에 익숙해진다.

또한 팬들은 아티스트의 컴백과 새로운 콘텐츠를 기다린다. 흔히 '오빠 뒤꽁무니나 쫓아다닌다'고 이야기되는 팬은 사실 언제나 '먼저 가서 기다리는' 존재이며, 이 과정에서 팬들은 기다림을 체화하게 된다. 덕질에 소셜미디어와 관심경제가 본격적으로 결합하기 전에도 팬들의 실천을 구성했던 것은 대부분 기다림이었다. 그렇게 팬들은 아티스트와 만나지 못하는 시간을 견디는 능력을 기르게 된다.

그러나 논란이 지속되는 상황에서 기다림은 설렘으로 채워지는 이런 기다림과는 다르다. 그것은 논란의 진실이나 자숙 이후의 복귀를 기다리며 서늘한 떨림을 견디는 과정이자, 동시에 '무지성'이라는 꼬리표가 붙어 멸시의 대상이 되었음에도 떠나지 못하고 망설이는 과정이기도 하다. 망설이며 기다리는 팬들은 무엇 앞에서 망설이며, 무엇을 기다리고, 또 어떤 관심을 지키고 있는 걸까? 그리고 망설임을 불가능하게 만드는 네트워크 안에서 이런 망설임은 어떻게 가능해지는가?

2장

캔슬의 분해와 배신감이라는 정동

팬들의 경험을 이해하기 위해서는 논란이 어떤 맥락 안에서 만들어지고 소비되고 있는지, 그것이 누구에게 어떤 방식으로 이익 혹은 손해를 안기는지부터 살펴볼 필요가 있다. 나는 논란을 캔슬 컬처 안에서 행해지는 '캔슬'을 가능케 하는 하나의 조건으로 파악하고자 한다. 따라서 가장 먼저 살펴야 할 것은 캔슬 컬처와 그 배경을 이루는 관심경제다.

1. 캔슬: 회수, 감찰, 퇴출

캔슬 컬처cancel culture*는 미국에서 등장한 용어로, 유명인의 인종차별적이거나 성차별적인 트윗tweet과 같은 과거 행적을 비판하고 그에 따라 지지 철회를 요구하는 과정에서 부상했다. "활동

가들이 사회적 압력을 통해 잘못된 언행으로 고발된 사람·대상의 문화적 배척을 달성해내기 위해 사용하는 집합적 전략"[1]이라는 정의는 그런 면에서 시사적이다. 캔슬 컬처를 비판하는 이들은 캔슬 컬처를 정치적 올바름political correctness이나 정체성 정치identity politics 가 극단적으로 표출되는 사례로 보며 '표현의 자유를 근간으로 하는 서구 문명'을 무너뜨리는 위험한 행위라고 비판한다.[2]

그러나 캔슬 컬처를 특정 활동가들의 전략으로 바라보는 것은 자신 혹은 자기 진영의 혐오 표현에 문제가 없다고 주장하는 이들이 채택하는 입장이기도 하다. 실제로 미국에서는 캔슬 컬처에 대한 옹호와 비판이라는 두 개의 거대 축이 존재한다. 흔히 전자는 좌파와 결합하고, 후자는 우파와 결합한다고 분석된다. 특히 후자, 즉 캔슬 컬처를 비판하는 담론에서는 캔슬 컬처를 주로 '표현(의 자유)'에 적대적인 "재앙scourge"이나 개개인에 대한 징벌로 여기곤 한다.[3] 이 때문에 캔슬 컬처라는 명칭은 캔슬 컬처의 실천들이 어떤 가능성을 제시할 때조차 하나의 부정적인 꼬리표로 인식된다. 이를테면, 캔슬 컬처가 미디어의 소수자 재현을 개선하는 방향으로도 나아갈 수 있다고 말하는 어느 논문은 그런 긍정적인 사례가 캔슬 컬처가 아니라 '다양성 계획diversity initiative' 혹은 '사회적 부정의에 대한 비판'으로 불려야 한다고 지적한다.[4]

캔슬 컬처의 핵심은 정보가 빠르게 확산되고, 이에 따라 사람들의 감정이 동원되는 온라인 공간의 특징을 활용해 집단적 목소

---

* 'cancel culture'는 때로 '취소 문화'나 '철회 문화'로 번역되기도 하지만, 취소나 철회는 '캔슬'이라는 말이 지칭하는 전략들을 모두 포괄하기 어려운 측면이 있다고 판단해 불가피하게 '캔슬 컬처'로 음차했다.

리를 증폭함으로써 누군가를 공론장에서 배제하는 행위에 있다. 캔슬 컬처에 대한 비판들이 때로 자신의 잘못에 대한 책임을 회피하려는 목적에서 수행되는 것과 별개로, 실제로 캔슬 컬처에 참여하는 이들은 불공정이 판치는 사회에서 힘이나 영향력이 있는 사람이 잘못했을 때 이들을 제대로 응징해야 한다고 믿는다. 나아가 그런 과정을 통해 정의를 구현하는 동시에, 대중에게 사회문제를 알리고 교육할 수 있다고 믿기도 한다.[5]

하지만 역설적으로 캔슬 컬처는 오히려 사회적 소수자들에게 더욱 가혹하게 작용한다. 정체성 정치를 중심으로 인터넷에서 활동하는 좌파들의 무기로 이해되곤 하는 캔슬 컬처[6]의 실제 상황은 그보다 복잡하다. 어떤 연구자들은 차별주의자들이 캔슬 컬처를 채택하면서 여성과 성소수자 등의 소수자들이 오히려 그 피해를 입게 되었으며, 캔슬 컬처가 혐오 표현을 증폭시키는 과정으로 변했다고 분석한다.[7] 누구에 의해 어떻게 시작되었는지와 무관하게, 이제 캔슬 컬처는 좌우파를 막론하고 작동한다. 다양한 욕망과 계기, 그리고 감정이 뒤엉켜 존재하는 캔슬 컬처를 좀 더 복합적으로 바라볼 필요가 있다.[8]

우리말로는 '사회적 약자들이 집단의 위력으로 자신들의 가치와 이념에 맞지 않는 언행을 한 유명인사나 공적 인물을 공개적으로 비난하고 망신시켜 사회적으로 매장하는 것과 그것을 용인하는 사회적 분위기를 포함하는 의미' 정도로 번역될 수 있을 것이다. 그런 의미에서 보자면 #Me Too는 페미니즘운동 차원에서 캔슬 컬처의 전형적 사례라고 할 수 있다.[9]

캔슬 컬처에 대해 깊은 논의가 이루어진 적이 거의 없는 한국에서 그나마 화제가 된 사례 중 하나는 웹툰 작가 기안84의 작품을 둘러싼 것이었다. 언론중재위원회에서 발행하는 전문잡지 《언론중재》에 실린 칼럼은 성차별적 재현으로 거센 비판을 받은 기안84에 대한 웹툰협회의 입장을 "네트워크상의 군중들이 작가의 표현의 자유를 침해하는 위력을 행사했다"로 요약하며, "이와 유사한 사례는 차고 넘친다"고 단언한다.

여기서 캔슬 컬처의 목표는 '비난', '망신', '매장'을 통해 '사회적 약자들이 자신들의 가치와 이념'을 지키는 것으로 규정된다. 그러나 당시 기안84가 비판받은 진짜 이유는 자신의 웹툰 〈복학왕〉에서 '능력 없는 여성이 팀장과 성관계를 가진 후 인턴으로 채용'되는 상황을 연출하고, 청각장애인 캐릭터가 발음뿐 아니라 생각까지 '어눌하게' 하는 것처럼 재현하고, 이주노동자 또한 비하해서였다. 이처럼 위 칼럼은 캔슬 컬처를 '표현의 자유 침해'와 등치시키는 미국의 캔슬 컬처 비판을 그대로 모방한다.

희소한 것은 정보가 아닌 관심이다

"A-T-T-E-N-T-I-ON, Attention is what I want"

—뉴진스NewJeans, 〈Attention〉

우선 캔슬 컬처는 소셜미디어와 같은 온라인 공간의 관심경제attention economy*에 토대를 둔다. 이 용어는 미국의 심리학자이자 경제학자인 허버트 사이먼Herbert Simon의 발표에 대한 체코의 정치학자 카를 W. 도이치^{Karl W. Deutsch}의 1971년 토론에서 등장했다. 여기서 사이먼은 정보가 많은 사회에서는 정보가 아니라 정보에 대한 관심 혹은 정보에 투입하는 주의력^{attention}이 희소해지기 때문에, 이 희소한 자원을 어떻게 효율적으로 저장하고 분배할 수 있을지 고민해야 한다고 지적했다. 그 과정에서 대담의 참여자들은 1930년대 초 막강한 영향력을 행사한 한 경제학자가 경제학을 '희소한 자원의 배분'으로 정의한 것에 따라,[10] 새로운 사회에 대한 경제학적 분석의 일환으로 관심경제라는 개념을 제시했다.[11] 이후 1997년에 미국의 이론 물리학자이자 저술가인 마이클 골드하버^{Michael Goldhaber}가 이 개념을 인터넷에 적용하면서 관심경제와 인터넷은 최근까지 긴밀히 엮여 논의되고 있다.[12] 이때 제시된 틀은 여러 비판에 직면해왔으나, 여전히 공고하게 자리를 지키며 그 자체로 현실의 일부를 만들어나가고 있다.

이 개념에 따르면, 새로운 경제의 화폐는 관심^{attention}이다. 정보가 범람하는 인터넷 세상에서 희소한 자원은 정보가 아닌 관심이므로, 정보를 다루면서 돈을 버는 경제 체제는 '정보경제'가 아니라 '관심경제'로 불려야 한다. 관심은 돈이 되며, 사람들은 더 많은 관심을 받기 위해 콘텐츠를 만들게 된다. 인터넷에서 관심은 쌍방향으로 거래된다. 관심을 주는 이는 이를 통해 얼마간의 관심

---

* 'attention economy'를 '주목경제'가 아닌 '관심경제'로 옮기고자 한다. 내가 느끼기에 '주목'은 '주목하는 자'와 '주목받는 자'를 나누는 경향이 있다. 그러나 이 책에서는 어느 한쪽이 아니라 이들 사이의 관계, 그 사이에 오가는 감정과 같은 것을 더 중요하게 다룬다. 이런 측면을 담아내기에 '주목'이나 '주의(력)'보다는 '관심'이라는 표현이 좀 더 적절하다고 판단했다. 단, 'attention'이 무언가에 집중하는 정신적 역량과 관련이 있다고 판단되는 경우 '주의력'으로 옮겼다.

을 받는다. 이를테면, 댓글 작성은 어떤 콘텐츠에 관심을 주는 일인 동시에, 콘텐츠의 게시자 및 이를 보는 다른 이들의 관심을 받는 일이기도 하다.

온라인 공간은 손쉽게 소멸될 수 있는 관심을 댓글이나 조회수 같은 시스템을 통해 붙들 기회를 창출하고, 누구에게든 무수한 대중의 관심을 얻을 기회를 제공하는 동시에, 그 희소한 자원을 얻고자 노력하도록 우리를 끊임없이 압박한다.[13] 나아가 시청각적 형태로 정보를 생산하고 분배하는 인터넷은 "사람들의 관심을 사로잡기에 매력적인 플랫폼이며", 그렇게 사로잡은 관심을 집계하기도 편리하다. 어떤 이미지를 얼마나 오래 봤는지를 비롯해 사용자의 모든 행동을 계산하는 데이터 처리 기술과 알고리즘의 발달은 사용자의 관심 혹은 주의력까지 돈으로 환산될 수 있는 콘텐츠로 만든다.[14]

기존 주류 경제학의 개념들과 연결되는 기본 틀에 대한 분석과 비판들은 관심경제를 다른 방식으로 이해하려는 시도로 이어지기도 하지만,[15] 관심경제에 대한 이해는 아직 지극히 시장주의적인 방식에 머물러 있다. 관심경제에 대한 대중적 이해는 일정 부분 현실을 설명하고 있고, 또 동시에 현실을 만들어내고 있다. 이를테면, 이제 온라인에서 메시지는 네트워크 안에서 순환되는 내용에 '좋아요' 하나쯤 보태는 '단순 기여' 행위로, 그 내용은 중요하지 않게 되었다는 지적[16]은 관심경제에 대한 대중적인 이해 안에서 관심이 오직 양적 단위로 환원되는 현실을 겨냥한다. 이때 관심의 질적 측면은 소거된다.

나는 관심경제에 비판적으로 개입하며 그것을 다르게 이해하고자 노력하는 논의들을 소개하기보다, 시장주의적으로 이해되는 관심경제가 만들어내고 있는 지금의 현실을 돌판의 논란들을 중심으로 들여다보고, 이를 통해 관심경제에 관한 논의를 다각화하고자 한다. 그리고 관심경제의 네트워크가 논란을 제조하는 과정, 여기에 결부된 정보들이 생산되고 관심이 유도되는 과정을 봄으로써 무궁무진한 정보와 제한된 관심이라는 기존 관심경제의 틀을 깨려 한다. 논란에서 발견되는 것은 무궁무진한 새 정보가 아니다. 거기에는 대중이 이미 공유하는 것, 혹은 대중의 관심을 끌 것이라는 상상을 통해 도리어 대중을 형성하는 소문이나 가십 같은 것을 포함하는 의미에서 '대중적인 것the popular'의 반복과 순환이 존재한다.

관심의 온도

"앞에서는 오직 박수 세례 그 뒤엔 위선뿐 I See You Lying Me"

—트리플에스tripleS, 〈Rising〉

관심경제의 자장 안에 있는 이들은 꾸준한 관심을 확보하기 위해 글, 사진, 영상 등의 게시물을 올려 타인의 관심을 유도하거나, 타인의 게시물에 '좋아요' 수, 조회수, 공유 수, 댓글의 형태로 남는 관심을 남긴다. 이처럼 관심경제는 주로 양적 측면에서 논의되지만, 관심 자체에도, 관심을 보내는 방식이나 관심이 유통되는 경로에도 언제나 질적인 차이가 존재한다. 캔슬 또한 지지의 철회처럼 관심을 도로 거두는 양적 실천으로 여겨지지만, 캔슬에 참여하거나 참여하지 않는 데는 사실 다양한 동기나 목표가 존재한다.

아메 천만의 팬이 천만의 안티가 될 수 있는 게 연예인이니까요. 참 아이러니한 것 같아요. 근데 또 이게 다른 거죠. 그 연예인이 가수인지 배우인지 아니면 예능인인지, 나이가 어떤지, 어떤 분야의 일을 하는지에 따라 사건이 터졌을 때 안티로 돌아서는 팬의 비율이 다른 것도 확실히……

아메는 연예인의 유형에 따라 관심경제에서 받는 관심도 모두 다르다고 말했다. 아이돌, 가수, 배우, 예능인이 받는 관심의 질과 양이 각기 다르다는 것이다. 인터뷰이 '개미'는 "관심의 온도"라는 표현으로 관심의 질적 차이를 포착했다. 조회수나 구독자 수와 같은 양적인 층위에서는 똑같이 '1'로 환산되지만, 관심에 담긴 의도 등은 다를 수 있다는 것이다.

이를테면, 특정 아이돌 아티스트가 등장하는 영상을 보는 행위도 매우 다양한 목적에서 이뤄지는 것일 수 있다. 누군가는 그가 너무 좋아서, 누군가는 다른 아티스트를 보다가 알고리즘에 이끌려서, 누군가는 '얼마나 잘하나 보자'는 마음을 가지고 흠잡을 만한 구석을 발견하기 위해 영상을 볼 수도 있다. 이처럼 관심은 따뜻하기도 하고, 차갑기도 하다. 그렇기에 관심을 많이 받는다는 사실이 그 자체로 누군가의 권력이나 위치를 보증해주지는 않는 경우들이 생기기 마련이다. 관심은 순식간에 회수되거나 변질될 수 있다.

이런 질적 측면을 들여다보기 위해 나는 캔슬이라는 실천을 양과 질의 두 층위로 분리해 살펴보고자 한다. 캔슬에는 대상에게 주었던 관심을 거둬들이는 것('관심 회수')과 관심의 형태를 바꾸는 ('관심 감찰') 두 가지 측면이 존재한다. 관심 회수는 서로 관심을 주고받음으로써 성립하는 관심경제 안에서 누군가를 탈락시키는 일이며, 이는 때로 플랫폼의 차원에서 특정한 사람이 계정을 사용하지 못하도록 함으로써 관심이라는 자원에 접근할 통로 자체를 봉쇄하는 플랫폼에서의 퇴출deplatforming로 이어지기도 한다.

관심 감찰은 팬덤의 경계 감찰boundary policing에 착안한 용어다. 팬덤에서 "진정한 팬과 아닌 팬을 나누는" 것은 팬덤 경계 감찰의 핵심이다. 경계 감찰은 본래 인종 연구에서 활용된 개념으로, "현존하는 인종 질서를 유지하기 위해 질서를 무너뜨리고 경계를 넘어서는 실천을 규율하는 것을 뜻한"다. 이는 경계를 그어 "타인의 행위를 제한하고 타인에 대한 우월성을 드러내"는 것으로 이어진다.[17] 캔슬에서 감찰은 특정한 주제 혹은 대상에게 마땅히 보내야 할 관심의 질을 규정함으로써 대중과 대중이 아닌 사람을 나눈다. 그리고 대중의 도덕규범을 보호한다고 선언하는 방식으로 그런 규범 자체를 생산함으로써 '대중'을 도덕적으로 우월한 존재로 호명해 구성해낸다. 즉 이는 대중과 그들의 도덕규범을 동시에 만들어냄으로써 양자가 순환하며 서로를 강화하도록 한다.

아메 저는 아이들을 좋아하는 다른 친구들을 만나기 전까지는 제 주변에 아이돌을 그렇게까지 좋아하는 친구가 딱히 없기도 했고, 그래서 친구들과 이 얘기를 하기가 불편했어요.

나 친구들은 소위 일반 대중이라서?

아메 네. 그리고 실은 진위가 굉장히 불명확한 상황에서 제가 이 친구를 옹호했을 때 뭔가 그 친구들은, 충분히 그럴 수 있다고 생각하는데, 저를 마치 학교폭력을 옹호하는 사람처럼……. 물론 그렇게 비난하진 않았지만, 그렇게 생각할지도 모르겠다는 생각이 들고. 실제로 그 친구들 입장에서는 오히려 학교폭력 논란이 있는 연예인을 계속 좋아한다고 하는 제가 불편했겠죠.

관심 회수가 '저 사람 혹은 사안에 관심을 주지 말라'는 명령을 서로에게 내리고 확산시키는 일이라면, 관심 감찰은 '저 사람 혹은 사안에 분노하라'와 같은 명령을 서로에게 내리고 확산시키는 일이다. 특히 관심 감찰이 셀러브리티와 관련된 논란에서 실행될 경우, 관심 감찰은 그를 특정한 이슈와 관련된 셀러브리티로 만들어낸다. 수많은 미디어가 존재하고, 개개인이 미디어를 운영할 수도 있는 탈-매스미디어적 조건에서 대중은 셀러브리티에게 단지 영향을 받는 존재가 아니라, 스스로 셀러브리티를 발굴하고 생산함으로써 자신의 정체성을 드러낸다.[18] 이때 중요한 것이 그에게 보내는 관심의 양과 질이다. 해당 셀러브리티의 소셜미디어 계정 구독 여부라거나, 온오프라인에서 다른 이들과 대화할 때 해당 셀러브리티에 대해 보이는 태도와 같은 것들이 어떤 이가 대중에 속하는지를 결정한다.

아메는 수진/서수진의 학교폭력 논란 이후 수진/서수진이 학교폭력의 대명사처럼 여겨지게 되면서, 수진/서수진을 옹호하는 것 자체가 학교폭력 자체를 옹호하는 것처럼 느껴질까봐 해당 논란에 대한 이야기를 꺼내기 어려웠다고 말했다. 당시 혼자서 덕질을 하던 아메의 주변에는 아이돌에 별 관심이 없는 사람들이 더 많았고, 그는 진위가 불분명한 논란이 그런 '일반 대중'과 대화를 나누기에 적합한 주제가 아니라고 판단했다. 자신의 최애가 논란을 겪는 경험을 하게 된 팬들은 자신들이 논란의 중심에 놓이게 된 사건과 관련해, 자신의 의견이 그 구체적인 하나의 사건이 아니라 그와 관련된 사회적 의제 전반에 대한 의견으로 비춰질 것을 걱정했다. 이는 셀러브리티와 관련된 관심 감찰, 특히 그들의 논란과 관련된 관심 감찰이 논란에 대한 논의 자체를 사전에 차단하는 데로 나아간다.

2. 잉여 문화와 배신감

연예인 스타일리스트이자 패션 유튜버인 한혜연, 그리고 먹방 유튜버 쯔양/박정원의 '뒷광고 논란'을 분석하는 한 논문에서는 캔슬 컬처를 "수용될 수 없거나 상당히 문제적인 언행을 했다고 평가된 이들에 대한 (시청, 소셜미디어 팔로우, 그 사람이 홍보하는 상품 등의) 모든 종류의 지지를 철회함으로써 사회정의를 옹호하는 문화적 수단의 하나"[19]라고 정의한다. 뒷광고는 광고 사실을 밝히지 않은 채 마치 '내돈내산'*인 것처럼 특정 제품을 광고하는 행위를 일컫는 말로, 2020년 한국에서는 수많은 유튜버가 뒷광고에 연루되어 있었다는 사실이 수십 건의 폭로에 의해 밝혀졌다. 이후

---

*　'내 돈을 주고 내가 샀다'의 준말로, 협찬이나 유료 광고가 아님을 의미한다.

수많은 영상에 '유료 광고 포함'이라는 배너가 붙기 시작했다.

이때 사람들이 드러낸 주된 감정은 배신감이었다. 한혜연은 동네 언니 같은 친근한 이미지였고, 쯔양/박정원은 돈에 관심 없는 '개념녀good girl'로 인식됐는데, 이들이 뒷광고를 한 것도 모자라 그걸로 엄청난 수익을 창출했다는 게 대중의 심기를 건드린 것이었다. 논란 전까지만 해도 이들의 영상에 긍정적인 반응을 보인 댓글들이 대부분이었으나, 논란 이후 분위기는 완전히 역전되었다. 그뿐 아니라, 이전에 발생했던 다른 논란까지 다시 소환되기에 이르렀다.[20]

잉여의 증폭

앞서 언급한 '뒷광고' 관련 논문에 따르면, 이런 배신감은 한국의 잉여 문화와도 관련이 있다. 여기서 '잉여'란 '할 일도 욕망도 없는 사람'이나 '사회적으로나 문화적으로 의미 있는 삶'에 관심을 보이지 않으면서 사회적으로 바람직하지 않은 문화적 취향을 보이는 '사회 부적응자'를 지칭하는 인터넷 용어로, 한국학 연구자들은 잉여를 경쟁적인 신자유주의 한국경제에서 안정적인 직업, 결혼, 출산과 같은 전통적인 삶의 궤적을 포기한 한국 젊은이들 사이에서 나타나는 독특한 문화 현상으로 분석한다. 젊은 한국인들은 성공적인 인플루언서가 운 좋게 대박을 터뜨렸다고 인식하기에, 인플루언서와 크리에이터들은 즐거움과 질투를 동시에 불러일으키는 양가적 존재가 된다. 그런 감정의 배경에는 자신들의 삶 전반에 대한 불만이 자리하고 있다.[**]

2008년 5월에 '아프리카 게임TV'라는 이름으로 시작된 비디오 스트리밍 플랫폼인 아프리카TV는 인플루언서 문화와 잉여 문화를 연결하는 주된 플랫폼이었다. 아프리카TV에서 인기가 많은 콘텐츠는 옷을 거의 입지 않은 상태에서 춤을 추는 것과 같이 성적 흥분을 유도하는 콘텐츠나 폭식을 전시하는 먹방이다. 이처럼 "비생산적인" 행동과 "날것의, 본능적인raw and instinctual" 욕망을 보여주는 BJ들 중 다수가 2010년대에 유튜브로 플랫폼을 갈아탔다.

BJ들과 그들의 구독자들이 잉여들의 플랫폼이었던 아프리카TV에서 유튜브로 옮겨가면서, 유튜브에도 자연스레 잉여 문화가 자리 잡았다. 무엇보다도 "잉여는 여성혐오, 온라인 혐오, 트롤링trolling과 같은 폭력적이고 쾌락 중심적인 관행을 권유하는 경향이 있"다. 팔로워들은 종종 혐오 발언을 통해 영향력 있는 사람들을 언어적으로 괴롭히고, 더 자극적인 콘텐츠에 대한 요구가 충족될 때까지 그들을 스팸으로 신고하기도 한다. 여기서 젊은이들은 소수의 여성 인플루언서들의 성공을 경시하고, 그들의 콘텐츠를 공격적으로 소비하며, 댓글과 소셜미디어 메시지를 통해 성희롱을 하면서 소셜미디어에서 잉여 문화를 재생산하고 강화해나간다.[21]

이들은 언론 및 사이버렉카 등에 의해 '누리꾼'이나 '네티즌', '온라인 커뮤니티'라는 모호한 이름으로 호명되면서 세력을 확장하고 있다. 미디어학자 휘트니 필립스Whitney Phillips는 《미디어는 어떻게 허위정보에 속았는가The Oxygen of Amplification》에서 대안우파

***

** 이 책은 아이돌 아티스트들을 중심으로 관심경제의 문제를 탐구하지만, 이런 상황에서 인플루언서가 사람들에게 끼친다고 상상되는, 그리고 실제로 이들이 끼치는 '영향'은 무엇인지에 대해서도 생각해볼 필요가 있다.

혹은 '트롤'에 대한 언론 보도가 2016년 미국 대선에서 도널드 트럼프의 당선을 이끌어낸 과정을 분석한다. 그는 극단주의자들, 그리고 여론을 조작하는 세력을 폭로 혹은 비판하고자 하는 보도조차 "악한 행위자들에게 그들이 상상하지도 못한 수준의 홍보와 정당성을 가져다주는 결과를 낳았다"고 지적하며, 문화의 주변부에 있던 증오심이 중심부로 전이되도록 만든 데 언론의 책임이 크다고 말한다.[22]

> **아메** 기자들은 정해진 프레임으로 그 자료[수진/서수진 논란 관련 자료]를 공개했기 때문에 그 부분에서 많이 갈렸던 것 같아요. 팬과 팬이 아닌 사람들의 입장이.

특히 소셜미디어와 검색 포털의 시대에 접어들면서 보도 가치는 조회수, 좋아요 수와 같은 통계적 수치에 의존하게 되었고, 현장 취재를 하지 않더라도 '캡처'와 같은 방식으로 증거를 확보할 수 있는 온라인 공간에 대한 (손쉬운) 보도가 늘어났다. 기자의 의도와 무관하게 그런 보도들은 대안우파 같은 이들의 목소리를 '증폭'시켰다. 어떤 방식으로든 그들의 프레임과 주장을 퍼뜨리는 일은 그 자체로 그들의 덩치를 키우는 데 일조했다. 아메는 기자들이 애초에 온라인에서 찾은 자료들을 특정한 프레임으로 보도하기 때문에, 자료를 특별히 더 찾지 않는 한 대중은 기자들이 제시하는 정보를 그대로 받아들이게 된다고 지적했다. 하나의 자료에도 다양한 해석의 방향이 있는데, 기사들이 특정한 해석의 틀을 미리 전제하는 과정에서 특정한 형태로 가공되어 전달되는 정보는 특정한 해석을 증폭시키고, 그 해석이 주로 아이돌 아티스트에게 부정적인 방향으로 작용한다는 것이 논란을 겪은 아티스트의 팬으로서 아메가 견지하는 입장이었다. 이는 '비합리적 존재'라는 꼬리표가 붙은 팬이 대중으로부터 '합리적'이라는 수식어를 빼앗으려는 시도이기도 하다.

한국의 인터넷 환경에서 '잉여'들의 폭력적인 행태 또한 이와 같은 방식으로 증폭되고, 주변적인 존재였던 이들이 증폭의 과정을 거치며 '대중'을 구성하면서 인터넷 문화에서 지배적인 영향력을 행사하게 된다. 따라서 경쟁사회에서 자신의 처지를 비관하고, 정의나 도덕을 명분으로 삼아 이를 타인에 대한 폭력으로 해소하는 '잉여'들의 트롤링과 같은 문화는 한국적 형태의 캔슬 컬처를 이해하는 데 중요한 실마리가 된다.

여기서 짚고 넘어가야 하는 것이 있다. 첫째, 대중은 기사의 프레임을 그대로 따르는 수동적인 존재가 아니다. 중요한 것은 대중이 기사의 프레임에 순응하는 것처럼 보이게 되는 과정이다. 인터넷 기사들은 아이돌의 논란 혹은 논란에 대한 '사람들의 반응'을 주로 "온라인 커뮤니티"에서 찾기에, 기사화되는 것은 어떤 면에서 이미 대중적인 것이기도 하다. 특정한 논란이 제조되고 증폭되는 과정은 온라인 커뮤니티와 언론, 그리고 뒤에서 자세히 살펴볼 사이버렉카 사이에서 이뤄지는 상호 모방이기도 하다. 여기서 발견되는 것은 기자의 의견을 그대로 따르는 대중의 모습이라기보다 확증편향과 비슷하게 작동하는 대중적인 것의 순환이다. 선후관계를 파악하기 어려운 상호작용 안에서 논란과 공론장, 그리고 대중적인 것에 대한 감각이 만들어지는 것이다.

둘째, 잉여 문화와 한국 내 캔슬 컬처의 연관성을 논하는 것은 캔슬 컬처에 동참하는 이들이 모두 '잉여'임을 뜻하지 않는다. 이는 특정한 동영상 스트리밍 플랫폼에서 출발한 소수의 놀이와 문화가 급속히 성장한 온라인 동영상 플랫폼과 언론 보도 안에서 증폭되어 대중적인 것을 형성하게 되는 특정한 과정을 포착하기 위함이다. 어느 순간부터 잉여 문화는 더 이상 잉여들만의 것이 아니게 되었다. 이제 그것은 온라인 공간에 있는 모든 이들에 의해 계속해서 생산되고 유지된다. 잉여 문화와 캔슬 컬처 사이에는 한국 사회의 온라인 공론장에서 중요한 위치를 점했던 '네티즌 수사대'가 있고, 그 발원지 중 하나는 잉여들의 커뮤니티를 자임하는 디시인사이드이다. 이와 같은 네트워크는 지금 우리가 접하는 온라인 환경을 구조화한다.

한혜연과 쯔양/박정원을 둘러싼 캔슬 컬처에는 잉여 문화와 관심경제의 연결이라는 맥락이 존재했다. 관심경제에서는 '스타 시스템'이 작동하므로 관심은 일부 스타에 의해 과점되며, 이는 무엇을 클릭하든 시청자가 클릭할 때마다 지불하는 비용이 충분히 낮기 때문에, 조금이라도 더 매력적인 콘텐츠로 수요가 몰려 해당 콘텐츠의 생산자가 매력의 차이에 비해 월등히 큰 이익을 보는 '슈퍼스타 효과superstar effect'가 작동할 수 있는 인터넷 플랫폼을 조건으로 삼고 있다. 한혜연과 쯔양/박정원은 바로 그런 종류의 '스타'에 해당한다.

그래서 일부 사람들은 이들이 자신의 능력에 비해 과도한 이익을 얻고 있다고 생각한다. 바로 이 점, 스타들이 관심경제에서 벌어들이는 수익이 일종의 부당 이익이라는 생각은 경제적 평등에 대한 대중의 열망에서 비롯된다. 이 열망은 뒤에서 설명할 정서적 평등주의의 형태로 미디어 영역에서 표출되는데, 이는 논란을 추동하고 증폭시키는 가장 중요한 동력 중 하나다.

미국의 맥락에서 캔슬 컬처가 주로 혐오 표현과 표현의 자유 사이의 갈등, 즉 '표현'의 문제로 드러난다면, 한혜연과 쯔양/박정원의 사례에서 캔슬 컬처는 배신감이나 열등감과 같은 '감정'의 문제와 결부되었다. 그 배경이 관심경제와 잉여 문화의 결합이다. 이 두 가지 구조의 결합 안에서 '배신감'은 인플루언서들에게 부착되고, 그 배신감은 '참교육'*이라는 이름으로 온라인 공론장을 휩쓸고 지나간다.

3. 감응하는 대중의 공론장

사회는 모방이며 모방은 일종의 몽유 상태[최면 상태]다.[23]

통상적으로 공론장은 '합리적 이성'을 원리로 삼는다고 언급된다. 그러나 앞서 살펴본 것과 같이 우리가 온라인에서 겪는 공론장은 오히려 '감정'을 중심으로 작동하는 것처럼 보인다. 이런

---

* 본래 전국교직원노동조합의 교육 이념으로 등장한 '참교육'은 현재 한국의 밈meme 중 하나이다. 주로 단편적인 권선징악의 서사와 연관되는 이 단어는 불법적이거나 도덕적으로 잘못된 행위를 단죄하는 상황에서 사용된다. 이와 관련해서는 다음을 참고하라. 김세연, 〈뉴미디어 시대 속 '참교육' 콘텐츠와 현대인의 의식 구조〉, 《한국콘텐츠학회논문지》 22(4), 2022, 468~478쪽.

맥락에서 프랑스의 사회학자 가브리엘 타르드Gabriel Tarde가 여론과 공중을 다루는 방식은 우리가 논란 안에서 발견하는 현상들을 적실하게 포착해낸다. 타르드에게 여론이란 "현재 제기된 문제들에 대해 같은 나라, 같은 시대, 같은 사회의 사람들에게서 수많은 사본들로 복제되어 있는 판단들을 일시적으로 또 다소 논리적으로 모은 것"으로, 이것이 발생하려면 "자신의 판단과 다른 사람의 판단이 비슷하다는 다소 분명한 의식을 갖는" 사람들이 필요하다.[24]

그런 사람들을 타르드는 '공중public'이라고 부른다. 인쇄술과 신문의 발전, 그리고 타인과 시선을 주고받는 경험은 공중 형성의 조건이다. 타르드는 비합리적인 군중과 합리적인 공중을 구분하는 대신, 군중을 신체적인 부대낌에서 형성되는 것으로, 공중은 정신적인 연결에서 형성되는 것으로 분석한다. 많은 곳에서 같은 글을 읽으며 그것을 통해 같은 감정, 같은 욕망을 공유한다는 믿음이 생길 때, 이들은 '공중'을 형성하게 된다. 즉 공중은 합리적 이성이 아닌, 감정과 욕망, 그리고 믿음에 기초해 만들어진다. 따라서 타르드는 믿음의 공중, 욕망의 공중, 심지어는 열정과 전횡의 공중까지 염두에 둔다.

문화연구자 이상길은 이런 의미의 공중의 여론이 형성되는 물리적·상징적 공간을 '공론장'이라고 부르자고 제안한다.[25] 공중과 공론장을 이와 같이 이해한다면, 공론장은 합리적 이성의 지배로 표백된 개념이 아니라, 감정과 욕망, 때로는 폭력적이기도 한 믿음이 흘러 다니는 공간이 된다. 공중과 여론의 형성은 거의 동시적으로 이루어지며, 공론장 역시 미리 존재하는 무엇이라기보다는 개별 사건들 속에서 매번 새롭게, 얼기설기 만들어진다. 이는 아이돌 아티스트를 둘러싼 논란에서 발견되는 공론장의 형태를 설명하는 데 통찰을 제공한다.

정동, 감정이 들러붙고 쌓이면서 흐르고 퍼질 때

사라 아메드는 감정이 사람들에게 끈끈하게 붙어 어떤 형상이나 집단을 만들어내는 과정을 설명했다. 이를테면, 아랍, 무슬림과 같은 기호 혹은 대상에 테러리스트라는 단어가 들러붙으면서 특정한 몸을 가진 이들이 순식간에 공포의 대상이 되고, 그 대척점에서 이들을 두려워하고 혐오하는 집단이 형성된다.

마찬가지로 행복 또한 특정 사람이나 사물 등의 특정 대상에 부착될 수 있다. 이때 행복은 당장 주어지는 것이 아니라 미래에 갖게 될 것에서 느낄 수 있는 것, 즉 약속되는 것이다. 바로 이 점이 지금 당장 행복을 느끼게 한다. 혐오가 아직 일어나지 않은 일에 대한 공포를 통해 만들어지듯, 행복 역시 약속되는 것만으로도 행복을 준다. 이렇게 형성된 감정의 네트워크 안에서 감정은 대상을 타고 흘러 다니고, 사람들은 그에 감응하며, 이 감응에 따라 감정은 점점 더 많이 생산되고, 유통되고, 소비된다. 이때 감정은 대상들에 부착되는 강도를 통해 사람들을 특정한 방식으로 구획해 공동체를 형성하고, 그 공동체들에 개인을 정렬한다align.[26]

이처럼 감정은 어느 한 곳에 머무르기보다 대상의 표면을 타고 끊임없이 유통되고 순환하며 증폭된다. 아메드는 감정의 이런 측면과 움직임 자체를 정동affect이라는 말로 포착한다. 정동은 어떤 대상이나 기호를 타고 순환하며, 이러한 순환에 사람들은 제각

기 다른 방식으로 감응한다.[27]

이때 감응이란 문자 그대로 무언가를 느끼고感, 또 그에 응하는應 행위 혹은 현상까지 포괄한다. 논란 안에서 당사자에게 부착되는 배신감, 분노, 증오라는 감정은 한 명의 개인에게 머무르지 않고 사람들 사이를 스치며, 대상들을 타고, 혹은 대상들 사이를 흘러 다니며 대상에 접촉한다. 감정은 정동으로 포화된 대상들의 그런 순환의 효과 속에서 생산된다.[28]

개개인이 감응한 정도와 방식에 따라 정동은 그저 지나가는 것이 아니라 제각기 다른 흔적을 남기며, 이는 어떤 방향으로든 그들이 움직이도록 추동하는 에너지가 된다. 타르드는 사회의 기본 원리 중 하나를 모방으로 이해하는데, 믿음과 욕망은 모방을 일으킬 뿐 아니라 모방 안에서 서로에게 전달된다. 더 정확히는, 욕망을 통해 여론이 확장되고, 믿음을 통해 여론이 지속된다.[29] "모방에서 중요한 것은 타인을 똑같이 따라 하는 흉내와 몸짓이 아니라 한 정신과 다른 정신 사이에 존재하는 직·간접적 영향력"[30]이며, 이는 기본적으로 사람들의 정신 사이에서 이뤄지는 행위이다. 여기서 믿음과 욕망은 단지 개인의 마음속에서 일어나는 작용이 아니라 "사회적으로 생산되어 분배되는 정동"이자 에너지로,[31] 사람들 사이의 감응이라는 모방을 통해 확장·지속된다.

공론장, 서로에게 매혹되는 곳

이때 타르드는 모방을 다소 독특한 의미로 사용한다. 모방은 누군가의 언행을 단지 흉내 내는 것이 아니라 정신들 사이의 복제작용, 나아가 "사회 내에서 벌어지는 상호적인 최면술"[32]이다. 타르드에게 사회 현상은 "최면에 걸린 사람이 극단적으로 모방을 밀고 나가 스스로 영매가 돼 제3자에게 최면을 걸고, 이 제3자가 그를 모방한 후 이번에는 자신이 영매가 돼 타인에게 최면을 거는 과정이 무한히 연속되는 과정"이다.[33]

따라서 여기서 등장하는 대중이란 암시와 최면을 통해 서로에게 매혹되는 존재들, 공론장은 암시와 최면으로서의 감응이 이뤄지는 공간이라고도 할 수 있을 테다. 그는 대화를 의견의 교환보다 암시와 최면이 발생하는 장으로 이해한다. 대화에서 순수한 정보나 의견만을 교환하기란 불가능하다. 표정이나 말투, 그날 입은 옷과 외모, 공간의 분위기까지 모든 요소가 대화에 영향을 끼친다. 대화는 "사람들을 대면하게 하면서, 그들로 하여금 무의식적이면서도 어찌할 수 없는(저항할 수 없는) 작용을 통해 의사소통하게" 만든다.[34] 따라서 대화는 기본적으로 사람들을 '합리적인 판단'보다 '매혹'으로 이끌고, 모방을 촉발한다.[35]

타르드는 여론 및 공중이 형성되는 과정을 논하며 기사를 통해 사람들이 같은 욕망과 믿음을 공유하도록 하는 기자의 역할을 강조했다. 기자가 기사를 쓰면, 공중은 그것을 모방한다. 때로 그 관계가 뒤집히기도 하지만, 기본적으로 위에서 아래로 전염되는 양상에 가까운 기자와 공중의 관계는 꽤 수직적이다. 그러나 지금은 물적 조건이 달라졌다. 개개인이 직접 자신의 의견을 써서 온라인으로 발행할 수 있는 지금, 여론을 구성하는 이들을 이르는 명칭으로는 '공중'보다 '대중'이 더 적합해 보인다. 대중의 여론은 인터넷이라는 전기적 신호를 통해 옆에서 옆으로, 즉 수평적으로

전염된다.[36]

이때 전달되는 것에는 정보를 넘어 감정까지도 포함되어 있다. 소셜미디어 네트워크에서 사람들은 관계적 욕망을 바탕으로 접속하며, 이때 중요한 것은 "연결, 사귐, 자기 표출, 인정의 정동"이다. 고립될수록 무력해지는 소셜미디어 공간에서 사람들은 계속해서 관계를 맺으며 인정받고자 한다. 여기서 생겨나는 것은 마음들 사이의 원거리 작용이며, "사용자들은 지속적으로 전염되는 연결 정동의 수용자이자 전달자"가 된다. 이와 같은 연결과 모방은 사람들을 소셜미디어에 집결시키고, 또 거기 모인 사람들을 움직이게 하는 원동력이다.[37]

기자나 사이버렉카가 중요한 역할을 한다고 해도, 이들이 증폭시키는 의견은 그전에 이미 개개인이 만들어낸 것이기도 하다. 그런 점에서, 대중과 언론, 대중과 사이버렉카의 관계는 기존 공중과 기자의 관계보다 더욱 수평적이고 복잡하다.

이성이 아닌 감정으로 움직이는 대중과 공론장

욕망과 믿음이 힘이라는 것을 부정할 수 있는가? 이것들의 상호 조합으로 열정과 의도가 역사의 소용돌이의 영원한 바람, 정치라는 물레방아를 돌리는 폭포라는 것이 보이지 않는가? 세상을 이끌고 미는 것이 종교적인 믿음이나 그 밖의 믿음, 야심과 탐욕이 아니라면 무엇이란 말인가?[38]

논란 속 정동에 휩쓸리는 서로에게 감응하고, 서로를 모방함으로써 만들어지는 대중의 여론, 이처럼 매 논란마다 구성되는 공론장의 형태는 감정을 중심으로 한다. 그러니 논란과 관련해 팬덤과 구별되는 용법에서 공론장에 참여할 수 있는 사람을 호명하는 '대중', 혹은 여론에 부합하는 사람을 의미하는 '대중' 또한 그들 스스로 표방하는 것과 달리 지극히 정동적인 집단이다.

이것은 우리가 합리적 이성에 따라 차가운 판단을 내리는 사람들보다 매혹하고 매혹되는 대중의 모습에 더 익숙한 이유를 설명해준다. 매혹으로 가득한 공론장이야말로 우리의 현실이며, (위험을 무릅쓰고 말해보자면) 그것은 (공론장의) '변질'이라기보다 차라리 '본질'에 가깝다. 그러나 "꿈속에서 꿈을 인지하지 못하듯, 사회상태 속에서 우리는 타자로부터 유입되는 막대한 암시, 전염, 영향의 힘을 인지하지 못"한다.[39] 이것이 우리가 공론장을 감정이 부재하는 표백된 대상으로 계속 상상하게 되는 이유일 테다.

체제의 구성과 유지를 둘러싼 적대의 형성을 정치라고 본다면, 그런 의미에서의 정치는 욕망 및 정동과 관련된 것일 수밖에 없다. '느낀다'라는 것 자체가 정치이자 일종의 전쟁인 셈이다.[40]

그런 의미에서 우리는 온라인 공론장을 이해할 때 '집단지성'보다 '집단감응'을 고민해야 할 것이다. 문화평론가 손희정은 집단감응이 "서로 침범하고 오염하며 변용하는 가능성"[41]이라고 말하며, '공론장의 회복'이나 '합리적인 토론'이라는 표현의 문제점을 지적한다. 그런 식의 수사는 남성 중심적으로 상상된 공중만을 공론장의 구성원으로 사유함으로써 공론장에서 감정의 문제를 제거하고자 한다. 그러나 공중이란 "애초에 감정적인 단위"이며, 그들에게 "'토론의 장'은 합리적인 토론을 가장한 채 다양한 정동적 부대낌을 바탕으로 '등질적'으로 상상"된다.[42]

'공론장의 위기' 담론에 따라 붙는 '공론장의 회복'이라는 말은 공론장에 더 많은 사람이 참여할 계기를 다시금 차단함으로써 공론장을 표백시키고자 한다. 애초에 어떤 공론장이 왜 위기에 처했다고 말해지는지에 대한 논의 자체를 가로막는 것이다. 따라서 "공론장은 '회복'될 것이 아니라 '새롭게 구성되어야 할 것'으로 상상되어야"[43] 하며, 이를 위해 필요한 것은 이성이 아닌 감응, 특히 집단적으로 벌어지는 감응이다. 이 지점에서 출발해야 우리가 마주하고 있는 지금 여기의 공론장을 제대로 파악할 수 있다. 이 책이 논란의 네트워크에 집중하는 것도 그 때문이다.

온라인 공론장에서 사람들은 각기 다양한 이유로 셀러브리티에게 매혹되어 그를 구독하고, 그 매혹은 열렬한 사랑이 되었다가 이내 폭발하는 증오로 변하기도 한다. 이를테면, 유튜브 뒷광고 논란의 경우 뒷광고라는 명명에서 이미 어떤 감응을 읽을 수 있다. '뒤'라는 말은 다양한 방식으로 사용되는데, '뒤'라는 명사의 사전적 정의에는 "보이지 않는 배후나 겉으로 드러나지 않는 부분", "좋지 않은 감정이 있은 다음에도 여전히 남아 있는 감정" 등이 포함되어 있다. 또한 사전에는 "숨겨둔 약점이나 잘못이 있다"라는 뜻을 가진 관용구인 "뒤(가) 구리다"와 "자신의 약점 때문에 떳떳하지 못하고 마음이 켕기다"라는 뜻을 가진 관용구인 "뒤가 꿀리다" 같은 용례 역시 등재되어 있다. 뒷광고라는 말에 이미 그 광고에 보이지 않는 어떤 잘못이나 '수작질'이 포함되어 있고, 따

라서 그 광고는 떳떳하지 못한 것이라는 의미가 내포되어 있는 것
이다. 이는 유튜브 셀러브티리들에게 붙여진 '사기꾼'이나 '배신
자', '거짓말쟁이' 따위의 명명과 일맥상통한다.

　사람들의 배신감은 유튜브 셀러브리티들에게 '뒷광고', '사기
꾼'과 같은 단어들이 들러붙는 과정에 감응한 결과물이자, 동시에
그런 단어들을 붙이는 원동력이었다. 배신감은 감각되고, 감응되
고, 전염된다. 이 배신감은 '사기꾼'에게 보내는 관심의 질을 바꾸
고, 그들에게 보내던 관심을 회수함으로써 셀러브리티를 관심경
제에서 퇴출시키는 방향으로 이어진다. 즉 사람들은 배신감을 논
란의 중심에 놓이게 된 이의 탈락 혹은 추락으로 보상받는다.

4. '샤덴프로이데'라는 감응

조직적인 '안티 팬덤'까지 갈 필요도 없이, 유명 연예인의 스캔들
에 빠짐없이 달리는 기쁨과 환호의 온라인 댓글은 너무도 흔한
일상이 되었다. 그렇다면 이름이 알려진 사람들에 대한 이 부정
적인 감정의 정체는 무엇일까?[44]

　'배신감'은 아이돌 아티스트들에게도 빈번히 일어나는 감응
이다. 그러한 맥락에서 아이유/이지은의 《챗셔CHAT-SHIRE》 논란을
잠시 살펴볼 필요가 있다. 2015년 10월에 발매된 미니앨범 《챗
셔》는 아이유/이지은이 전곡의 작사와 작곡을 했다는 사실로 화
제가 되었는데, 여기에 수록된 곡 〈제제Zéze〉는 그 모티브가 된 소

설 《나의 라임오렌지 나무》를 출판한 동녘출판사의 문제제기 및 포털사이트 다음 '아고라'의 음원 폐기 서명 운동과 마주했다. 그 과정에서 〈제제〉는 '페도필리아 코드'로 규정되었고, 타이틀곡인 〈스물셋〉의 뮤직비디오 또한 논쟁의 지형 안으로 들어왔다.

여성학자 김신현경은 이 논란을 둘러싼 입장을 크게 셋으로 구분한다. 첫째는 한국 사회가 '다양성'에 대한 관용이 부족하다는 의견을 골자로 하는 '표현의 자유'에 대한 옹호, 둘째는 〈제제〉가 '페도필리아 코드'가 맞고 이는 명백히 문제라는 입장, 셋째는 '표현의 자유'에 대한 옹호와 함께 〈제제〉를 아이유가 가진 롤리타 이미지와 겹쳐 읽으려는 시도로, 아이유/이지은의 행보 안에서 〈제제〉와 《챗셔》를 해석한다. 여기서 김신현경은 첫 번째와 두 번째 입장 모두가 문제를 단순화하면서 기존 사회의 남성 중심성에는 의문을 제기하지 않는다고 지적한다. 바로 그 지점이 대중이 '페도필리아'라는 단어에 크게 호응한 이유이기도 했다.[45]

이 논란 안에서 페도필리아라는 규정은 노래나 뮤직비디오, 아티스트의 행보에 대한 진지한 해석의 문제가 아니라, '롤리타로서의 성공'을 가장 극적인 방식으로 추락시킬 수 있는 수단이었다. 김신현경은 이러한 지형의 배후에 존재하는 "타인의 불행과 추락을 바라고 기뻐하는 마음", 즉 '샤덴프로이데Schadenfreude'를 지적한다. 이는 손실이나 고통을 의미하는 'schaden'과 환희나 기쁨을 의미하는 'freude'라는 두 독일어 단어를 합친 말로, "모든 가능성에 열려 있는 듯 보이지만 어떤 것도 할 수 없는 세계의 도래 그리고 모든 것을 선택할 수 있지만 아무것도 바꿀 수 없는 개인들의 삶"에서 비롯되는 대중심리로, 유명인의 추락에 기쁨을 느끼는

것을 말한다.[46]

아이유/이지은의 《챗셔》 논란에 대한 대중들의 감응이 샤덴프로이데로 나타나는 이유는 유튜브 뒷광고 논란 당시 한혜연과 쯔양/박정원에게 사기꾼이라는 단어가 부착된 이유와 비슷하다. 대중은 아이유/이지은에게도 배신감을 느꼈기 때문이다. '국민 여동생'과 '삼촌팬'이라는 명명에서 알 수 있듯, 아이유/이지은의 팬덤은 주로 연상의 남성으로 상상되었으며, 그 과정에서 아이유/이지은은 "30대 이상 남성 팬들에게 싼값으로 자신의 욕망을 충족시킬 수 있는 존재"[47]가 되었다. 이 시기의 팬덤은 이미 아티스트를 우러러보기보다 통제하고 '키우는' 편에 가까웠다.

이런 상황에서 가장 흔한 반응은 "'롤리타 이미지로 성공했으면서 그걸 또 다르게 이용하려는 영악함'에 대한 거부감"[48]이었다. 이는 마치 '친근한 동네 언니 한혜연'과 '개념녀 쯔양'이라는 이미지가 뒷광고 논란에서 순식간에 '사기꾼'으로 변한 것처럼, 아이유/이지은이 기존에 보여준 '소녀다운' 이미지가 사실은 기만이었다는 방식으로 아이유에 대한 사람들의 태도를 전환시켰다.

개인화되는 논란

이 사례들은 여성 인플루언서나 아이돌이 어떤 이중 규범 안에서 자신의 이미지를 만들고 생존해나가는지를 보여줄 뿐 아니라, 논란 속에서 이들에게 어떤 단어가 들러붙고 대중들은 거기에 어떻게 감응하는지를 보여준다. 열등감과 배신감, 그리고 캔슬의 순환을 만들어내는 잉여 문화는 여기에도 스며들어 있다. '나를 배신한 너를 추락시킬 때 얻는 즐거움'은 관심경제 속 대중이 논란에 감응하는 과정일 뿐 아니라, 논란의 생산과 소비를 중심으로 "스타의 상승과 하락을 주기적으로 반복함으로써 그 장을 넓혀" 나가는 타블로이드tabloid 문화의 정동적 원리이기도 한다.[49]

일침 자기가 처음으로 앨범 프로듀싱을 했는데, 그에 맞춰 새로운 콘셉트를 하고 싶었다고 본인이 사전에 얘기했었고, 그 안에 이때까지 아이유가 해왔던 국민 여동생 이미지라든가 그런 것들에 대한 반발심도 보였단 말이죠, 한편으로.

나 그러면 기존에 〈좋은 날〉 때 굉장히 강하게 생겨버린 국민 여동생 이미지를 스스로 탈피해나가는 과정에서 그걸 비트는 의도로 앨범을 만들었다고 생각하는 거지?

일침 응.

나 그러면 그 당시의 문제제기가 좀 말꼬리 잡는 것처럼 느껴졌을 수도 있겠다.

일침 그렇지. '다른 측면이 있다'가 아니고 '글러먹었다', '썩었다' 이런 얘기가 들리니까. 뭐 어쩌겠다는 거지 그래서? 사실 '**아이유를 공격하는 방식보다는 오히려 아동학대에 대한 얘기를 좀 더 하는 게 낫지 않았을까?**'라는 생각이 들었던 거지. 근데 자꾸 한 명을 공격하는 방향으로 가니까 그게 좀 짜증났던 거고.

이러한 논쟁의 지형은 아이유/이지은의 《챗셔》 논란이 작품의 해석보다는 아티스트 개인의 문제로 환원되었음을 보여준다. 이러한 환원은 아이유/이지은이 여성 아이돌 아티스트라서 일어난 일이기도 하고, 그 자체로 아이유/이지은을 아이돌 아티스트로 구성해내는 과정이기도 했다. 물론 논란 안에서 제기되는 논의가 생산적이라고 생각하지 않은 팬들도 존재했다. 당시 일침은 해당 논란의 적절성을 따지기 위해 그 논란을 아이유/이지은에 대한 사회적 기대와 그에 대한 아티스트 본인의 극복 시도와 같이 해당 아티스트의 전반적인 작품 세계 안에서 맥락화했다. 종로 또한 논란의 중심이 된 아이유/이지은의 앨범을 아이유/이지은의 생애 안에서 이해하고자 했다.

동시에 이들은 모두 해당 논란이 이번 논란과는 사실상 무관한 아이유/이지은의 다른 논란들 때문에 더더욱 아티스트 개인에 대한 비난으로 이어졌다고 생각했고, 이후 그가 출연한 드라마 〈나의 아저씨〉에 대한 비판이 아이유/이지은 개인에 대한 비난이 되어버린 것도 바로 그 때문이라고 생각했다. 〈나의 아저씨〉의 방송 시기는 공교롭게도 중년 남성이 어린 여성과 만나는 것을 정당화하는 담론이 유행하던 시기와 겹쳤고, 전체 내용이 공개되기도 전에 드라마의 제목과 인물 설정만으로 거센 비판을 받았다.

하늘은 '김가람 논란'*을 보며 '수진/서수진 논란' 등 학교폭력 이슈가 이미 한번 휩쓸고 지나간 상태였기 때문에 더 사람들이 빠르고 날카롭게 반응한 것 같다고 말했는데, 아이유/이지은의 사례를 보면 비슷한 유형이 아닐지라도 논란이 그 자체로 다음 논란을 증폭하고 가속화한다고 생각할 수 있다. 아이유/이지은이 겪은 이전의 논란들이 〈나의 아저씨〉 때도 비슷한 양상으로 발생하고, 이것이 결국 일각의 〈나의 아저씨〉 캔슬로 이어진 흐름은 한 아티스트에게 논란이 반복되는 과정에서 그에 대한 판단과 처리 속도가 점차 가속될 수도 있음을 보여준다. 해당 논란이 분명 작품의 표현과 관련되는 것이었음에도, 그간 아이유/이지은이 겪어온 논란들이 다양한 해석의 여지를 열어두고 논의되어야 할 문제들을 순식간에 개인화해버린 것이다.

종로 그 논란도 있었잖아요. 〈나의 아저씨〉. 트위터에서도 봤어요. '아이유 너무 싫다', '아이유 같은 여자들 때문에 여성인권 후퇴한다', '쟤는 왜 저렇게 맨날'……. 〈나의 아저씨〉 문제 되는 장면들이 많았잖아요. 그 논란이 왜 아이유한테 쏟아지는가? (상대역인) 이선균한테 그거 묻는 사람 별로 못 본 것 같아요. 작가한테 문제를 따진 사람도 별로 못 봤고. …… 뭔가 아이유한테 그 작품 선택에 대해 입장을 밝히는 걸 요구하는 거, 궁금할 수는 있죠. '저 아티스트는 왜 이 작품을 선택했을까', '굳이 이 작품이었어야 했나'. 근데 이거하고 '입장 밝혀', '너 왜 이 작품 선택했어?'는 좀 다른 것 같아요. 그리고 **만약 아이유가 이 작품에 대해 견해를 밝히면 사람들이 매장할 것 같아요.** '나는 이 작품이 마음에 들어서

---

* 2005년 11월 16일 출생. 걸그룹 르세라핌LE SSERAFIM의 멤버였지만, 논란이 계속되는 와중에 활동 중단 및 전속계약 해지 절차를 밟아 (이 글을 쓰고 있는) 현재는 소속이 없다. 2022년 5월에 데뷔했으나, 데뷔한 달 20일에 활동을 중단했고, 그로부터 두 달 뒤 그룹에서 탈퇴하고 소속사와의 전속계약이 해지되었다. 데뷔 이전 시점에 네이트판을 통한 피해자 및 동창생들의 폭로로 학교폭력 의혹이 제기되었다. 이들은 외설적인 그림과 단어가 포함된 김가람의 소셜미디어 계정 캡처 사진을 공개했으며, 그 이후 피해자 측 법무대리인과 소속사의 논쟁이 이어졌다. 전속계약 해지 이후 논란은 일단락된 듯했으나, 김가람이 친구의 소셜미디어를 통해 추가로 입장문을 게재하면서 논쟁이 잠시 재개되기도 했다. 하지만 여론에는 이렇다 할 변화가 없었다.

선택했다' 이러면 매장할 것 같아.

종로는 아이유/이지은이 출연한 작품에 대한 비판이 그 작품의 제작에 연관된 이들 중 오직 아이유/이지은 개인에게 집중된다는 점에 주목했다. 그는 앞서 언급한 논란 이후 아이유/이지은의 행보를 무조건 '페도필리아 코드'의 연장선으로 규정하는 이들이 존재한다고 지적한다. 나아가 아티스트가 작품에 대한 자신의 의견을 소명할 기회조차 사실상 갖지 못하며, 의견의 소명이 곧 '매장'으로 이어질 것이라는 불안감을 표출했다. 불안감은 이 논란으로 인해 아이유/이지은이 더는 활동하지 못하게 될지도 모른다는 두려움, 즉 논란이 연예계에서의 퇴출이라는 최종적 캔슬로 이어질 것에 대한 우려를 보여준다. '매장'당하는 일은 말 그대로 해당 플랫폼과 관련된 네트워크에서 '죽는 것'과 다름없는 일이다.

일침과 종로가 아이유/이지은 논란에 대해 보인 반응에서는 지금 존재하는 공론장을 불신하는 태도가 두드러진다. 좀 더 정확히 말해, 이들은 이를 공론장 자체가 부재하는 상황으로 바라보았다. 그런 상황에서 작품의 의미에 대한 논쟁이 가능하지 않으며, 논란 안에서 사람들이 그저 아티스트 개인만을 물고 늘어진다고 느끼고 있었다. 만약 아이유/이지은이 실제로 잘못했다고 하더라도, 논란이 아이유/이지은 개인을 넘어 '소녀'의 이미지를 적극적으로 성적 대상으로 상품화하는 아이돌 산업 자체에 대한 성찰로 이어져야 하는데, 지금의 공론장 혹은 대중은 그럴 생각이 전혀 없어 보인다는 게 이들의 견해였다.

감정과 도덕의 법정

이처럼 개인을 비난하고 퇴출시키려는 움직임의 배후에는 샤덴프로이데라는 감정이 존재하며, 이는 소셜미디어의 잉여 문화와 관심경제의 연동 안에서 생겨나는 캔슬 컬처로 표면화된다. 여기서 사람들이 배신감을 느끼고 화를 내는 이유는 특정 대상이 자신이 가졌던 "좋은 느낌을 앗아 갔기 때문"[50]이다. 이때 행복은 대상들이 "어떤 식으로 인상을 만드느냐의 문제"인 만큼 불안정하고 모호하다. 그럼에도 논란은 '좋은 느낌'의 정체에 전혀 질문을 제기하지 않는다. 다만 중요한 것은 '무언가가 빼앗겼다'는 감각일 뿐이다. 이런 구조는 수많은 이들의 사랑을 받지만 동시에 관심경제 속에서 쉽게 돈을 번다는 비난에 취약하다는 점에서 언제든 배신감을 불러일으킬 수 있는 다른 아이돌들의 논란에서도 마찬가지로 나타난다.[51]

'정서적 평등주의'는 한국 사회에서 평등을 희구하는 열렬한 대중의 정서구조가 셀러브리티를 포함한 대중문화의 영역에서 상징적이고 정서적인 형태로 표출되는 것을 뜻한다. '집단적 도덕주의'는 대중들이 '도덕성'을 절대적인 기준으로 삼아 타인의 행동을 평가하고 관리하고 규율하려는 한국 사회의 에토스를 가리키는 개념으로서, 유명인들의 인성과 품행에 높은 규범성을 요구하는 모습에서 극명하게 드러난다.[52]

아이돌 아티스트에 대한 대중의 배신감과 응징 시도는 '정서적 평등주의affective egalitarianism'와 '집단적 도덕주의collective moralism' 라는 개념으로 포착된다. 미디어학자 김수정은 〈슈퍼스타K〉 등의 TV 리얼리티 프로그램에서 '불우한 환경'에 있는 참가자에게 사람들이 더 많은 표를 주는 것이 '공정성'에 부합하는 것으로 받아들여지는 현상에 주목한다. 그는 이 현상을 경제적 평등을 추구할 제도적·정책적 경로가 부재한 한국 사회에서 평등과 공정에 대한 사람들의 욕구가 대중문화의 영역에서 표출된 것으로 본다. "서구에서는 도덕적·문화적 타락의 징후로서 또는 주범으로서 비난받는 리얼리티 쇼가 한국에서는 해소되지 못한 불평등, 특히 경제적 불평등이 최소한[으로] 실현되는 장"으로 기능하고, 여기서 리얼리티 쇼는 "도덕적 드라마"가 된다. 김수정은 이러한 현상을 '정서적 평등주의'로 명명한다.[53]

　김수정을 비롯해 미디어학자 김수아는 케이팝의 생산과 소비, 그리고 콘텐츠 내적인 영역 모두를 관통하는 원리로 '집단적 도덕주의'를 포착한다. 이들은 아이돌 연습생의 트레이닝 과정에서 인성 교육의 비중, 유교적 가치에 대한 존중을 바탕으로 '인성'을 상상하는 연예기획사 관계자들의 인터뷰, 케이팝을 소비하면서 아티스트에게 고도의 집단적 도덕성을 요구하는 대중과 언론의 태도, 그리고 '무해한 사랑'을 주 소재로 하는 케이팝 가사의 내용을 폭넓게 분석한다. 이를 통해 케이팝이라는 혼종적인 장르 내지는 산업에 존재하는 '한국적인' 것의 특징이 "도덕적 범주를 경제적 합리성보다 때론 더 우선시하며, 개인이든 집단이든, 연예인이든 정치인이든 특히 성공하는 한국인들이라면 지녀야 할 가치이자, 정당성의 원천으로 절대화하는 현상"이라고 분석한다.[54]

이런 논의를 토대로 김수정은 페미니즘 리부트 이후 정서적 평등주의와 집단적 도덕주의, 그리고 페미니즘이 결합하면서 정치적 올바름을 지키지 않는 아이돌 아티스트 등의 연예인들에게 빠른 속도의 단죄가 이뤄졌다고 평가한다. 특히 그는 문제제기가 사회 변화보다 개별 아이돌 그룹 혹은 아티스트에 대한 비난으로 이어질 때 그것이 정당한 비판이 아닌 정서적 평등주의로 귀결될 수 있으며, 창작물에 담길 수 있는 다양한 의미에 대한 해석이나 비평은 도외시한 채 특정 단어나 표현을 여성혐오라고 단정 짓는 것은 집단적 도덕주의에 의한 것일 수 있음을 지적한다.[55]

논란이라는 도덕적 드라마

　　이런 사례들은 셀러브리티와 관련된 영역에서 나타나는 '속도의 페미니즘'과 '관성의 정치'를 선명히 보여준다. 여성학자 김주희는 페미니즘 리부트 이후 가해자와 피해자가 존재하는 사건에 대해 소셜미디어와 해시태그를 타고 페미니즘의 이름으로 빠르게 진행되는 가해자 단죄 및 캔슬을 속도의 페미니즘이자 관성의 정치라고 명명하며, 사실관계 파악과 별개로 이뤄지는 재빠른 판단과 단죄가 오히려 페미니즘에 대한 논쟁과 페미니즘을 통한 논쟁을 차단했다고 말한다. 옳고 그름을 이미 정해둔 채 옳음을 향해 내달리는 관성의 정치와 '도덕이 된 페미니즘'의 속도가 어떤 의미에서는 정의를 실현하고자 하는 노력일 수도 있었겠지만, 동시에 그것은 우리에게 필요한 '정치'를 불가능하게 하기도 했다. 그는 "가해자 감별사 혹은 폭력의 소비자" 중 하나만을 선택해야

하는 상황이 아니라 토론과 비평이 필요하다고 말한다.[56]

아이유/이지은의 사례는 작품의 해석과 관련된 논란조차 그가 아이돌이라는 사실과 결부되어 그 개인의 이미지나 인성 문제로 환원되는 문제를 보여준다. 앞서 대중이 한혜연과 쯔양/박정원에게 배신감을 느낀 것과 동일한 맥락으로 보기는 어렵지만, 아이유/이지은의 사례를 포함한 세 경우 모두에서 여성 셀러브리티들이 자신의 특정한 이미지와 관련하여 관심경제 안에서 부당 이익을 취하고 있었다거나, 부당 이익을 취하려 한다는 대중의 반응을 공통적으로 발견할 수 있다. 그런 의미에서 이들과 관련된 제각기 다른 논란은 모두 정서적 평등주의의 영향권 안에 존재한다.

따라서 아이유/이지은의 사례에는 정서적 평등주의와 집단적 도덕주의의 결합, 그리고 옳고 그름을 이미 정한 채로 논쟁을 사전 차단하는 관성의 정치와 이를 빠르게 처리할 수 있도록 하는 관심경제, 소셜미디어, 정치적 올바름의 결합으로서의 속도의 페미니즘이 모두 작동하고 있다. 아이유/이지은이 직접 제작과 기획 과정에 적극적으로 참여했다는 사실 또한 이 사건에서 중요한 지점이다. 그렇게 논란은 마치 한국의 리얼리티 쇼와 같은 도덕적 드라마로 제조된다.

논란의 이와 같은 특징은 학교폭력이나 갑질처럼 개인의 인성과 직접적으로 맞닿아 있다고 여겨지는 종류의 논란에서 더욱 선명히 드러난다. 그렇다면 이러한 논란 속에서 관심경제와 캔슬 컬처는 어떤 형태로 나타나는가?

3장

"너 같은 아이들이 사랑받는 직업으로
성공하면 안 되지"

아이돌 논란과 사랑의 자격론

한국 사회에서 배신감과 온라인을 통한 응징 시도는 다양한 형태로 존재해왔다. 그 대표적인 사례를 '타진요'(타블로에게 진실을 요구합니다)에서 찾을 수 있다. 일부 사람들이 2003년 데뷔한 힙합 그룹 에픽하이Epik High의 멤버 타블로/이선웅을 대상으로 그가 미국의 명문대를 나온 것이 정말 사실이 맞냐며, 학력 위조 혐의를 계속해서 제기한 것이다. 그 어떤 반박도 이들을 막지 못했고, 이 의혹은 한국 온라인 공론장에서 생산된 대표적인 음모론이 되었다. 2010년쯤 만들어진 이 음모론을 중심으로 한 타진요의 네이버 카페는 한때 30만 명이 넘는 회원 수를 보유하기도 했다. 타진요의 핵심 구성원들은 2012년 재판으로 대법원에서 실형을 선고받았다.

한국문화 연구자 정선진은 이를 사이버 자경주의cybervigilantism로서의 '신상 털기'의 한 사례로 본다. 그는 이 사례를 통해 '네티즌 수사대'의 어두운 면을 포착한다. 주로 한국의 온라인 커뮤니티 디시인사이드에서 서식하며 문화적 생산물이나 현상에 골몰하는 '폐인'들과 중요한 정보들을 찾아내고 공유하는 '고수'들은 네티즌 수사대에서 핵심적인 역할을 했는데, 이들로 인해 디시인사이드는 한국 온라인 행동주의activism의 한 축을 차지하게 되었다.[1]

타진요의 구성원들은 타블로/이선웅에 대한 진실을 밝혀내는 것이 정직성과 사회정의를 실현하는 일이라고 주장했다. 이는 정부나 검찰, 경찰, 나아가 미디어처럼 정의를 실현해야 한다고 여겨지는 권위 있는 행위자들에 대한 불신에 기인했다.[2] 동시에 디시인사이드 사용자들이 '잉여'를 자처한다는 점은 타진요가 사회정의를 요구하는 이면에 학력만능주의가 팽배한 한국에서 학력 의혹만으로도 발생한 충분히 발생할 수 있는 배신감이라는 감응이 있지는 않았을지 추측하게 한다. 김수정은 타블로/이선웅에 대한 대중의 집단적 괴롭힘 또한 앞서 언급한 정서적 평등주의에서 기인했다고 분석하는데,[3] '너도 추락시키겠다'는 잉여 문화의 일면은 바로 그 정서적 평등주의와도 궤를 같이한다.

아이돌 논란은 이런 사례들과 유사하다. 논란이 된 이에게는 공인으로서의 책임이 요구되고, 사이버렉카들은 네티즌 수사대 혹은 그런 이들이 모인 카페와 비슷한 역할을 하며, 그들이 만들어내는 서사는 대체로 음모론적 구조를 지닌다. 그러나 아이돌 논란의 핵심은 정작 다른 데 있다. 아이돌 아티스트는 '진실'이나 '사과'보다는 '퇴출'이나 '탈퇴'를 요구받으며, 그런 요구의 기저에 놓인 것은 '정직할 책임'보다는 '사랑받을 자격'이다. 또한 타진요 사건 때와 달리, 지금은 대중을 계산하고 상상하는 알고리즘이 더욱 강력하다. 알고리즘이 '처형대'를 퍼뜨리므로, 각종 카페 혹은 디시인사이드 갤러리와 같은 특정한 구심점 없이도 논란은 삽시간에 확산된다. 따라서 아이돌 논란은 네티즌 수사대와 사이버 자경주의가 아닌 다른 틀로 분석될 필요가 있다.

1. 아이돌 처형대와 사랑의 자격론

인성이라는 상품과 행복의 약속

아이돌 논란은 일단 돌판 바깥으로 확산되기 시작하면 그 어떤 논란보다 큰 이슈가 된다. 사실 연예인들은 모든 것이 논란이 될 수 있는 존재로, 그중에서도 아이돌 아티스트는 논란에 더욱 취약하다. 이는 아이돌의 필수 덕목으로 여겨지는 인성과 도덕성이 (단순한 고발만으로도) 훼손되기 쉬운 가치이기 때문이다. 아이돌들이 겪는 논란이 대체로 '인성 논란'으로 수렴되는 것도 이 때문이다. 여기서 인성이란 인사를 잘하고 윗사람을 공경하는 유교적 도덕뿐 아니라, "구조의 부조리에 이의를 제기하지 않으며, 주어진 결과에 순응"하고 실패는 자신의 탓으로, 성공은 팬이나 프로듀서, 다른 멤버들과 같은 타인의 덕으로 돌리는 태도를 의미한다.[4] 무엇보다 오디션 프로그램은 이런 인성이 잘 드러나는 장으로 간주된다.

방탄소년단이 소속된 빅히트 엔터테인먼트를 비롯해 산하에 다양한 연예기획사를 둔 하이브HYBE 레이블의 의장 방시혁은 자신은 재능보다 인성을 중요하게 여긴다고 과거 한 인터뷰에서 밝한 것으로 유명하다. 하이브와 카카오엔터테인먼트 등장 이전에 3대 기획사로 불린 SM, JYP, YG 엔터테인먼트에서도 공통적으로 아이돌 아티스트가 사회적 규칙을 따르며 겸손과 같은 유교적 도덕을 체화할 수 있도록 연습생 기간 내내, 그리고 정식 데뷔 이후에도 교육을 멈추지 않는다.[5] 이는 아이돌 아티스트가 약속하는 행복을 믿어도 된다고 대중들을 안심시키고, 아티스트가 사람들에게 순조로이 사랑받을 수 있도록 함으로써 자신들의 투자가 물거품으로 돌아가지 않게 하려는 시도이자, 아이돌은 도덕적으로 무결해야 한다는 인식을 만들고 강화하는 과정이다.[6]

일례로, JYP 엔터테인먼트는 2021년 〈ESG 리포트〉에서 "인성과 실력 기반의 트레이닝 시스템"을 강조하며, 경영 철학의 핵심 가치 체계에 진실, 성실, 겸손, 사랑을 포함했다. 연습생 및 아티스트를 수식하는 "인격을 갖춘", "건전한 사고와 인성을 함양한", "회사가 추구하는 자질과 인성을 갖춘" 등의 표현은 아이돌 아티스트가 데뷔와 활동 과정 전반에 걸쳐 인성을 요구받는 현실을 보여준다. SM 엔터테인먼트는 2022년 4월 케이팝 아이돌 아티스트를 전문적으로 양성하기 위한 교육 시설인 SMU(SM Universe)를 입시 학원가의 대명사인 대치동에 설립했는데, 초대 교장인 작곡가 홍종화는 학생들의 "성장에 있어 제일 중요한 것은 인성"이라고 강조했다.[7]

이런 환경에서 아이돌 아티스트들의 많은 언행은 인성으로 환원되고, 아티스트는 인성과 관련한 논란이 생길 때 비난받기 쉬운 위치에 놓인다. 이와 더불어, 아이돌들은 언제나 밝은 모습을 유지해야 하는 등의 감정노동을 요구받는데, 이런 경향은 아이돌 아티스트들을 넘어 아이돌 산업을 소비하는 이들에게도 영향을 끼친다. 아이돌 문화를 향유하는 이들은 그러한 감정노동을 자연스럽게 받아들이고 내면화하며, 타인에게 요구할 수도 있게 되는 것이다.[8] 뒤에서 설명하겠지만, 아이돌 아티스트들에게 특정한 형태의 감정노동을 요구하는 것이 때로 팬들의 권리처럼, 심지어는 아이돌 아티스트의 '바른 성장'을 위한 일로까지 여겨진다는 점에서 이러한 지적은 유효하다.

이렇듯 아이돌 산업은 아이돌 아티스트를 즐거움 내지는 행복을 약속하는 대상으로 만들고, 이를 통해 사랑을 생산하고 유통할 수 있게 된다. 흥미로운 것은 그 즐거움과 행복에 도덕적 가치로서의 인성이 결합되어 있다는 사실이다. 이는 사라 아메드가 분석한 행복이라는 관념의 작동 방식을 상기한다. 아메드는 행복의 관념이 행복할 자격이 있는 존재와 그렇지 않은 존재를 구별한다고 지적하며, 따라서 행복해지는 방법에도 올바른 방법과 그렇지 않은 방법이 있음을 간파해낸다. 이를테면, 이성애는 우리가 행복해지는 올바른 방법이지만, 동성애는 올바르지 못한, 불행한 방법이라는 식이다. 이처럼 행복은 "세상을 소위 올바르다고 하는 사람들을 중심으로 돌아가게" 만든다.[9] 즉 행복의 약속에는 언제나 도덕성과 옳음에 대한 규정이 포함되어 있다.

그런 의미에서 아이돌 아티스트 처형대는 아이돌이 행복을 추구하기에 적절하지 않은 대상으로 여겨진다는 점을 이용해 실은 그들이 비도덕적이고, 따라서 그들을 소비하는 것은 행복해지는 올바른 방법이 아니라는 기존의 관념을 강화한다. 사이버렉카는 처형대를 통해 아티스트들의 좋은 인성을 강조하는 아이돌 산업의 전략에 기생한다. 그 전략이 성공적일수록, 처형대 또한 성공적으로 작동할 수 있게 된다. 이런 전략을 통해 처형대는 그들을 지지하고 좋아하는 사람 역시 행복해질 자격이 없다고 규정한다. 불안정한 행복의 약속은 처형대에 오른다. 하나로 결합한 행복과 도덕이 처형의 원동력인 셈이다. 이때 대중은 합리적 이성을 갖춘 존재가 아니라, 행복할 자격을 갖춘 도덕적 존재로 구성된다. 즉 대중은 이성적이기보다 정동적인 집단이며, 대중과 팬덤을 가르는 구분 자체도 특정한 상황에서 이들이 느끼거나 느끼도록 요구받는 감정과 관련되어 있다는 사실이 드러난다.

사이버렉카, 불안과 호기심을 먹고 자라다

처형대의 문법을 이해하기 위해서는 사이버렉카의 작동 원리에 대해 좀 더 알아볼 필요가 있다. 우선 사이버렉카가 유튜브를 중심으로 활동하는 것은 언론이 페이스북에서 유튜브로 장소를 옮겼기 때문이다. 새로운 콘텐츠를 띄워주는 페이스북의 '뉴스피드newsfeed'와 유튜브의 '채널'을 바탕으로 언론과 뉴스 정보 소비자들이 페이스북에서 유튜브로 이주하는 과정을 탐구한 전상현과 이종혁의 연구는 사이버렉카가 유튜브를 기반으로 활동하게 된 맥락을 보여준다.

페이스북의 뉴스피드는 최근에 올라온 실시간 정보 탐색에 최적화된 알고리즘을 갖고 있다. 이는 뉴스피드에 콘텐츠를 올리기 위한 경쟁 과열과 허위정보의 범람을 초래했다. 동영상 아카이브로 시작한 유튜브도 최신 콘텐츠를 띄워주지만 조회수, 댓글 등

의 기준에 따라 오래된 영상도 추천 알고리즘의 선택을 받기 비교
적 쉬우며, 검색 기능도 더 잘 갖춰져 있다. 초창기 페이스북은 뉴
스피드 알고리즘을 통해 언론을 흡수했지만, 허위정보와 개인정
보 유출 문제 이후 이어진 알고리즘 재편 등은 언론과 같은 공적
행위자를 유튜브로 이주시켰다.[10] 그렇게 유튜브가 '공적 공간'이
되자 사이버렉카들은 거기서 기성 언론, 구독자들과 뒤엉켜 활동
할 수 있게 되었다.

그렇다면 사이버렉카는 무엇이며, 누가, 왜 사이버렉카를 구
독하는가? 사이버렉카와 그 구독자들은 유별나게 이상하거나 악
한 사람들일까? 사이버렉카는 어떻게 사람들을 유인하는가?

자극적이고 선정적인 제목으로 기사인 듯 만들어내고 공인을 심
판대 위에 세운 후 10년, 20년 전 논란까지 끌어와 붙인 후 놀림
거리를 만들면 수만에서 수백만 조회수가 따라붙었고 수천 개의
구독과 '좋아요'가 그림자처럼 얹혀졌다. 자극적인 콘텐츠가 올
라오면 올수록 슈퍼챗(후원금)이 바로바로 터졌다. 운 나쁘게 저
격의 타깃이 되기라도 하면 평생 억측과 혐오의 대상자라는 낙
인이 찍혀 억울한 일을 겪을 수밖에 없는 기이한 상황이 펼쳐지
게 된 것이다. '혐오 콘텐츠'로 이익을 얻는 유튜버들을 네티즌들
은 '사이버렉카'라 지칭했다.[11]

'이슈 채널'과 '사이버렉카'를 구분하기란 상당히 어렵다. 앞
서 인용한 기사에서는 사이버렉카를 "조회수 생산용 혐오 콘텐츠
물을 뉴스인 것과 같이 포장한 이슈 콘텐츠를 익명으로 작성 후

사건이 발생하면 채널을 삭제하거나 영상을 내리는 등의 행위를 반복하는" 유튜브 채널로 설명한다. 여기서 '이슈'라는 단어는 '논란'이라는 말과 절묘하게 겹쳐진다. 사이버렉카들은 현재 한국 캔슬 컬처의 가장 핵심적인 행위자 중 하나다.

일부 사이버렉카 채널들은 가격에 따라 차등적인 권한을 부여하는 유료 멤버십*을 운영하며, 유료 회원들과 함께 다음 목표물을 정하기도 한다. 통상의 사이버렉카들이 학교폭력이나 성폭력, 갑질 등 대중의 관심사에도 부합하는 콘텐츠를 전체공개로 올려 조회수와 광고 수익으로 '장사'를 한다면, 아이돌을 주요 표적으로 삼는 일부 사이버렉카들은 유료 회원 전용 콘텐츠를 통해 아이돌 아티스트의 사생활 등 무대 뒤의 '진짜 모습'을 알려주겠다며 전체공개 콘텐츠보다 더 자극적인 회원 전용 콘텐츠로 팬들의 호기심과 욕망을 자극한다. 호기심과 욕망이 그 자체로 죄는 아닐지언정, 거기서 시작되는 특정 행위들은 논란에 적극적으로 자금을 대주며 폭력적인 네트워크와 접속한다.

실제로 사이버렉카의 (유료든 무료든) 구독자 중에는 팬들이 적지 않은 수를 차지하는데, 팬과 팬이 아닌 사람을 구별할 때 중요한 것은 관심의 질적 측면이다. 어떤 댓글들은 짤막한 조롱 한두 마디로 끝났지만, 어떤 댓글들에서는 자신의 최애가 뒤에서 무

---

* 온라인 동영상 플랫폼 유튜브는 '좀 더 적극적으로 소통하고 싶은 팬과 크리에이터'를 위해 2018년 8월부터 채널별로 유료 멤버십을 개설할 수 있도록 했다. 이를 개설하려면 원칙적으로 구독자 수가 3만 명을 넘어야 하지만, 일부 예외도 존재한다. 유료 멤버십은 990원부터 6만 원까지 다양하게 설정되어 있다. 김희경, 〈구독 안의 구독·마니아층 만들어내는 유튜브 '채널 멤버십'〉,《한국경제》, 2019. 6. 26.

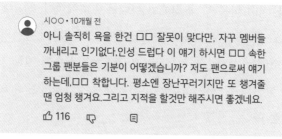

시○○ · 10개월 전
아니 솔직히 욕을 한건 □□ 잘못이 맞다만. 자꾸 멤버들 까내리고 인기없다.인성 드럽다 이 얘기 하시면 □□ 속한 그룹 팬분들은 기분이 어떻겠습니까? 저도 팬으로써 얘기 하는데,□□ 착합니다. 평소엔 장난꾸러기지만 또 챙겨줄 땐 엄청 챙겨요.그리고 지적을 할것만 해주시면 좋겠네요.

🖒 116   🖓   🗉

〈그림 1〉 한 아이돌 그룹 멤버의 인성 논란에 대한 사이버렉카의 영상에 달린 댓글.

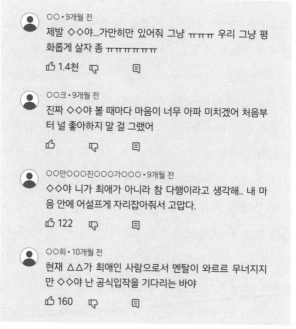

○○ · 9개월 전
제발 ◇◇야...가만히만 있어줘 그냥 ㅠㅠㅠㅠ 우리 그냥 평화롭게 살자 좀 ㅠㅠㅠㅠㅠㅠ

🖒 1.4천   🖓   🗉

○○크 · 9개월 전
진짜 ◇◇야 볼 때마다 마음이 너무 아파 미치겠어 처음부터 널 좋아하지 말 걸 그랬어

🖒   🖓   🗉

○○만○○○진○○○가○○○ · 9개월 전
◇◇야 니가 최애가 아니라 참 다행이라고 생각해.. 내 마음 안에 어설프게 자리잡아줘서 고맙다.

🖒 122   🖓   🗉

○○희 · 10개월 전
현재 △△가 최애인 사람으로서 멘탈이 와르르 무너지지만 ◇◇야 난 공식입작을 기다리는 바야

🖒 160   🖓   🗉

〈그림 2〉 한 아이돌 그룹 멤버의 사생활 논란에 대한 사이버렉카의 영상에 달린 댓글들.

엇을 하고 다니는지 모른다는 불안감과 그 불안을 현실로 목격한 순간의 좌절감과 실망감이 드러났다. (특히 남성인) 아이돌 아티스트들이 실제로 사건사고를 일으킨 선례들은 이러한 감정의 배경

이 된다. 어떤 이들은 '내 최애가 아니라서 다행이다' 같은 반응을 보이기도 했다. 인성을 욕하는 영상에서는 '실력까지 욕하지는 마라', '평소에는 착하다'라는 식의 댓글로 아티스트에 대한 과도한 비난을 막으려는 이들도 있었다. 전체공개 영상에서든 유료 멤버십에서든 마찬가지였다.

많은 이들은 사이버렉카 채널을 보는 이들에 대해 팬도 아니라고 말한다. 사이버렉카가 만드는 영상들이 누군가를 죽음으로까지 몰고 간다는 점에서 그 비판은 충분히 정당하며, 팬 중에서는 사이버렉카를 보지 않는 이가 더 많을 것이다(적어도 그렇게 믿고 싶다). 하지만 어떤 이들에게 사이버렉카 구독은 분명 덕질의 연장선이다. 그리고 이는 아이돌 아티스트라는 개인의 인격을 적극적으로 상품화하는 아이돌 산업의 영향권 안에 놓여 있다. 사이버렉카는 아이돌 산업이 성공하는 바로 그 지점에서 이익을 취한다.

그러니 어떤 영상에 조회수를 올려주는지, 그 조회수가 결과적으로 누구에게 이득을 가져다주는지를 기준으로 팬과 대중을 나누기란 어렵다. 여기서 중요한 것은 관심의 '양'이 아니라 '질'이다. 같은 영상을 보더라도 이들의 입장과 감정은 모두 달랐다. 사이버렉카의 영상에 달린 댓글에는 위와 같은 댓글을 남긴 팬들을 향해 '순진하다'고 말하는 이들이나, '아이돌에 별 관심 없지만 이렇게 문제 있는 아이돌이 사람들한테 사랑받아서는 안 된다'고 말하는 이들처럼 팬이 아닌 이들이 많았다. 팬들의 댓글에서 불안이나 좌절, 혹은 분노와 같은 감정이 주로 드러나는 것과 달리, 팬이 아닌 이들의 댓글은 옳고 그름, 즉 도덕의 문제에 초점을 맞추고 있었다. 팬과 대중의 차이는 '어떤 콘텐츠'를 '몇 번' 보는지보다,

'어떤 이유에서' '어떻게' '무엇을 느끼며' 보는지에 있었다.

대중도 관심을 가질 만한 논란들은 표면에 공개되고, 팬들이 더욱 관심 가질 만한 영상들은 회원 전용 콘텐츠로 공개된다. 어떤 사이버렉카들은 이런 식의 콘텐츠 차등화를 통해 대중과 팬들의 관심을 모두 얻어내며 관심경제 안에서 수익 경로를 안정적으로 다원화할 수 있었다. 그러나 구독자 중 아이돌 팬들도 적지 않기에, 구독자들은 때로 아이돌 아티스트의 '뒷얘기'를 소비하면서도 인신공격은 하지 않으려는 식으로 선을 넘지 않으려는 모습도 보였다. 이처럼 아이돌 사이버렉카는 가십을 즐기는 대중, 자기 최애의 모든 것을 알고 싶은 불안한 팬들, 유튜브라는 영상 중심 플랫폼, 관심경제가 결합해 작동하는 네트워크다.

처형대는 모두에 의해 세워진다

사이버렉카가 주도하는 아이돌 논란에서 특히 두드러지는 캔슬의 양상은 감찰이다. 처형대란 특정한 아이돌 아티스트를 비난하도록 '판을 깔아주는' 영상으로, 비난을 함축하거나 노골적으로 드러내는 제목과 그에 상응하는 아이돌의 영상, 혹은 해당 아이돌의 논란을 정리하는 영상으로 구성되어 있다. 때로는 처형대라는 이름을 붙이기 다소 애매하게, 아이돌 아티스트의 이름 옆에 '실력' 혹은 '인성'이라는 단어만을 붙여 제목을 단 영상의 댓글에서 싸움이 벌어지기도 한다. 처형대를 마련하는 유튜브 채널들은 주로 사이버렉카로, 연예인처럼 많은 관심을 받는 이들에게 분노나 증오의 정동을 부착함으로써 관심경제에서 영향력이나 금전

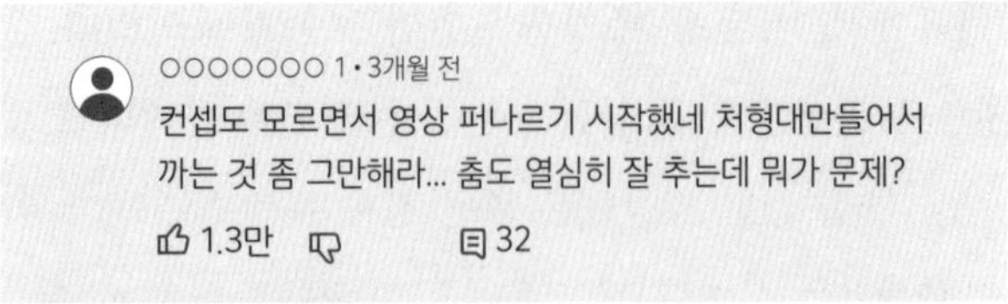

〇〇〇〇〇〇〇〇 1·3개월 전
컨셉도 모르면서 영상 퍼나르기 시작했네 처형대만들어서
까는 것 좀 그만해라... 춤도 열심히 잘 추는데 뭐가 문제?
👍 1.3만   👎   📋 32

〈그림 3〉 유튜브 채널 〈할많□□〉의 영상. "□□이 좀 심하게 많은 □□□□" (2022. 3. 6.)의 댓글들. 2022년 6월 13일 10시 13분 기준 조회수 1,792,945회, 좋아요 수 4.3만, 댓글 1.7천 개. 유튜브 채널 가입일 2022. 2. 22. 2022년 6월 13일 20시 14분 기준 채널 누적. 조회수 24,734,166회.

적 이득을 취한다. ('위선적인 아이돌을 비난하는 나에게 관심을!')

> **개미** 진짜 그냥 (춤, 노래 등) 다 잘해. 정말 흠잡을 데가 없어. 근데 그 빌런들이 리아만 콕 집어서 (실력 떨어진다고)……
>
> * * *
>
> **홍대** 이게 왜 어느 순간부터 그런 혐오가 생기는지 진짜 좀 잘 모르겠고, 그건 또 다 항상 외부인들이야. 그러니까 외부인, 대중. 정작 그 그룹을 좋아하는 팬들은 거기에 대해 아무 생각이 없어요. 그냥 '예쁜 내 새끼', '같이 활동하고 너무 예쁘다' 이건데.

인터뷰이들은 처형대에 대한 강한 반감을 드러냈다. 홍대는 중국인 멤버에 대한 사람들의 혐오를 부추기는 처형대들에 대해, 중국인 멤버를 혐오하는 이들은 '외부인'이자 '대중'이고, 정작 팬들은 멤버가 중국인이든 아니든 신경 쓰지 않는다고 말한다. 개미는 처형대를 만드는 이들과 그에 호응하는 이들을 '빌런^{villain}', 즉 악당으로 칭한다. 이처럼 처형대를 설치하고 소비하는 이들에 대해 팬들은 뚜렷이 선을 긋는다. 처형을 집행하는 이들은 아이돌

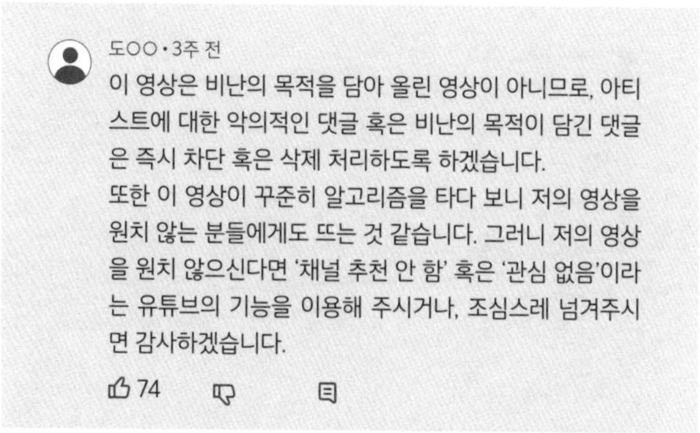

도○○ · 3주 전

이 영상은 비난의 목적을 담아 올린 영상이 아니므로, 아티스트에 대한 악의적인 댓글 혹은 비난의 목적이 담긴 댓글은 즉시 차단 혹은 삭제 처리하도록 하겠습니다.
또한 이 영상이 꾸준히 알고리즘을 타다 보니 저의 영상을 원치 않는 분들에게도 뜨는 것 같습니다. 그러니 저의 영상을 원치 않으신다면 '채널 추천 안 함' 혹은 '관심 없음'이라는 유튜브의 기능을 이용해 주시거나, 조심스레 넘겨주시면 감사하겠습니다.

👍 74   👎   💬

〈그림 4〉 구독차 5000명 내외의 한 유튜브 채널에서 올린 "형들의 폭로가 억울했던 막내"(2022. 6. 16.)에 채널 운영자가 쓴 댓글. 그는 평범한 팬 채널에 알고리즘을 타고 들어온 일반 대중이 들어와서 악의적인 댓글들 달고 있다고 생각하는데, 통상적으로 팬들만 주로 이용하는 팬 채널에서는 아티스트에 대한 비하가 거의 일어나지 않기 때문이다.

아티스트와 팬덤을 비도덕적이며 행복할 자격이 없는 존재로 규정하고, 팬덤은 처형을 집행하는 이들을 혐오를 퍼뜨리는 존재로 규정한다. '이 아이돌 아티스트는 행복을 주는 대상인가, 불행을 주는 대상인가?' 여기서 벌어지는 것은 행복할 자격, 그리고 사랑의 자격을 두고 벌어지는 일종의 도덕 논쟁인 것이다.

개미는 그런 처형대에 굴하지 않는 최애에게 오히려 매력을 느꼈고, 홍대는 처형대와 무관하게 자신의 애정을 이어나가는 팬들의 모습을 강조했다. 그러나 처형대는 꾸준히 만들어지고, 또 관심을 얻는다. 이는 아이돌 논란에서 나타나는 대중의 집단적 도덕주의와 관련이 깊다. 집단적 도덕주의가 발현될 수 있는 판으로서 처형대의 핵심은 관심의 감찰과 회수에 있다. 처형대는 특정한 아이돌 아티스트의 논란을 빌미로 삼거나, 때로는 논란을 만들어 냄으로써 해당 아티스트에게 부정적 관심을 보내도록 유도한다.

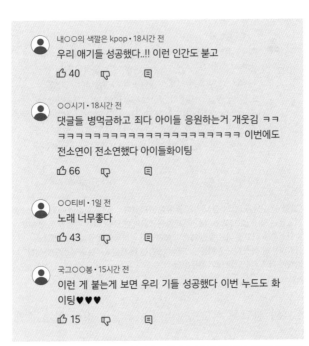

내○○의 색깔은 kpop · 18시간 전
우리 애기들 성공했다..!! 이런 인간도 붙고
👍 40　　👎　　　　💬

○○시기 · 18시간 전
댓글들 병먹금하고 죄다 아이들 응원하는거 개웃김 ㅋㅋ
ㅋㅋㅋㅋㅋㅋㅋㅋㅋㅋㅋㅋㅋㅋㅋㅋㅋㅋ 이번에도
전소연이 전소연했다 아이들화이팅
👍 66　　👎　　　　💬

○○티비 · 1일 전
노래 너무좋다
👍 43　　👎　　　　💬

국그○○봉 · 15시간 전
이런 게 붙는게 보면 우리 기들 성공했다 이번 누드도 화
이팅♥♥♥
👍 15　　👎　　　　💬

〈그림 5〉구독자 1000명 내외의 한 유튜브 채널에서 올린 "○○○ 신곡 □□□□
망한 이유"(2022. 10. 18.)의 댓글들. 한 아이돌 그룹과 그들의 신곡을 비하하는
영상이지만, 대부분의 댓글은 그저 해당 그룹을 응원하고 있었다. 이 영상은
사람들의 도덕성을 자극하고 있지는 않지만, 영상의 목적과 댓글들이 일치하지
않아 영상이 관심 감찰에 실패하는 장면을 보여준다는 점에서 의미가 있다.

이때 처형을 집행하는 데는 댓글과 같은 관심이 중요하다.

처형대를 만드는 것은 비단 사이버렉카들만이 아니다. 특히
댓글은 처형대의 설치와 처형의 집행에서 매우 중요하다. 〈그림
4〉와 〈그림 5〉에서 볼 수 있듯, 댓글의 추이에 따라 처형이 때로
실패하기도 하고,* 애초 처형대로 만들 의도가 없었던 평범한 2차
창작 영상이 알고리즘을 통한 다양한 사용자들이 유입하며 처형
대로 변하기도 하기 때문이다. 시청자들의 실천에 따라 어떤 영상

이든 처형대가 될 수 있다. 채널 운영자들은 이처럼 자신의 영상이 처형대로 이용되는 것을 막고자 댓글과 시청자들을 관리하지만, 유튜브를 업으로 삼지 않는 한 쉽지 않은 일이다.

이런 이유로 논란을 겪은 아이돌 아티스트와 관련된 영상들은 관심을 주고받는 주된 경로로 기능하는 댓글이 '사용 중지' 처리되어 있다. 차단은 주로 팬들이 운영하는 채널에서 해당 아티스트와 팬들을 위한 조치로 취해질 때가 많지만, 동시에 관심의 경로 자체도 완전히 차단한다는 점에서 역설적으로 퇴출을 완성시키는 하나의 요소가 되기도 한다. 관심경제 속에서 처형은 이런 역설적인 방식으로도 성공한다.

물론 관심경제에서는 부정적인 감정도 자원이 될 수 있다. 유튜브의 브이로그 중에서 자신의 우는 모습이나 불안을 콘텐츠로 만든 것들을 찾아볼 수 있는데, 그런 콘텐츠들은 눈물이나 불안과 같은 부정적 감정과 경청하고 공감하는 관심의 교환을 원하는 사람이 많은 사회에서 인기를 얻게 된다.[12] 여기서는 불안이나 우울과 같은 부정적 감정과 경청과 공감이라는 긍정적 관심이 교환되고, 그런 관심의 양은 부정적 감정을 콘텐츠로 업로드하는 이들에게 간다. 그러나 처형대는 이와 다르다. 처형대는 관심의 양과 질의 유통 경로를 분리해 관심의 양을 흡수한다. 분노나 증오 같은 부정적 관심이라는 질은 처형대 위에 오른 아이돌에게, 조회수와 좋아요, 댓글, 구독자 수 등으로 계산될 수 있는 관심의 양은 처형

---

* 이때 댓글의 개수 자체가 알고리즘의 추천을 유도한다는 점에서 처형에는 실패하지만 사이버렉카가 관심의 양을 흡수하는 데는 성공할 수 있다.

대, 그리고 처형대를 만든 채널에 귀속된다.*

도덕성을 과시해 논란에 가세하다

이런 논란 속에서 사람들은 댓글이나 트윗 등으로 자신이 가진 입장을 표명할 명시적이거나 암묵적인 압력을 받는데, 이는 마치 토크쇼에서 벌어지는 공개적인 '미디어 고백'과 마찬가지로 "사회윤리의 점검을 받으며 개인이 아닌 공동체의 윤리를 견고하게" 만들게 된다.[13] 이를테면, 일반인이나 셀러브리티의 고민을 상담해주는 콘셉트의 여러 TV 토크쇼에서는 연인과의 관계나 가족 관계 안에서 지켜야 하는 특정한 규범을 지키지 않는 이들의 행위가 '고민거리'로 등장하고, 그들의 언행은 패널들과 방청객들 모두에 의해 평가되고 교정된다. 여기서 표명하게 되는 입장이란 결국 특정 사회 안에서 공유되는 도덕적 기준을 따라 구축된다. 행복이나 사랑을 증오로 변환하는 과정으로서의 관심 감찰은 바로 그 도덕적 기준에 기반을 두고 있다는 점에서 정의이자 진리로 평가된다. 관심경제에서 정의 구현이란 관심 감찰의 형태로 나타난다.

---

*   많은 경우 사이버렉카 및 그 팔로워들과 맞선 싸움은 소속사의 법적 대응을 제외하면 팬 개개인의 몫일 때가 많다. 하지만 논란을 제조하는 사이버렉카라는 실험실에 대한 대항 실험실도 등장했다. 일례로, 케이팝 아이돌 아티스트에 대한 정보를 주로 영상으로 만들어 올리는 유튜브 채널 〈Doyouram: Everyday K-Culture〉은 아이돌 아티스트들을 두고 만들어지는 논란과 그 안에서 이루어지는 폭력적인 캔슬 행태에 대항하는 영상 시리즈를 만들었다. 이 채널은 팬들의 제보와 더불어 자체적인 조사도 병행해 "루머와 억까"에 대응하겠다고 선언했다. '억까'는 '억지로 까는(비난하는) 행위'로, 제대로 된 근거 없이 누군가를 무분별하게 비난하는 행위를 의미한다.

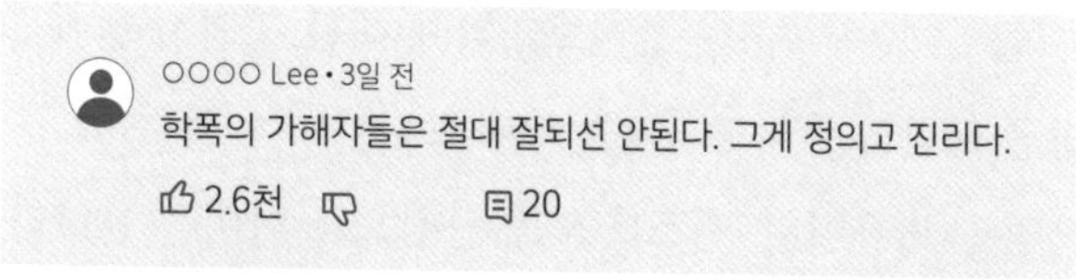

〈그림 6〉유튜브 채널 〈괴□□회〉의 영상 "○○○, 당신이 몰랐던 ○가지 사실"
(2022. 5. 22.)의 댓글. 2022년 6월 3일 21시 09분 기준 조회수 1,086,123회,
좋아요 수 1.6만, 댓글 3.6천 개. 채널 가입일 2021. 4. 9., 2022년 6월 12일
22시 27분 기준 누적 조회수 243,426,352회.

관심 감찰은 도덕적 기준과 연동되어 행해진다는 점에서 온라인 공론장에서 자주 나타나는 '그랜드스탠딩grandstanding'의 한 가지 사례로 거론될 수 있다. 인정 욕구와 이를 충족시키기 위한 특정한 표현들의 합으로 구성되는 그랜드스탠딩은 자신의 도덕적 자질로 다른 이들에게 좋은 인상을 주길 바라는 의도에서 행해진다. 사람들은 공적인 도덕 담론에 참여함으로써 그랜드스탠딩의 목표를 달성하고자 한다. 공적 담론 안에서 자신의 도덕적 자질을 과시함으로써 인정받고자 하는 행동 패턴은 온라인 공론장들에서 흔히 발견된다. 그랜드스탠딩을 하는 사람, 즉 그랜드스탠더는 이런 논란 안에서 자신을 '대중'이라는 이름의 '옳은 편'으로 규정함으로써 타인들의 인정을 받고자 논란 속 팬들과 아티스트에게 과도한 비난을 쏟아내기도 한다.[14]

주로 인물을 다루는 두 사이버렉카 채널에 2021년 5월부터 11월까지 달린 댓글들을 분석한 어느 연구에 따르면, 해당 채널의 댓글들에 사용된 어휘들 중에는 외모 비하나 조롱 목적의 멸칭, 모욕적 상징이 함축된 고유명사가 많다고 한다.[15] 여기서 이러한 비난은 '내가 옳다'라는 직접적인 표현을 대신하는 간접적이고 우회적인 도덕적 과시의 한 형태로 나타난다.[16] 도덕과 정의를 자임

하는 이들이 모여 행하는 셀러브리티에 대한 정의 구현이 그랜드스탠딩을 포함하는 처형이라는 형태로 나타나는 것이다.

온라인 커뮤니티 '인스티즈'를 중심으로 아이돌 논란과 관련한 팬덤의 분노를 연구한 한 논문에 따르면, 특히 학교폭력 논란에서 도덕성은 중요한 키워드다. 학교폭력처럼 과거에 벌어졌을 뿐 아니라 증거를 찾기도 어려운 도덕적 논란에서 사법적 정의를 기대하기 힘들다는 판단은 자신들이 직접 나서 논란의 중심에 선 아티스트를 처벌하겠다는 의지로 이어지기도 한다. 이때 아이돌에 대한 도덕적 분노는 그랜드스탠딩과 마찬가지로 "윤리적 주체로서의 자부심과 연관"된다. 논란이 있는 아티스트, 실제 피해자가 존재하는 사건의 가해자일 수 있는 아티스트를 지지하거나 응원하는 몰지각한 팬들과 달리, 자신은 대중처럼 팬심보다 윤리와 도덕을 중시하는 이성적인 팬임을 강조하는 것이다.[17]

이와 같은 현상은 관심경제와 온라인 플랫폼의 영향권 안에서 일어나는데, 여기서 이루어지는 것은 윤리적 문제에 대한 논쟁이라기보다는 특정 의견에 대한 단순한 기여에 가깝다. 비슷한 의견으로 도배된 댓글창이나 담벼락에서 댓글이나 '좋아요'에는 특별한 메시지나 의미가 담겨 있지 않다. 사람들은 이런 식의 단순 기여에 동참하는 것만으로도 자신이 세상을 개선하고 있다고 믿는다.[18] 분노하지만 논쟁하지 않고, 판단하지만 성찰하지 않는 집단적 도덕주의와 그랜드스탠딩은 그 대표적 사례다. 단순 기여는 그 자체로 별다른 의미를 지니진 않지만, 처형대를 추천 알고리즘에 태워 사용자들의 화면에 띄운다. 그렇게 띄워진 처형대는 관심 감찰을 통해 사람들이 처형에 동참하도록 부추김으로써 '좋아요'

와 조회수, 댓글 수라는 관심의 양을 빨아들인다. 관심의 양을 빨아들인 처형대는 더욱 비대해져 더 많은 사람들에게 추천된다.[19]

논란 속 공론장에서 중요한 것은 감정과 믿음이지 이성이 아니다. 실제로 무엇이 이성적인 판단인지보다 '행복할 자격이 있는 것', '행복을 줄 수 있는 것' 혹은 '사랑받을 자격이 있는 것'으로서 '도덕적인 것'에 대한 믿음과 그 믿음에 따라 행동함으로써 느끼는 감정, 그리고 이 과정에서 얻게 되는 관심이 중요하다. 이렇게 받게 되는 관심은 다시금 그 감정과 믿음을 강화한다. 관심과 감정, 관심과 믿음은 순환하며 서로를 증폭시킨다. 그리고 이 증폭의 과정은 그 자체로 도덕 혹은 '도덕적인 것'에 대한 특정한 형태의 상상, 이를테면 '정의 구현'으로서의 사이버불링cyberbullying을 촉진한다.

관심 감찰에 따라 아이돌, 소속사, 혹은 팬 채널로 가던 관심은 회수되어 처형대로 지불되고, 그 처형대는 사이버렉카들과 그랜드스탠더들이 관심을 얻는 장이 된다. 즉 관심의 양은 아이돌 아티스트와 그를 지지하고 홍보하는 네트워크가 아니라, 아이돌 아티스트를 비난하는 네트워크로 유통된다. 관심의 양을 흡수하기 시작한 처형대는 추천 알고리즘을 타고 더욱 많은 관심을 끌어당긴다. 여기서 논란이 된 아이돌 아티스트는 행복을 추구하기에 확실히 부적절한 수단으로 변하며, 따라서 그는 더 이상 사랑해선 안 되는 대상이 된다. 관심 감찰의 종착지는 말 그대로 처형으로, 그룹 탈퇴나 프로그램 하차 등 아티스트는 대중 앞에 나설 수 없도록 매장당한다. 이처럼 아이돌 논란 안에서 발견되는 캔슬은 관심 감찰과 관심 회수의 상호작용을 통해 유통되는 관심의 질과 그

유통 경로를 바꾸고, 나아가 캔슬의 대상을 플랫폼에서 퇴출시킴으로써 관심경제 바깥으로 추방한다.

사랑의 자격론

이때 감찰에서 두드러지는 것은 '사랑의 자격론'이다. 앞서 살펴보았듯 기존의 캔슬 컬처 논의에서 중심을 이룬 것이 말이나 작품 등에 대한 '표현의 자유'였다면, 아이돌 논란에서 표현의 자유는 작품 해석과 관련한 논란을 제외하고는 거의 언급되지 않는다. 아이돌 아티스트라는 직업은 노래나 춤과 같은 퍼포먼스를 선보이는 일보다는 '대중의 사랑을 받는 일'로 이해되며, 따라서 아이돌 아티스트의 논란은 그가 대중 앞에 나와 사랑받을 자격, 즉 사랑의 자격론으로 이어진다. 이는 관심경제와 결합해 굴러가는 아이돌 산업이 판매하는 주요한 상품이 아티스트와 팬 사이의 친밀감, 그리고 친밀한 존재로서의 아이돌 아티스트의 이미지라는 점과 관련된다. 이 배경에는 아이돌 아티스트가 마주하는 정서적 평등주의와 집단적 도덕주의가 존재한다.

> "아 대체 욕 좀 먹는 게 왜 (게 왜) 잘 벌잖아 또 징징대 왜 (대 왜)
> 그 정돈 감수해야지 에헴"
>
> —방탄소년단, 〈욱(UGH!)〉

이와 더불어 어떤 이들은 아이돌 아티스트들에게 '그만큼 버니까 그 정도 욕은 감수해야 한다'고 말하기도 한다. 사람들은 욕

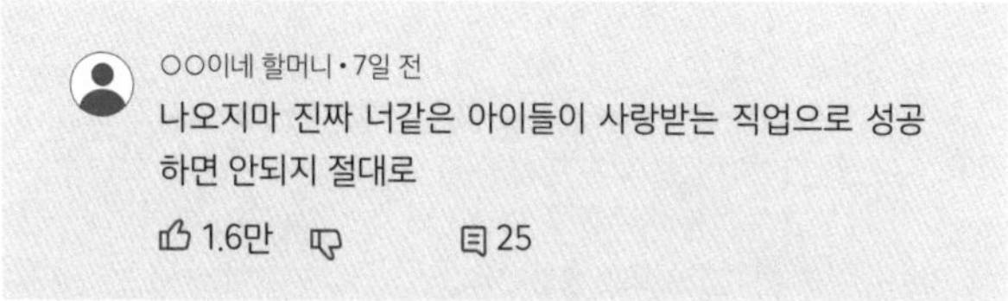

〈그림 7〉 구독자 100명 미만인 한 채널의 영상 "○○○이 □□□ 브이로그에
○○됐다."(2022. 6. 8.)의 댓글. 2022년 6월 17일 6시 42분 기준 조회수
1,087,467회, 좋아요 수 1.2만, 댓글 561개. 채널 가입일 2022. 5. 17., 2022년
6월 12일 6시 43분 기준 누적 조회수 1,234,884회.

이라는 부정적 관심도 돈이 된다고 전제하는 동시에('무플보다 악
플이 낫다'), 욕을 감수하는 감정노동을 기꺼이 수행하길 요구한다.
관심경제로 모욕을 정당화하는 것이다. 이런 현상은 팬들과의 관
계에서도 나타난다. 팬사인회 현장에서 아이돌 아티스트들에게는
"성희롱에 가까운 언사를 태연하게 넘어가는 것이 '얼마나 아이돌
스러운지', 즉 '프로의식을 함양하고 있는지'의 척도"가 되는데, 이
처럼 아이돌 아티스트는 단지 팬과 대중에게 즐거움을 주는 존재
이기만 한 것이 아니라, 그들로부터 겪는 부정적 감정을 잘 감내
해야 하는 존재이다. 반면 팬과 대중은 이들에게 부정적 감정을
표출할 '권리'가 있는 존재로 만들어지고 있다.[20] 요컨대, 사랑의
자격론은 아이돌 아티스트들이 아이돌 산업에서 판매하는 상품
으로서 지니는 특성과 더불어, 이를 소비하는 이들의 태도, 그리
고 아이돌 아티스트에게 요구되는 행실과 관련된다.

아메 (아이돌 아티스트가) 사람들의 관심으로 돈을 버는 직업인 건
맞죠. 그 관심이 그 사람의 외모에서 기인한 것이든 음악성에서
기인한 것이든. 그런데 관심, 사랑, 사랑받을 가치, 자격이 없다

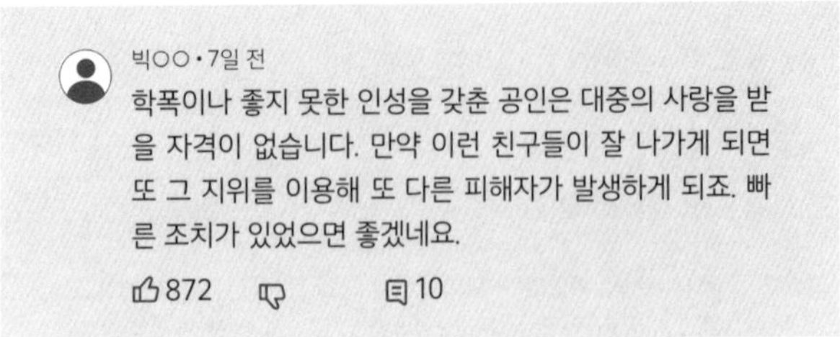

빅〇〇 · 7일 전
학폭이나 좋지 못한 인성을 갖춘 공인은 대중의 사랑을 받을 자격이 없습니다. 만약 이런 친구들이 잘 나가게 되면 또 그 지위를 이용해 또 다른 피해자가 발생하게 되죠. 빠른 조치가 있었으면 좋겠네요.

👍 872　👎　💬 10

〈그림 8〉 유튜브 채널 〈까□□키〉(구독자 13만 명)의 영상 "국내 〇〇 "야스 〇〇〇" □□□□ 〇〇〇의 수〇〇은 〇가지 비밀"(2022. 5. 12.)의 댓글. 2022년 6월 3일 21시 11분 기준 조회수 570,656회, 좋아요 수 5.4천, 댓글 1.3천 개. 채널 가입일 2017.10.17., 2022년 6월 12일 22시 28분 기준 채널 누적 조회수 60,889,856회. '섹스'를 변형한 단어인 '야스'가 포함된 영상 제목에서 알 수 있듯, 정의 구현을 명분으로 내세우는 처형대들은 종종 여성 아티스트에 대한 성희롱을 포함하며, 사이버렉카의 시청자들은 그런 영상의 댓글에서 정의나 도덕을 논한다.

는 것은 그렇게[퇴출로] 결정될 문제는 아닌 것 같아요. 그 사람이 복귀한 이후에 사랑하지 않으면 될 일이라고 생각하거든요. 관심을 통해 돈을 버는 직업이니까 관심이 떨어진다면 재기할 수 없을 거고, 여전히 관심이 유지된다면 재기의 가능성을 노릴 수 있을 텐데, 그렇게 **기회 자체를 박탈해버리는 처사는 좀 잔인한 것 같아요.**

아메는 캔슬의 여러 방식 중에서도 퇴출에 큰 반감을 드러냈다. 애초에 관심 자체를 받을 수 없도록 퇴출시킴으로써 자격마저 박탈하는 것은 과도하다는 이야기다. 그는 관심경제를 시장경제의 원리로 이해하고 있었고, 그에 따라 퇴출이 시장 논리에 어긋난다고 지적했다. 달리 말해, 퇴출은 시장에서 도태되는 것이 아니라 시장에서 도태될 기회조차 박탈당하는 것이 된다. 논란이 발생했을 때 관심이 회수되는 것은 시장에서의 자연스러운 도태이지만, 아예 복귀조차 하지 못하도록 만드는 것은 다른 문제라는 것이다. 소바 또한 비슷한 입장을 드러냈는데, 이러한 견해는 캔슬 중에서도 회수는 당연히 발생할 수 있는 것으로, 그러나 퇴출은 과도한 것으로 이해하는 팬들의 모습을 보여준다. 즉 팬들은 캔슬을 전적으로 거부하지는 않지만, 캔슬의 종류에 따라 다른 방식의 이해와 가치 판단을 개진한다.

인성, 빌미가 되다

그렇다면 아이돌 아티스트는 어떤 식으로 사랑받을 자격을 부여받으며 또 박탈당하는가? 아이돌 아티스트는 훌륭한 인성을 갖추고, 무대 위에서 멋진 모습을 보여야 할 뿐 아니라, 무대 위의 모습과 다른 무대 뒤에서의 모습까지 상품화해야 한다. 이때 두 모습 사이의 거리감에서 느껴지는 매력, 즉 '갭gap차이' 혹은 '갭모에gap萌え'는 '진실되게 드러나는' 아이돌 아티스트의 평소 성격이나 인성과 무대 위에서의 '연출된' 모습 사이의 차이를 통해 아이돌 아티스트의 인격 혹은 인성을 매력으로 구성해내고 나아가 상품화한다.

2014년 카카오엔터테인먼트가 론칭한 브랜드 원더케이1theK의 유튜브 채널 〈1theK Originals: 원더케이 오리지널〉은 이 글을 쓰는 현재(2022년 11월 10일) 구독자 188만 명, 총 조회수 1,059,292,983회를 기록하는 대표적인 케이팝 관련 채널 중 하나로, 이곳에서 만드는 영상 중 '내돌의 온도차' 시리즈는 갭모에를 공식적으로 콘텐츠화한 것이다. 이를테면, 한 아이돌 그룹의 멤버들이 검은색 계열의 무대 의상을 입고 강렬한 표정으로 춤을 추고, 평상복을 입고 파리채로 바닥을 치고, 논밭에서 일할 때 입는 의상이나 회사에서 입는 정장을 입고 웃기거나 귀여운 행동을 한다. 이렇게 상이한 장면들은 동일한 인물이나 동일한 자세라는 시각적 유사성을 활용하여 장면 사이의 연결을 부드럽게 만드는 일종의 매치컷match cut을 통해 1초 내외의 간격으로 빠르게 교차된다. 콘셉트들 사이의 차이를 두드러지게 하면서도 그것이 한 사람에게 포개지도록 하는 편집의 기술이다.

'갭' 혹은 '온도차'가 적극적으로 상품화될 때, '무대 뒤'라는 콘셉트로 공개되는 콘텐츠들 안에서 팬들은 콘텐츠를 떡밥 삼아 아티스트의 성격 내지는 인성을 추측해나가게 된다. 팬덤은 자신이 덕질하는 아티스트가 그의 행동이 그의 인성이라고 드러난 것과 일치해야 한다는 "아이돌에게 요구되는 행동 규범"을 잘 지킬 때 애정을 느끼지만, 규범을 어겼을 때는 "이를 일종의 불공정 행위로 판단해 스타를 비난하고 처벌"[21]하기도 한다. 이 과정에서 "아이돌이 다른 노동자와 마찬가지로 사람이라는 사실은 쉽게 잊히거나 의도적으로 비가시화"된다.[22] 이는 "아이돌이지만 동시에 일상을 영위하는 생활인이자 개별적 인격체라는 당연한 명제를 '아이돌은 그래서는 안 된다'는 당위적 시각으로 눌러버리는 폭력적 방식의 의사소통"이다.[23]

이처럼 사랑받을 자격은 아이돌 아티스트의 "효도"*처럼 팬덤에 대한 의무, 그리고 그들에게 기대되는 구체적인 갭모에와 인성 등의 결합으로 나타난다. 무대 위와 아래의 모습들을 하나하나 찾아보고 비교하며 알아내야 하는 갭모에나 덕질을 해야만 알 수 있는 효도, 그리고 인터뷰나 예능 프로그램 등에서 드러나는 인성은 소셜미디어의 '이슈 채널'들을 통해 팬덤과 대중 모두에게 가닿는다. 사람들은 아이돌 아티스트가 그러한 콘텐츠들에서 보이는 인성이 자신들이 원하는 것에 부합할 때 그에게 애정을 보내며, 그렇지 않으면 그를 단죄한다.

이런 맥락에서 아이돌 아티스트의 논란은 그 사안이 성폭력이든 학교폭력이든 갑질이든, 심지어 실력까지 인성 논란으로 환원되는 측면이 크다('실력이 딸리는데 노력을 안 하다니!'). 그렇게 논란의 중심에 선 아티스트는 사랑받을 자격이 없다고 여겨지기에, 그가 받아야 할 관심은 사랑이 아닌 증오가 된다. 그렇게 처형대와 같은 관심 감찰은 사랑을 받거나 퍼뜨리는 이가 돈을 버는 아이돌 산업의 관심경제를 분노, 증오, 경멸을 퍼뜨리는 이가 돈을 버는 관심경제로 전환한다.

언론과 알고리즘, 논란을 증폭시키다

언론 또한 여기에 합세한다. 미국의 언론사 버즈피드^{BuzzFeed}의 한 선임기자는 관심경제 안에서 저널리즘이 '선정적인 분노산업'을 만들어낸다고 말한다.[24] 논란에 대한 보도 또한 그렇다. 아

---

* "팬은 아이돌이 어떤 플랫폼에 몇 번 방문했는지를 매일 확인하고, 심지어는 체크리스트를 만들어 이를 "효도"로 표현한다. 팬의 헌신만큼이나 효도도 점차 당연하게 여겨진다. …… 팬을 대하는 태도를 자신이 좋아하는 아이돌 외에 다른 아이돌과 비교하기도 한다. 팬이 아이돌에게 의무 수행을 촉구함과 동시에 의무 유기를 비난하는 행위인 것이다." 장지현, 〈"항상 함께할 거예요"의 이면〉, 류진희·백문임·허윤 기획, 《페미돌로지》, 빨간소금, 2022, 188쪽.

직 확인되지 않은 사실이나 혐의들은 논란이나 의혹, 그리고 누리 꾼과 같은 단어들과 결합하면서 실체를 얻게 되고, 이는 사람들이 해당 사안에 어떻게 감응할지 정해주는 관심 감찰로 이어진다. 문제의 핵심은 "모든 것이 너무 멀리 가고, 너무 빨리, 너무 감정적으로 긴박하게 움직인다"는 데 있으며, "그러한 환경에서 선정적·적대적 또는 다른 방법으로 조작적인 정보가 확산되는 것은 놀라운 일이 아니"다.[25]

아메 어느 순간부터는 그 친구[수진/서수진]를 욕하는 스스로를 정당화하기 위해 비난할 만한 거리들을 찾아내고 있다는 인상을 받았어요. 처음에는 학교폭력을 가지고 말하다가, 학교폭력이 루머라는 이야기가 힘을 얻으면 '그래도 쟤는 학창 시절에 담배를 피우고 질이 나쁘게 놀던 애였어'라는 쪽으로 갑자기 화제가 돌아간다거나, 그러니까 **결국에는 그 사람을 비난하기 위한 비난거리를 찾아낸다는** 느낌을 좀 더 받았던 것 같아요. 인터넷 세상에서 여론이라는 게 되게 간사하다고 생각했죠.

누구 하나 걸리기만을 기다리는 듯한 보도 행태는 아이돌 논란에서도 마찬가지로 나타나며, 그것이 논란이 되었다는 사실 자체가 곧 인성의 문제로 간주된다. 아메는 인터넷 여론이 사건에 집중해 문제를 해결하기보다 논란이 되는 당사자를 비난하는 데 초점을 맞춘다고 지적했고, 히비는 "확실하지 않은 사건에 대해서 말을 쉽게 얹는 사람들"이 가장 큰 문제라고 말했다.

아이돌 논란의 전개 양상은 선정적인 분노산업의 일면을 보여준다. 언론은 논란 속 아이돌 아티스트 개인에 대한 내용을 위주로 보도하는 동시에 '일반 대중 대 팬덤'이라는 구도를 형성함으로써 대립을 구성한다. 한국기자협회에 따르면, 포털사이트에서 많은 관심을 받은 기사 중에는 가십성이거나 갈등을 조장하는 것들이 많고, 수익을 늘리고자 자극적인 기사를 쓰는 배경에는 기사에 대한 관심을 단순히 조회수로만 계산하는 포털사이트가 있다.[26]

> "못된 욕망에 일그러져 버리던 Algorithm들이 존재를 무기로
> 파괴로 집어삼켜 Ah"
>
> —에스파, 〈Girls〉

여기에는 소셜미디어와 포털사이트 등에서 사용하는 알고리즘 또한 엮여 있다. 온라인 플랫폼들은 인터페이스 디자인을 통해 사용자를 알고리즘으로 낚아챈다. 이를테면, 유튜브를 열면 홈 화면에는 로그인된 계정이 최근에 본 것과 관련되는 영상들, 이를 토대로 송출되는 광고들, 그리고 쇼츠shorts들이 보인다. 때로는 홈 화면이 아니라 쇼츠 탭이 먼저 열려, 앱을 켜자마자 그 어느 쇼츠에도 충분히 집중하지 않은 채 흘끗 훑어보고 넘기는 시간이 이어진다. 플랫폼은 콘텐츠에 대한 주의attention나 응시gaze가 아니라, 주의 분산distraction과 훑어보기glance를 유도해 사용자가 플랫폼에 더 오래 머무르도록 만들고, 이는 사용자의 버릇으로 체화된다.[27] 그런 과정을 거쳐 우리는 알고리즘에 붙들리고, 알고리즘이 제안하는 것들에 '대충' 버릇대로 응답하기 시작한다.

때로 알고리즘은 온전히 자율적인 대상처럼 이야기되곤 하지만, 만들어진 이후에도 계속해서 사람에 의해 유지·보수·발전된다. 여기서 주로 다루고 있는 소셜미디어 플랫폼들의 경우 영상, 음성, 이미지 안의 요소가 무엇인지 입력하는 데이터 레이블링data labelling, 부적절한 콘텐츠를 골라 삭제하는 콘텐츠 조정content moderation, 어떤 주제의 정보를 우선적으로 노출시킬지 결정하는 토픽 트렌딩topic trending과 같은 작업은 특정 플랫폼들을 통해 계약되는 (필리핀이나 인도와 같은 저개발국가 출신의) 취약하고 불안정한 노동자들에 의해 이뤄지고 있다. 그러나 기업들은 이러한 과정을 감추고 AI의 자율성을 강조함으로써 이미지와 이익을 유지하고 나아가 객관성까지 담보하게 된다.* 따라서 알고리즘이 우리의 경험을 만들어내는 방식을 비평하는 것은 그러한 객관성의 환상에 도전하는 하나의 방법이 될 것이다.

사용자를 더 오래 붙들어두기 위해 소셜미디어나 포털사이트 등이 사용하는 알고리즘은 크게 검색search, 추천recommendation, 그리고 트렌딩trending으로 분류된다. 인류학자 닉 시버Nick Seaver는 추천 알고리즘의 개발자들이 알고리즘의 목적을 '낚기hooking'라고 표현한다는 점과 실제로 알고리즘이 작동하는 원리에 착안해 그것을 '덫trap'에 은유한다. 이때 사용자는 먹잇감이 되고 추천 알고리즘은 먹잇감을 잡기 위한 덫이 되어 사람들을 사로잡는데, 여기

---

* 토픽 트렌딩의 경우 인공지능에 온전히 맡겨진 경우도 존재했지만, 정보의 부정확성 등 이때 생긴 문제들로 인해 다시 인간 노동이 동원되었다. 하대청, 〈루프 속의 프레카리아트: 인공지능 속 인간 노동과 기술정치〉, 《경제와사회》 118, 2018, 277~305쪽.

서 그는 동물을 잡기 위한 덫이 단지 동물의 약점을 공략하는 것을 넘어, 동물이 자기 자신을 가두거나 자살하도록 회유하는 일종의 '설득하는 기술persuasive technology'이라는 논의를 끌어온다.

덫은 그 자체로 무언가를 하기보다, 다른 이가 무언가를 하도록 설득하고 유도한다. 총칼을 사용하는 사냥이 직접 사냥감을 해친다면, 덫은 사냥감이 스스로를 해치도록 유도한다. 그렇기에 덫은 사냥감에 대한 깊은 이해를 요구한다. 소셜미디어의 알고리즘 또한 마찬가지다.[28] 구글에서 디자인 윤리 전문가로 일한 트리스탄 해리스Tristan Harris는 설득하는 기술이 사람의 행동을 바꾸기 위해 극단적으로 설계된 디자인이라고 말한다. 새로고침을 할 때마다 새로운 정보를 맨 상단에 띄우는 것도 그 일환이다. 구글의 경험 디자인 컨설턴트로 일한 조 토스카노Joe Toscano는 이것이 특정 행동을 촉진하는 자극을 간헐적으로 제공함으로써 그 행동의 발생 확률, 강도, 혹은 지속 시간을 늘리는 '간헐적 정적 강화'라는 심리적 전략이라고 설명한다. 이는 사용자를 언제 어떤 새로운 정보가 나타날지 모르는 상태로 만듦으로써 그의 무의식적 습관까지 프로그래밍한다. 해리스는 이를 도박장의 슬롯머신에 비유한다. 소셜미디어 중독은 정교하게 디자인된다.[29]

이처럼 알고리즘은 사용자의 클릭과 콘텐츠에 머무른 시간 등을 데이터로 수집해 사용자를 파악하고 사로잡는다. 이 과정에서 다양한 콘텐츠에 대한 알고리즘의 제안들은 강압과 설득 사이 어딘가에 놓여 있다. 그리고 알고리즘에 사로잡힌 인간들의 선택들 또한 자율과 타율 사이에서 알고리즘이 제안한 것에 대한 모방으로 이어진다. 이러한 모방의 연쇄는 사회를 만들어나가는 과정이다. 즉 알고리즘은 단지 사람들의 삶을 좀 더 편리하게 만들어주는 도구가 아니라, 사회를 만들어나가는 과정에 함께하는 중요한 행위자이다. 알고리즘과 함께 만든 사회가 좋은지 나쁜지와는 별개로 말이다.

계산된 대중과 계산되지 않은 대중의 경합

검색 결과는 검색 행위뿐 아니라 검색·추천 알고리즘의 결과물, 즉 검색한 사람이 찾고 싶어 할 거라고 알고리즘이 예측한 결과물이기도 하다. 이때 덫으로서의 알고리즘은 검색하는 사람의 필요에 응하는 것을 넘어, 그에게 어떤 행위를 하도록 제안하고 설득하기도 한다. 이런 제안과 설득에는 '대중적인 것', 그리고 '대중'에 대한 모종의 전제가 깔려 있다. 알고리즘은 특정 검색어들을 대중적인 것으로 '계산'해내고, 그 검색어를 입력한 사람들로 대중을 계산한다. 해당 검색어를 입력한 개인들이 대중에 속할 것이라고 예측하는 것이다. 그러나 팬들이 검색할 때 가진 의도나 기대는 종종 검색 결과나 추천 결과와 불화한다. 팬들은 그런 식의 계산된 대중calculated public에 포함되지 않기 때문이다.

> **히비** (사이버렉카들) 보일 때마다 신고하고, 항상 되게 검색어를 최대한 정확하게, '에스파 걸스 MPD' 이렇게 쳐서 최대한 (사이버렉카) 안 나오게, 저도 스트레스 받아서 (사이버렉카 채널 영상은) 쳐보지 않고, 눌러보지 않고, 그렇습니다.

***

하늘 〈□□수용소〉 거기는 진짜, 유튜브에서 지워줘야 하는 거 아니야? 그 채널은? 나 개빡쳐. 내 추천 영상에는 절대 안 뜨지. 왜냐면 난 이미 진즉에 몇 번이고 '이 채널 추천 안 하기'를 엄청 눌렀으니까 절대 나한텐 안 뜨지. **근데 진짜 개짜증나는 게 그냥 '레드벨벳' 검색해서 보면 나오잖아. 내가 검색했을 때도 안 뜨게 해주면 안 돼?** 채널 차단하는 법이 있대. 그걸 검색해서 차단까지 했어. 그래도 뜨더라고. 근데 가끔은 팬 채널 말고 우연히 검색해서 나오는 영상이 보고 싶을 때가 있는데, 이제는 그럴 때 검색을 못하겠어. 그게 뜰까봐. 그 썸네일thumbnail을 보는 것 자체가 스트레스니까. 그런 걸 보면 신고하고 싶잖아? 정말 놀랐어. 사이버렉카라는 게 있는 건 원래 알고 있었는데, 이거는 아이돌 전용이잖아. 그래서 놀랐어. 이 악의는 뭐지?

나 거기 심지어 고소도 많이 당했다고 들었는데, 어떻게 아직까지 하고 있는지도 신기해.

하늘 아니, 그 채널에 대해 들어간 신고가 분명 내가 상상할 수 없는 숫자로 들어가 있을 텐데, 그걸 유지해줘?* 아무튼 좀⋯⋯. 단어 선택도 저급하게 하잖아? 제발 우리 애들이 저걸 안 봤으면 좋겠다고 생각하지. 저 썸네일 자체를 몰랐으면 좋겠다, 제목 자

---

* 이런 콘텐츠들이 삭제되지 않는 맥락에는 콘텐츠 조정 업무를 수행하는 노동자들이 처한 불안정한 조건의 문제가 놓여 있다. "문제의 콘텐츠는 잠재적으로 높은 조회수와 같은 상업적 가치를 지니는 경우도 있기 때문에 삭제 여부를 결정할 때 큰 부담을 느꼈다. 페이스북에서 뉴스 트렌딩 업무를 맡았던 계약직 노동자가 밝혔듯이, 그들은 대개 여성들이었고 명확하지 않은 가이드라인 속에서 일하는 반면 비난과 책임은 혼자 져야 했다." 이에 대해서는 다음을 참조하라. 같은 글, 292~293쪽.

체를 몰랐으면 좋겠다. 근데 서치^{search}를 해봤다면 애들도 알겠지? 그게 너무 좀, 그래.

하늘은 유튜브의 검색과 추천 기능에 강한 불만을 표출했다. 그는 팬이 운영하는 채널이 아닌 곳에서 레드벨벳의 영상을 보며 일반 대중들이 감탄하는 모습을 보고 싶지만, 이는 이제 불가능한 일이나 다름없다. 방송국 공식 채널이나 팬들이 운영하는 채널을 위주로 영상을 시청하는 히비는 최대한 구체적인 검색어를 입력해 사이버렉카를 피하고자 했다. 이들에게 검색과 추천 알고리즘은 기본적으로 애정을 담은 검색어와 "악의"가 담긴 검색 결과 사이의 불일치를 만들어내는 방해물이 되기도 한다. 여기서 우리는 알고리즘이 기억하거나 계산한 '대중'이 팬과 일치하지 않는다는 사실을 알 수 있다.

문화인류학자 이지은은 구글에 '길거리'와 'street', '여동생'과 '남동생' 등을 검색한 결과의 차이에는 검색 및 추천 알고리즘의 작동 원리와 그것에 검색어를 기입하는 사용자들이 얽혀 있고, 여기서 계산되고 상상되는 대중과 그렇지 않은 대중 사이의 경합, 즉 '대중들^{publics}' 사이의 경합이 드러난다고 분석한다. 'street'를 검색하면 말 그대로 길거리 사진이 나오고, '남동생'을 검색하면 어린 남성의 사진이 나오지만, '길거리'를 검색하면 거리에서 불법 촬영된 여성의 사진이, '여동생'을 검색하면 성적으로 대상화된 사진이 나오는 현상은 검색어 자체가 특정 부류의 대중과 연결되고 있음을 보여준다는 것이다.[30]

하늘이 '레드벨벳'을, 혹은 히비가 '에스파'를 검색했을 때 무대 영상 대신 사이버렉카 영상을 발견하게 되는 상황은 정말 거리의 사진을 얻기 위해 구글에서 '길거리'를 검색한 여성이 성적으로 대상화된 일반인 여성들의 사진을 마주하는 상황과 겹쳐진다. '길거리'라는 검색어를 입력할 것으로 계산된 대중이 여성에 대한 성적 대상화된 이미지를 공유하는 남성들일 때, '레드벨벳'이나 '에스파'라는 검색어를 입력할 것으로 계산된 대중은 사이버렉카들의 영상이나 처형대에도 관심을 갖는 이들이다.

논란이 유행이 될 때

하늘은 이러한 영상을 만들고 즐기는 사람들의 악의를 지적하는 동시에 무책임한 플랫폼과 팬에게 친화적이지 않은 알고리즘의 문제를 제기했다. 알고리즘은 플랫폼과 사용자들에 의해 관리되고 학습되어야 한다고 여겨지는데, 그것이 제대로 되지 않아 자신의 덕질이 방해받는다는 것이 팬들의 견해이다. "알고리즘이 사용자를 '기억'하는, 혹은 사용자에 의해 '훈련되는' 것으로 볼 때, 누군가가 보기에는 불쾌하고 우스꽝스러운 검색 결과들을 만들어낸 다른 사용자들의 반복적인 검색 행위가 중요하게 부각"[31]되기에, 팬들은 집단적으로 '연검 정화'를 시도하기도 한다. 여기서 '연검'은 '연관 검색어'의 준말로, 어떤 검색어와 연관된 것으로 아티스트에 대한 비난, 성희롱, 혹은 그를 둘러싼 논란이 반복해서 등장할 때, 팬들이 검색 행위로 이 '오염'을 '정화'하는 것을 '연검 정화'라고 한다. 이는 대중이 계산되는 과정에 개입하기 위한 하나의 노력일 테다.

알고리즘이 처형대를 추천하는 건 분노와 같은 감정이 관심 경제라는 맥락 안에서 사람들의 관심을 붙들 수 있기 때문이다. 한 언론 혹은 유튜버와 같이 자신의 채널을 가진 이들이 그런 정보로 관심을 끌면, 다른 이들도 동조하기 시작한다. 뉴스 가치가 낮은 정보는 그렇게 주류 언론까지 진출한다.[32] 논란을 제조하는 사이버렉카와 언론, 그리고 온라인에 흩어져 있는 수많은 감응의 흔적들은 검색과 추천 알고리즘을 타고 여론·대중을 구성해내거나, 불분명하지만 이미 전제된 대중적인 것의 감각을 강화한다.

이는 소셜미디어의 '트렌딩'으로도 이어진다. 미디어학자 탈턴 길레스피Tarleton Gillespie는 트렌딩 알고리즘이 기본적으로 '계산된 대중' 혹은 '우리'에 대한 상상을 바탕으로 한다고 말한다. 트렌딩은 플랫폼 이용자 중 특정 사람들의 의견을 부각한다. 이때 부각될 의견은 '최신'에 맞는 참신함과 적시성이라는 기준에 의해 선별된다. 동시에 바로 그 기준은 최신 유행을 보고 즐기는 대중을 상정함으로써 가능해진다.[33] 트렌드나 최신 이슈 같은 것들에는 항상 이와 같은 대중에 대한 상상이 포함되어 있고, 기준은 모호하며 순환적이다.

알고리즘이 특정 대중을 상상하고 구성한다는 것은 곧 그것이 특정 공론장을 구성한다는 의미이다. 트렌딩에 등장하는 키워드들은 공론장으로 들어가는 하나의 입구이자, 소셜미디어 계정, 그와 연결된 사람들, 언론, 사이버렉카 등을 동원해 자신을 비대하게 만드는 행위자이다. 콘텐츠의 추천, 대중적인 것의 구성은 선후관계를 파악하기 어렵게 얽혀 있다.

아이돌이 결부된 사건들은 자주 최신 이슈나 볼거리 혹은 트렌드로서의 논란으로 만들어지고, 기본적으로 '대중'은 그러한 논란에 관심이 있는 사람으로 상상된다. 그리고 이때의 관심은 의심, 의혹, 분노, 비난과 같은 단어들과 결부되어 캔슬로 이어질 수 있는 형태일 때가 많다. 이처럼 논란과 사랑의 자격론은 다양한 온라인 플랫폼과 팬덤, 언론, 알고리즘, 도덕과 정의를 자임하는 대중, 그리고 아이돌 산업의 네트워크 안에서 (재)생산된다. 다시 말해 논란의 네트워크는 소셜미디어 플랫폼과 알고리즘 안에서 우연적으로, 또 습관적으로 얽히는 대중-사이버렉카-언론-팬덤 등의 상호 생성과 상호 모방 안에서 만들어진다. "개인을 세상에 연결하는 것은 비의식적이고 암시 감응적인 모방 행동"이다.[34] 이처럼 모방은 필연적이기보다 우발적이며 습관적으로 일어나며, 모방의 연쇄를 통해 모종의 네트워크가 건설된다.

논란에 연루되다

"홀린 듯이 눌러 모두 다 like it"

—아이브IVE, 〈Kitsch〉

대중-팬-사이버렉카-언론-알고리즘-소셜미디어 플랫폼 등의 행위자가 결합되는 논란의 네트워크 안에서 모두가 거쳐 갈 수밖에 없는 건 사실 언론도 사이버렉카도 아니다. 언론과 사이버렉카는 알고리즘의 선택을 받기 위해 특정 키워드들을 중심으로 콘텐츠를 생산한다. 그렇게 알고리즘을 자신의 네트워크로 동원하는 데 성공하면, 이들은 대중에게 닿게 된다. 물론 이때의 대중이란 알고리즘에 의해 상상되고 계산되어 소셜미디어 플랫폼에서 생성되는 이들을 뜻한다.

요컨대 우리는 흔히 언론과 사이버렉카가 논란의 주요 책임자라고 생각하지만, 그들이 그러한 기능을 하기 위해 항상 동원하는 것은 알고리즘과 소셜미디어 플랫폼이며, 궁극적으로는 대중이다. 중립적인 것으로 간주되는 알고리즘과 소셜미디어 플랫폼은 언론과 사이버렉카가 논란을 만들 때 반드시 자신의 편으로 끌어들여야 하는 행위자이며, 중립과 도덕을 자임하는 대중이야말로 논란을 완성시키는 이들이다.

우리가 논란에서 마주하는 것은 대중과 사이버렉카, 언론이 서로의 이해관계를 협상하고 거래하는, 대중을 계산하는 알고리즘과 거래해 수수료를 챙기는 소셜미디어 플랫폼으로 이뤄진 일종의 시장인 걸까? 여기서 사이버렉카와 언론이 관심경제의 자장 안에서 수량화된 관심을 모으고자 알고리즘과 소셜미디어 플랫폼을 경유해 대중을 동원하는 것인지, 아니면 대중이 자신의 도덕성과 중립성을 과시하고 팬들과 아티스트에 대한 심판의 지위를 유지하고자 사이버렉카와 언론을 동원하는 것인지 그 선후관계는 다소 불분명하다.

무엇보다 그 많고 다양한 대중이 비슷한 믿음이나 욕망을 공유하는 경우에조차 같은 의도나 목적을 지니고 논란의 네트워크에 접속하는지 알 수 없다. 그래서 결과적으로 대중이 언론이나 사이버렉카에 동원된다고 하더라도, 이들의 전략이 제대로 먹혔다고 확언하기 어렵다. 사실 우리는 '어쩌다 보니' 여기까지 와버렸다. "우리 중 너무 많은 이가 정말 재밌다고 생각한 것이 실은 함정이었다. 우리 중 너무도 많은 이가 정말 재밌다고 생각한 것이 우리를 여기까지 오게 만들었다."[35] 악의가 담긴 콘텐츠들이 작정하고 만들어졌을지라도, 인터넷 공간 전반에 퍼진 악의는 그렇게 '재밌게', 우발적으로 만들어진다.

그래서 나는 이를 거래나 협상보다는 '연루'라고 부르고 싶다. 거래는 분명한 의도를 가지고 이뤄지는 행위로, 자신이 원하는 것과 상대가 원하는 것을 어느 정도 분명히 알고 있는 계산적 주체들을 전제한다. 그러나 모든 대중이 도덕성을 과시하겠다는 뚜렷한 목적 혹은 욕망을 지니고 자신의 득실을 계산해 이 네트워크 안에 들어오지는 않는다. 우리는 별 생각 없이 인터넷을 보다가, 알고리즘에 이끌려, 친구가 메신저로 보내준 링크나 짤을 보고, 습관적 시청과 '좋아요'를 통해 어느새 논란의 네트워크에 흘러들어간다. 그리고 우리는 "자신들과 무관한 곳에서 느닷없이 자신을 삼키고 흘러가는 행위의 소용돌이에 휘말려야 비로소 행위"한다.[36] 그렇게 논란에 휘말림으로써 우리는 그 논란에 감응하고, 흔적을 남기게 된다.

따라서 우리는 책임을 공유한다. 네트워크에 연결된 이들은 자신이 의도했든 아니든 모두 논란의 생산과 증폭에 공동의 책임을 지닌다. 이처럼 의도적이기보다는 습관적으로, 계산보다는 감정이나 느낌에 따라, 정동적이고 우발적인 방식으로 어떤 네트워크에 휘말리는 과정, 그래서 내가 선택하지 않았음에도 책임을 공유하게 되는 것이 바로 연루다. 이때 대중과 팬은 각기 다른 특정한 방식으로, 다른 강도의 정동으로 논란에 연루된 집단이다. 그런 의미에서 우리는 모두 악의에, 그리고 논란에 연루되어 있다.

2. 논쟁 없는 사회를 만들고 보호하는 수배의 기술

수배, 나는 정상적이고 도덕적이라는 과시

'사랑의 자격론'과 '수배의 기술'은 우리가 논란에 연루되는 방식을 압축적으로 보여준다. 사랑의 자격론이 아티스트에 대한 여론에서 드러나는 태도를 포착한다면, 수배의 기술은 그 태도가 온라인에서 구체적으로 실천되는 양상을 포착한다. 결국 사랑의 자격론은 '수배 문화'와 '비난의 기술'이라는 두 실천의 결합을 통해 실현된다고 할 수 있다.

우선 수배 문화는 가출 청소년들의 폭력 하위문화를 포착하는 언어다. 여기서 행해지는 '수배 내리기'는 "또래 그룹에서 소문이 안 좋게 난 아이를 누군가 괴롭히고 싶을 때 찍힌 아이를 또래 네트워크(주로 sns)를 통해 알려 수소문한 뒤 그를 잡아 때리거나 괴롭히는 것"을 말하며, 이는 "또래 사이에서 거의 사망선고를 의미"한다. 수배 문화는 "세상의 지배적인 질서에서 자신을 규정할 만한 공간을 박탈당한 이들"이 폭력으로 힘과 의미, 그리고 인정을 추구하는 과정으로, "자신들이 어떠한 것을 판단하고 정죄하는 권위를 경험하고 확인하는 장"이 된다.[37]

유튜브 뒷광고 논란에 대한 캔슬 컬처와 '아이유/이지은 논란'이 한국의 잉여 문화를 바탕으로 작동했다는 점을 상기할 때, 수배 문화는 케이팝 아이돌 아티스트에 대한 관심 감찰의 문제를 이해하는 하나의 틀이 될 수 있다. 한국에서 특히 젊은 여성 연예인은 "섹슈얼리티를 자원화함으로써 쉽게 성공했다는 식의 여성

혐오적인 혐의"[38]를 받기에, 즐거움을 주지만 괘씸한 양가적인 존재가 되어 잉여 문화의 비난 대상이 되곤 한다. 잉여들이 그런 식의 비난을 가하는 이유는 지금의 경쟁 체제에서 자신을 패배자로 규정하기 때문이며, 바로 그 점에서 비난은 수배와 유사한 구조를 띤다. 여기서 수배와 비난은 이들이 자신이 학교폭력 사건의 2차 가해자가 아님을 표명해 스스로가 사회의 도덕을 얼마나 잘 체화하고 있는지 뽐냄으로써 도덕적으로 인정받고자 수행하는 일종의 그랜드스탠딩이기도 하다.

아이돌 아티스트에 대한 논란 안에서는 자신을 당연하게 대중이라 여기는 사람들뿐 아니라 대중의 비난을 피하고자 하는 팬들 또한 자신들을 '정상적인 팬'으로 자리매김하기 위해 '○○시녀'*, '무지성 팬'을 찾아내 '좌표를 찍는다'. 이런 장면들은 논란의 (뒤에서 설명할) 음모론적 구조와 수배의 기술, 그리고 그랜드스탠딩이 잉여 문화와 관심경제 안에서 한데 묶여 작동하는 모습을 보여준다. 이를테면, 소바는 아직 충분히 진실이 밝혀지지 않았으므로 수진/서수진에 대한 판단을 유보하는 팬들이나 수진/서수진에 대한 폭로가 거짓인 이유를 찾는 팬들에게 '수진시녀'라는 멸칭이 붙고, 나아가 수진/서수진을 지지하는 팬들이 사용하는 트위터 해시태그 '#수진아먹었다'**가 그 자체로 팬들을 찾아내 비난하는

---

* '○○'의 자리에는 보통 논란의 중심에 선 아이돌 아티스트의 이름이 들어간다. '○○시녀'는 '○○'을 적극적으로 비난하지 않는 이들을 비난하는 용어로, 적극적 비난이 아닌 모든 행위는 '○○'이라는 '주인'에 대한 '시녀'의 '복종'임을 암시한다. 이때 '○○'의 성별과 무관하게 '무지성 팬'은 '시녀', 즉 여성으로 전제된다는 점 또한 짚고 넘어가야 한다. 즉 이는 팬에 대한 고정관념과 여성혐오가 교차하는 지점에서 생겨나는 표현이다.

좌표가 되는 상황을 언급한다.

방향을 상실한 좌표 찍기

수진/서수진에 대한 폭로가 진실이라고 믿는 이들에게 이 해시태그는 피해자에 대한 2차 가해가 벌어지는 공간이다. 따라서 이들은 집단적 가해 행위를 막고자 '#수진아먹었다'에 개입한다. 동시에 팬들은 논란이 된 사안의 진위 여부를 아직 알 수 없다고, 혹은 해당 사안이 허위 폭로라고 생각해 해당 해시태그에서 뭉친다. 그렇게 팬과 아티스트가 안부 인사와 주접을 주고받던 해시태그는 논란 안에서 피해와 가해에 대한 해석과 '좌표 찍기'의 장으로 변한다.

좌표 찍기는 온라인에서 수배의 기술이 실천되는 가장 대표적인 형태라고 할 수 있다. 웹에서 해시태그나 하이퍼링크를 붙이며 그 태그나 링크의 내용에 문제가 있다고 쓰는 트윗이나 게시물 등은 일종의 수배 전단지로 기능하며, 수배의 내용에 동의하는 사람들은 해당 해시태그나 링크로 찾아가 집단 린치를 가하기도 한다. 이는 비단 아이돌 아티스트의 논란뿐 아니라 인터넷 전반에서 자주 나타나는 행동 양상이며, 반드시 특정 사상이나 정치적 의

** 소바에 따르면, 해당 해시태그는 수진/서수진의 학폭(학교폭력) 논란 이전부터 팬과 아티스트의 소통을 위해 사용되어왔다. "그 해시태그는 그냥 트위터를 애네들이 한다는 걸 아니까 멤버당 해시태그인 거야. 그러니까 애네들[(여자)아이들]이 정해줬어. 뭐 영상통화 (팬미팅) 하다가 (팬이) '해시태그 하나 정해줘' 그런 거지. '#수진아먹었다.' 수진이가 '밥 잘 챙겨 먹고'라는 말을 항상 해. 그래서 '#수진아먹었다'인 거야. 자기 먹은 거 말해달라고."

견과 결부되지는 않는다. 여기서 언급한 것은 '피해자를 보호해야 한다'거나 '가해자가 지지받아선 안 된다'는 것을 핵심적인 메시지로 삼는 속도의 페미니즘과 결부되는 수배의 기술이었지만, 특정 연예인이 페미니스트라는 이유로, 혹은 특정 게시물이 '남성 혐오를 조장'한다는 식으로 좌표가 찍혀 수배당하는 경우도 비일비재하다.

이처럼 서로 공통된 지향을 갖지 않은 의견을 바탕으로 일어나는 일들을 모두 좌표 찍기 혹은 수배의 기술로 묶을 수 있는 이유는 그것들이 모두 공통적으로 사회를 변화시키기보다는 논란에 관련된 개개인의 비난과 퇴출을 목표로 하기 때문이다. 일례로, 수진/서수진은 학교폭력 논란 이후 1년 이상이 지난 시점에 법무대리인과 언론을 통해 새로운 입장을 공개했고, 여기에는 수진/서수진이 학교폭력대책자치위원회에서 무죄를 받았고, 선배들에게 강압을 당한 피해자로 인정되었다는 내용이 포함되어 있었다. 하지만 여론은 대체로 이전과 다르지 않았는데, 그중에는 '학교가 학생을 제대로 처벌했겠냐'며 학교와 학교폭력 대응에 대한 불신을 드러내는 입장도 있었다.

실제로 한국에서 학교폭력이 제대로 해결되는 경우는 거의 없고, 피해자들 또한 그렇게 생각하지만, 그렇다고 해서 학교를 향한 대중의 불신이 학교폭력에 대한 진지한 논의로 이어지는 것도 아니다. 학교폭력을 다루는 연구들에서 피해자들과 연구자들이 꺼내놓는 이야기는 '피해학생을 위해 이뤄지는 가해학생의 처벌'보다 훨씬 복잡하다. 또래 집단 안에서의 권력관계, 집단적 압력을 이겨내기 어려운 학교라는 폐쇄적 공간, 심지어 교내 상담사조차 피해의 책임을 피해자에게 돌리는 열악한 정신건강 인프라, 그리고 각 학생들이 가족과 맺는 관계 등 학교폭력은 학생들이 살아가는 세상의 모든 것이 집약되어 있는 문제다.[39] 피해자의 필요와 욕구가 아니라 가해자 처벌에 초점이 맞춰지면 피해자의 회복은 어려워진다.[40] 사건 해결의 책임을 서로 떠넘기는 학교 안에서 피해가 제대로 회복되지 못한 피해자는 다른 학생들에게 자신이 당한 일을 반복하는 가해자로 변하기도 한다.[41]

따라서 진정으로 필요한 것은 피해와 가해가 지독하게 중첩된 학교폭력의 구조와 복잡성, 그리고 아주 오랜 시간이 소요되는 피해자의 회복을 위해 새로운 관계를 출현시키는 일이며, 그에 대해 모든 사회구성원이 진지하게 논의하는 태도다. 정도와 형태의 차이는 있겠지만, 학교폭력은 기본적으로 사회구성원 모두가 얽혀 있는 형태의 사건이기 때문이다. 그러나 아이돌 아티스트들을 중심으로 터져 나온 학교폭력 논란들은 논란 속 아이돌 아티스트의 사과, 자숙, 은퇴 정도로 일단락된다. 성찰이 결여된 일단락은 또 다른 학교폭력 논란을 계속해서 생산해내는 배경이 된다.

인터뷰이들 또한 대체로 이를 문제의 실질적 해결이나 사회 변화와 별 관련이 없는 방식으로 파악하고 있었다. 종로는 수진/서수진에 대한 사람들의 비난이 학교폭력에 대한 분노보다도 그가 여성으로서 기대되는 규범을 지키지 못했다는 데 있다고 말한다. 인터뷰이들은 여성 아이돌과 남성 아이돌에게 주어지는 기회의 불평등이나 비난 수준에서의 차이를 자주 언급했는데, 무슨 일이 있든 여성 아이돌은 더 많은 비난을 마주하고, 자신의 더 많은 면모가 논란이 된다고 인식하고 있었다. 그 과정에서 제대로 논의되어야 할 문제는 어디론가 사라지고, 해결되지 않은 문제가 마치 해결되기라도 한 것처럼 침묵으로 일단락된다는 것이 인터뷰이들의 견해였다.

종로 (수진/서수진 논란은) 그거 같아요. '어디 여자가', '발랑 까졌다'. 그래서 조금 안쓰러웠어요. 기회도 없이 그냥 쫓겨나듯이 나가버린 게. 그리고 그렇게 나가면 해결이 되는 건가, 이게? 학교폭력 문제 해결 안 됐는데 사람들은 해결된 것처럼 입을 닫잖아요. 어떤 해명의 기회도 없이 계속해서 소문은 불어나는데 탈퇴로 그냥 마무리하잖아요. 근데 그러면 '그 이후에 아티스트의 삶은 어떻게 되는 거지?' 그 생각이 계속 나요. 왜냐면 그 사람들은 이게 업이잖아요. 그들이 반성하고 다시 반성하고 피드백을 받아서 더 나은 선택을 할 수 있는 기회는 누가 제공하지?

***

하늘 내가 그걸[논란 관련 글들을] 찾아 읽어서 그 사람을 연예계에서 끌어내리는 데 힘을 보탠다고 쳐도, 그게 무슨 의미가 있나? 그게 그 폭로한 분의 상처를 치유하는 데 그렇게 도움이 될까 싶기도 하고, 그게 좀 그래. 잘 모르겠어.

***

홍대 당연히 어디 가서 그런 식으로 얘기를 하지. '학폭 같은 거 터졌는데 나오면 피해자들한테 너무 그런 거 아니야?'
나 '활동 자체가 2차 가해가 될 수 있다.' 이런 이야기들을 많이 하잖아요.
홍대 활동이 2차 가해가 될 수 있다고 생각은 하는데, 내가 생각했을 때 뭔가 (논란이 진짜가) 아닌 것 같은 사람들은 그냥 계속 활동을 해줬으면 하는 거지. 왜 탈퇴해? 왜 활동을 안 해? 그게 전부가 아닌데.

***

풀문 (논란 이후에) 그룹 자체에 대한 마음은 별로 안 달라진 것 같아. (그룹이) 무난하게 재기에 성공해서 기쁘고.

나 크게 차이가 없었던 이유는 탈퇴가 영향이 있었던 거야? 탈퇴해서 이전과 비슷하게 좋아할 수 있었던 건가? 탈퇴를 안 했으면 어땠을 것 같아?

풀문 안 했으면 찜찜했겠지. 물론 탈퇴 자체가 엄청 좋은 대응이라고 생각하진 않지만, 그러니까 결국에 아무도 진상을 모르고 대충 논란을 덮으려고 탈퇴한 거잖아. **이게 피해자를 위해서도 수진을 위해서도 좋은 대응은 아닌 것 같아요.**

수배를 통해 구성되고 재생산되는 대중

미디어학자 김수아는 소비와 불매의 이분법 안에서 선택을 이어나가는 소비자-팬덤을 비판적으로 분석하며, 트위터와 같은 소셜미디어 플랫폼에서 여론은 각자가 구성한 타임라인 안에서 파악되기에 "동종 성향의 타임라인에서 '사라지는 것'이 곧 시각·인지적으로 문제의 해결로 여겨질 가능성이 커진다"고 지적한다.[42] 논란은 가해자, 때로는 문제를 제기한 자를 제거함으로써 해결된다고 여겨진다. 그리고 이는 논란의 배경이 되는 사회적 맥락, 즉 여성 아이돌에 대한 사람들의 성차별적 기대와 여성혐오적 시기猜忌, 그리고 학교폭력이 벌어지도록 부추기며 그 진위를 제대로 가려내기 어렵게 만드는 학교라는 공간과 교사들의 책임과 같은 문제를 논란 바깥으로 밀어낸다. 이는 피해자의 회복과는 별로 관련이 없다.

이처럼 비난이 '사회'를 만들고, 나아가 보호하는 도구가 되는 과정은 부정수급, 아동학대 신고 핫라인 등 현대의 제도화된 '비난의 기술denunciatory technology' 안에서 대중의 실천이 시민의식과 공공선, 그리고 공론장을 구성하는 현상과도 겹쳐진다. 비난의 기술은 은밀하기에 어디에나 존재할 수 있는 공공의 적(이를테면 부정수급자)을 만들고, 그들을 비난하는 것이 곧 공론장을 개선하고 보호할 수 있는 방안이라고 믿게 한다. 비난의 생성적 기능은 이렇게 비밀스러운 적을 만들어냄으로써 투명성을 요구하는 대중의 포퓰리즘적 에너지를 동원해낸다. 이 과정에서 만들어지는 것은 공론장에서 수용될 수 있는 것과 수용될 수 없는 것 사이의 경계, 선과 악 사이의 경계, 그리고 대중이 알아야 할 것과 그렇지 않은 것 사이의 경계다.

비난은 자기 스스로 대중이라고 규정할 수 있는 감각과 동시에 자신이 공적 영역에 참여하고 있다는 환상을 만들어낸다. 시민들은 국가에 의해 정의된 '건강한 사회'와 상상된 공론장을 보호하기 위해 대중이 됨으로써, 마치 대중이라는 것이 이미 존재하기라도 하는 것처럼 행동한다. 이로써 탄생하는 것은 정화된purified 공론장이며, 여기서 비난은 개인이 자신 혹은 타인을 환영의phantasmal 대중으로 구성해내는 직접적인 경로가 된다.[43]

아이돌 논란 안에서 아이돌 아티스트와 그 팬덤에 대해 대중

혹은 대중이 되고자 하는 이들이 가하는 비난은 국가에 의해 제도화된 경로로 이루어지지는 않으나, 기본적으로 소셜미디어라는 온라인 플랫폼의 댓글·좋아요·공유·구독, 그리고 플랫폼 간의 이동을 용이하게 하는 해시태그나 하이퍼링크와 같은 온라인 플랫폼의 어포던스affordance, 그리고 화면 캡처와 텍스트 복사를 용이하게 하는 스마트 기기를 통해 가능해진다. 비난의 기술이 부정수급자와 같은 공공의 적을 만들어낸다면, 아이돌 논란 안에서 발생하는 수배의 기술은 '무지성 팬', '비정상적인 팬'이나 '○○시녀'라는 공공의 적을 만들어낸다.

> '사회'는 (저 밖에 존재하는 것이 아니라) 구성되고, 만들어지며, 구축되고, 확립되며, 유지되고, 조립되어야 하는 것이다.[44]

이때 수배와 비난을 촉발하는 원동력이 반드시 국가와 같은 특정 주체에게서 비롯되는 것은 아니다. 이는 도덕성이나 호기심과 관련되는 욕망을 지닌 개인들, 관심경제 속에서 수익을 창출하려는 사이버렉카와 언론, 알고리즘과 소셜미디어 플랫폼 등이 결합하면서 생겨나는 하나의 효과다. 그렇게 생겨나는 논란 속에서 수많은 행위자들이 연결되며 네트워크로서의 사회가 만들어지며, 그 사회는 시시각각 자신을 조립·유지·보수한다. 해시태그도, 온라인 커뮤니티 게시물도, 트윗도, 심지어는 온라인 기사까지도 일종의 수배 전단지로 작동하면서 논란 속 아티스트와 팬들에 대한 비난을 용이하게 만든다. 이미 존재하는 폭력적인 사회 안에서 우리가 폭력적인 존재가 되어가는 것이라기보다, 우리가 만들어가고 있는 사회가 바로 그런 모습이라고 할 수 있다.

대중과 공론장은 어디든 존재할 수 있는 '○○시녀'와 같은 적을 만들어내고, 자기 타임라인 안의 행위자들에게 입장을 밝히길 요구한다. 이런 식의 대중과 공론장은 가해자나 논란을 '오염'으로 간주하고 제거함으로써 만들어진다. 이 원리는 비난의 기술에서도 발견된다. 이때 비난의 기술이 핫라인과 같은 폐쇄적인 경로로 실행되는 것과 달리, 수배는 소셜미디어에서 공개적으로 실행된다. 또한 수배는 탈퇴나 퇴출을 목표로 하는 비난이 중심이 된다는 점에서 진실을 요구하는 사이버 자경주의와도 다르다. 수배에 참여하는 이들은 자신이 진실을 이미 알고 있다고 생각하며, 바로 그런 이유에서 진실을 요구하지 않기 때문이다. 진실을 이미 알고 있으니, 남은 것은 퇴출뿐이다. 답이 정해진 논란에서 논쟁은 사라진다.

따라서 수배를 통해 논쟁 없는 사회를 만들어내고, 또 그런 사회를 보호하면서 대중과 공론장을 만들어내는 아이돌 논란에서 발견되는 것은 수배 문화도, 비난의 기술도 아닌 수배의 기술이다. 사람들은 누군가를 단죄함으로써 자신의 도덕적 우월함을 입증하고, 이를 통해 기존의 도덕관념은 더욱 강화된다. 이때 이를 따르는 사람들은 대중으로 구성되고, 그렇지 않은 이들은 적으로 규정되어 '무지성 팬덤'으로 낙인찍힌다.

논란은 그 원인이 되는 것들을 진지하게 파고들지 않음으로써 자신을 재생산한다. 논란이 일단락된 이후에 많은 사람들은 논란의 내용을 구체적으로 기억하지 못한다는 점이 그러한 현실을 단적으로 드러낸다. 이는 집단적 도덕주의가 논란을 재생산하는 기제가 되고 있음을 시사한다. 여기서 대중은 논란을 중립적 위치에서 바라보고 판단하기보다 논란의 실제 내용에 별 관심을 두지 않으면서 논란을 만들고 증폭시킨다. 중립적인 대중과 편향적인 팬덤이라는 이분법은 대중의 편향성을 은폐한다.

대중의 정동은 옆에서 옆으로의 감응과 모방에 따라 전염되며 여론을 형성해내고, 이는 그때그때 일시적인 공론장을 만들어낸다. 대중은 다른 이들 또한 자신들의 여론을 따르길 원하기 때문에, 다양한 방식으로 압력을 행사한다. 이 과정에서 사람들은 '정상적인 팬'이나 대중이 될 수 있는 여론에 대한 '찬성'과 그렇지 않은 '반대'라는 양분된 선택지를 요구받는다. 즉 수배의 기술은 그러한 대중, 여론, 공론장의 형성과 작동이 관심경제와 소셜미디어 플랫폼 등이 결합하는 네트워크 안에서 어떤 형태로 이뤄지는지 압축적으로 보여주는 사례라고 할 수 있다.

3. 논란과 음모론적 구조[45]

음모론, 뒤틀린 추리소설

아이돌 논란에서 활용되는 수배는 기본적으로 논리적인 형태보다는 음모론적 구조를 지닌다. 음모론적 구조는 '수수께끼 제시 → 논리적 추리 과정 → 수수께끼 해결'이라는 추리소설의 서사 구조를 비튼 '수수께끼 제시 → 수수께끼 해결 → 확증편향 강화'의 형태를 띤다. 무언가를 수수께끼로 규정하면서도, 그에 대한 답을 미리 정해둔 채 발견되는 단서들을 그 답에 맞춰 얼기설기 배치함으로써 확증편향을 강화하는 것이다. 다시 말해 논란을 생산하거나 의혹을 제기하는 것은 '수수께끼의 제시' 단계에 해당하며, 이후에는 논리적인 추론 과정이 제시되거나, 그 과정을 위해 필요한 정교한 근거들이 차근차근 확립되는 대신 인과성을 찾아보기 힘든 온갖 영상, 온라인 커뮤니티 캡처들과 졸업사진 인증 등이 난립하게 된다. 여기서 어떤 서사를 음모론적이라고 규정할 때 중요한 것은 그 서사의 진위 여부가 아니라 그 서사가 제시되고 전개되는 과정이다.

이때 수수께끼 제시 단계에서 논증 과정을 건너뛴 채 수수께끼의 해결로 나아가고, 그 이후 논증 대신 확증편향을 강화하는 과정에서 핵심을 이루는 것은 모종의 확신이다. 사회가 매혹된 사람들의 몽유 상태에 가깝다고 말하는 타르드는 매혹된 이가 "이미 그의 마음을 사로잡은 것만 보고 듣는다"[46]고 주장하는데, 이는 내가 '음모론적 확신'이라고 부르는 이 확신과도 관련된다. 사람들은 아이돌 아티스트에게만 매혹되는 것이 아니며, 폭로글의 정동에도 매혹되고, 사이버렉카가 만드는 영상의 시청각적 효과에도 매혹된다. 이러한 것들과 함께 아이돌 논란에서 음모론적 확신을 구성하는 주된 동력은 다름 아닌 도덕이다.

이는 돌판 바깥에서 아이돌 덕질로 얻는 행복이 (덕질과 분명히 구분된다고 여겨지는) 현실의 행복에 대한 부적절한 대체재로 여겨진다는 점과 연결된다. (청소년 시기의) 공부나 (성인 시기의) 연애처럼 마땅히 이어나가야 할 '현생'에 집중하는 것은 개개인의 선호 차원을 넘어 사회적으로 요구되는 당위에 가까운데, 아이돌과 덕질은 그런 행위와 충돌한다고 여겨지기 때문이다. 우선 아이돌은 '공부해야 하는 시기에 놀았던' 비행청소년처럼 여겨진다(학창 시절의 좋은 성적이 셀링 포인트가 되는 이유도 이와 관련된다). 그리고 '걔네는 네 이름도 몰라'와 같은 말에는 팬심이 '결국 실패할 수밖에 없는 연애감정'에 지나지 않는다는 전제가 깔려 있다. 행복을 추구하기에 부적절한 대상을 사랑하는 행위는 도덕적으로도 부적절하다. 비도덕적인 행위를 통해 추구하는 행복 역시 마찬가지로 비도덕적이다. 이처럼 아이돌 아티스트는 수많은 대중에게 인기를 얻으면서도, 대중의 시선에 의해 언제든 비도덕적인 대상으로 추락할 수 있는 존재다. 아이돌 아티스트가 약속하는 행복에 대한 불신은 이런 맥락 속에서 음모론적 확신의 핵심을 이루게 된다.

이와 같은 음모론적 확신은 '○○은 학교폭력 가해자다', '○○이 갑질을 했다'와 같은 문장들이 관심경제에 진입하는 순간부터 다른 주장들보다 더 개연성 있는 주장이 될 수 있도록 만든다. 아이돌 논란을 촉발하는 문장들은 아이돌에게 묻어 있는 비도덕성의 정동과 결합하며 시작부터 그럴듯한 주장이 되어 사람들의 지지와 관심을 쉽게 이끌어낸다. 이런 식으로 형성되는 음모론적 확신이 음모론적 구조의 핵심이다.

음모론, 시각 매체에 기대다

시각 매체에 대한 매혹과 부적절하게 여겨지는 행복의 약속이 겹치는 지점에서 논란은 음모론의 형태를 띨 채비를 한다. 아이돌은 도덕적이고 훌륭한 인성을 소속사와 대중 모두에게서 요구받으며, 그 요구에 부합하지 않을 때 대중은 그에게 집단 린치를 가하기 시작한다. 린치의 근거가 되는 것들은 서로 잘 연결되지 않는 파편적인 단서들, 이를테면 '찌푸린 눈'과 '손가락 모양'과 같은 것들인데, 웬만해서는 쉽게 연결되지 않는 단서들을 확고한 근거로 자리매김시키는 것이 바로 해당 아티스트가 비도덕적이라는 판단이자, 동시에 그 판단을 공개적으로 온라인에 게시함으로써 얻는 도덕과 결부된 관심이다. 도덕이 음모론적 확신을 구성하거나 강화하는 것이다.

> **종로** 아이린도 그거 짤로 돌아다녔잖아요. 코디한테 (안 좋은) 말한 게.
>
> ＊＊＊
>
> **홍대** 아이린 갑질 터졌을 때 또 유명했던 팬싸[팬사인회] 짤 있잖아. 스탭한테 약간 이렇게 표정 찌푸리는.
>
> ＊＊＊
>
> **개미** 하이브 안티들이 그 얘기 엄청 하더라고. (김가람) 학창 시절 사진.

음모론적 확신이 음모론적 구조로 이어지려면 인과관계가 불분명한 단서들이 필요하다. 이 시점에서 등장하는 것이 폭로글에 이어지는 '짤'과 같은 시각적 근거들의 옅은 연결들이다. 사람들은 논란 속 아티스트의 과거 행적을 조사하고, 그가 등장한 예능 프로그램, 자컨, 인터뷰 영상 등을 캡처해 그의 인성이 논란과 얼마나 부합하는지 보이려 한다. 이 '근거'들은 개별 영상들의 일부분을 잘라내 해당 논란에 맞게 편집하고 짜깁기한 결과물일 때가 많다. 그렇게 '○○은 학교폭력 가해자다', '○○이 갑질했다' 같은 문장들은 그 뒤에 이어지는 영상들과 짤들, 또 다른 추가적인 폭로와 자신을 방송계·연예계 관계자라고 밝히는 인터넷 사용자들의 게시물, 댓글들, 그리고 이 모든 것을 타고 흐르는 정동에 의해 빠르게 '사실'의 지위를 얻는다. 해당 문장들은 '○○은 학교폭력 가해자이므로 퇴출시켜야 한다'라는 또 다른 문장으로, 그리고 그 문장에 뒤따르는 행위인 캔슬로 이어진다. 이처럼 폭로의 운명은 폭로 자체의 진실성보다 폭로에 뒤따르는 것들에 달려 있다.[47]

짤이나 영상 같은 시각 매체의 영향력은 시각 매체의 발달과 그로 인해 달라진 사람들의 인식론에 기인한다. 시각 매체의 발달로 인해 사람들은 이미지를 단지 보는 것만이 아니라 '읽는' 능력을 지니게 되었고, 이미지를 다루는 기술이 발전하고 민주화되면서 이미지를 '배후에 있는 무엇'을 추리하기 위한 단서로 취급하기 시작했다. 어떤 사건을 사진이나 영상으로 접하는 것은 사람들이 자신을 역사적 사실에 대한 목격자 혹은 증언자로 이해하도록 만들었다. 바로 이런 맥락에서 사진이나 영상과 같은 시각 매체는 음모론의 생산을 더욱 촉진했을 뿐 아니라, 그 영향력 또한 강화했다.[48] 시각 매체 환경의 변화 안에서 사람들은 '인성'을 몇 개의 영상과 캡처들로 파악할 수 있다고 믿게 되었다.

음모론에 매혹되다

음모론적 구조는 서로 무관한 이미지들과 논란과 관련된 이

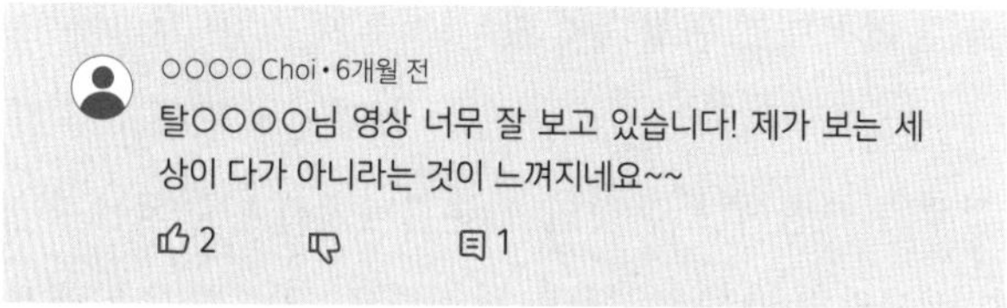

〈그림 9〉 한 사이버렉카의 유튜브 커뮤니티 게시물에 달린 댓글.

미지들을 함께 엮어 만들어내는 사이버렉카 영상들에서도 마찬가지다. 내용과 별 관련 없는 이미지들을 계속해서 화면에 보여주는 정보성 영상들 또한 비슷한 구조를 지니기에, 이는 유튜브를 사용하는 사람이라면 익숙해지기 쉬운 구조다. 다루고 있는 사안과 무관한 영상이 배경에 재생되고 그 위로 온라인 커뮤니티에서 캡처한 댓글이나 게시물의 일부분이 띄워지며, 가끔 다루는 사안을 직접 보여주는 영상이나 사진이 띄워지지만 대부분의 이미지는 사건과 관련된 것이 아니다. 여기에 더해서 다소 어둡거나 미스터리한 분위기의 음악과 단호한 내레이션이 깔린다. 인과적 연결 없이도 시청자는 영상을 끝까지 보게 되고, 서사를 상상하고 만들어낸다. 주의를 분산시켜서 영상을 끄지 못하게 하는 시청각적 매혹의 역설적 기술이 활용되고 있는 것이다.

뮤직비디오와 같은 떡밥에서는 소속사의 '오피셜official'이 정답이 되는 반면, 사생활과 관련된 영역에서는 오히려 사이버렉카들이 온라인 커뮤니티와 탈덕한 사람들을 통해 얻은 '뒷얘기'가 정답처럼 여겨진다. 이는 공식적인 정보나 기존의 합의를 불신하고 자신이 진짜 정답을 알고 있다고 주장하는 음모론의 전형적인 서사 구조다.

사이버렉카 등이 만든 논란 관련 영상에 등장하는 근거들 또한 서로 논리적으로 연결되지 않는 경우가 많다. 게다가 그런 근거들 다수는 맥락이 삭제되어 참인지 거짓인지 판단조차 하기 어려운 경우가 태반이다. 온라인 커뮤니티에서 발견되는 이야기들과 사이버렉카의 영상은 서로를 참조하고, 그런 순환 안에서 특정 의견이 진실처럼 여겨지며 증폭된다. '중립기어를 박던' 이들도 얼마 지나지 않아 해당 논란의 중심에 선 아이돌 아티스트를 가해자 혹은 범인으로 확정해 비난하며, 그렇게 하지 않고 아티스트의 편에 서거나 '좀 더 기다려보자'고 제안하는 입장을 '실드shield', 즉 무조건적인 방어 혹은 지지 행위로 규정한다. 조잡하게 짜깁기된 영상들에는 '제가 보는 세상이 전부가 아니었네요'와 같은 댓글들이 남겨지곤 한다.

끝날 수 없는 논란

이와 같은 논란은 종결되지 않는다. 대신 일단락된다. 논란은 온라인 커뮤니티들이나 사이버렉카 등을 중심으로 계속해서 재생산되고 '끌올'*되는데, 이런 상황에서 일단락이란 논란의 크기와 언급 빈도가 발생 당시에 비해 현저히 감소했다는 정도의 의미에 가깝다. 또한 이는 특정한 의견이 잠정적으로 사실의 지위를 얻었음을 뜻하기도 하다. 이렇게 일단락된 논란은 언제든 다른 논

---

*　'끌어올리다'의 준말로, 트위터의 멘션·리트윗이나 페이스북의 공유·댓글 등의 기능을 사용하면 과거의 트윗이나 게시물이 현재의 타임라인으로 올라오게 되는 기능을 이용해 과거의 사건을 다시 온라인 공론장에 띄우는 행위를 의미한다.

란과 엮여 공론장에 다시금 등장할 채비를 하고 있다. 아이돌 논란 속 공론장이란 수없이 많은 과거의 논란들을 전경으로 소환해 내면서 형성되는 것이다.

이제 지금까지 살펴본 1부의 흐름을 간략히 정리해보자. 아이돌 논란에서 발견되는 공론장은 주로 온라인 공간을 중심으로 매 사건마다 새롭게 만들어지며, 이때 온라인 공간은 관심경제와 맞물려 굴러가는 소셜미디어나 인터넷 언론, 온라인 커뮤니티 등을 기반으로 한다. 여기서도 소셜미디어와 온라인 커뮤니티 속 주변부에 있던 이야기가 언론과 사이버렉카에 의해 증폭되고, 언론과 사이버렉카가 증폭시킨 정보는 다시금 온라인 커뮤니티를 거치며 증폭된다. 이 증폭과 순환의 반복은 알고리즘과 결합하며 더욱 거세진다.

이 과정에서 지배적인 의견이 여론이 되고, 해당 여론에 감응하고 동의하며 그것을 강화하는 대중들이 공론장을 구성한다. 그렇기에 여론에 동의하지 않는 이는 공론장 밖으로 추방된다(혹은 그런 이들을 애초에 배제한 채 공론장이 구성된다고도 말할 수 있다). 이것은 좌표 찍기라는 수배 문화와 비난의 기술이 결합된 수배의 기술이라는 형태로 나타난다. 수배의 기술을 가능케 하는 다양한 요인들은 다음과 같다. 서사 구조의 차원에서는 논란의 음모론적 구조가, 대중의 감정과 태도 차원에서는 정서적 평등주의와 집단적 도덕주의가 결합되어 탄생한 사랑의 자격론이, 그리고 온라인 환경의 차원에서는 관심경제와 소셜미디어의 구조, 관성의 정치가 수배의 기술을 생산해낸다. 그리고 이런 일련의 과정을 통해 '대중적인 것'의 감각이 생겨난다.

음모론적 구조를 바탕으로 하는 논란 안에서 수배의 기술을 통해 구성되는 대중은 팬덤을 공론장에서 쫓아내거나, 팬덤을 배제한 여론을 통해 도덕을 선점하고 공론장을 구성하고자 한다. 이때 대중은 닫힌 개념이 아니며, 팬들 중에서도 대중을 자임하는 이들이 있다. 그런 이들은 팬심을 소거하거나 감춘 채 대중의 문법에 동참하기도 한다. 팬덤은 문화적으로 비주류에 속하기 때문에, 사회적으로 공인된, 혹은 다수에게 옳다고 받아들여지는 가치를 병합해 이미지 개선을 꾀하는 경우가 많기 때문이다.[49] 이는 때로 팬덤 내부의 갈등이나 분열로 이어지기도 한다.

· 논란 안에서 팬들은 어떤 윤리적 고민을 마주하는가
· 팬들은 어떻게 팬이 되었나
· 팬의 마음은 어떻게 아이돌 산업과 협력하는 동시에 불화하는가
· 망설이는 팬들에게서 우리는 무엇을 발견할 수 있는가
· 그 발견은 어떻게 더 나은 세상에 대한 상상으로 이어질 수 있는가

2부

매혹과 윤리

"진짜 피해자면, 아니야, 도로 삼킬게요"

진실의 근사치와 자기 안의 모순

진실을 알고 싶다는 마음, 자신이 좋아하는 아이돌 아티스트를 더 잘 알고 싶다는 마음은 때로 사이버렉카를 구독하는 방향으로 나아가기도 했다. 논란과 아티스트를 알고 싶다는 마음이 만날 때, 사이버렉카 구독은 증오나 혐오의 정동적 경제에 적극적으로 동참하는 일이 된다.

그러나 아티스트에 대해 더 많이 알고 싶다는 마음은 또 다른 방향으로 나아가기도 한다. 어떤 팬들은 논란의 네트워크와 단절하려고 안간힘을 쓰고 있었다. 관심경제 안에서 관심경제에 반하는 실천을 하려는 마음, 그리고 그 마음에서 비롯되는 새로운 실천들은 관심경제에 대한 다른 이야기를 가능하게 하고, 나아가 좀 더 나은 세상을 상상하도록 한다. 내가 주목하는 것은 논란에 가세하는 것도, 모든 논쟁을 거부하는 것도 아닌 우리가 놓인 장의 속도에 어떻게든 제동을 걸고 싶은 팬들의 모습이다. 거기서 나는

'내가 답을 알고 있다'는 확신보다 '내가 알고 있는 게 틀릴 수도 있다'는 의심과 그것을 통해 끊임없이 무언가를 알아가려는 노력을 엿볼 수 있었다.

1. "그룹 자체에 대한 애정으로": 팬덤 내부의 캔슬과 추억이라는 동력

온유/이진기의 경우

홍대 그 사건 이후로, 나는 원래 모든 멤버를 고루고루 사랑하는 타입이었는데.

나 올팬*이었구나.

홍대 응. 올팬이었는데, 이 사건 이후로 좀 개인 팬 기조가 나한테 강해졌어. 그리고 사람들 사이에서도 그게 좀 강해졌어. 왜냐면 개인 팬이면 싸울 일이 없잖아. 내가 '나 태민 좋아해'라고 할 때 거기에 대해 '너 온유 안고 가?'(라고 말하지는 않으니까). 팬들 사이에서 한동안 그게 있었어. 사상 검증하냐고. 온유 좋아하냐고 물어보거나 '몇 인 (체제) 지지', 이게 사상 검증이었어. 그래서 그때 진짜 온유 때문이 아니라, 팬덤 안에 개싸움 나는 거 때문에 (사람들이) 탈덕을 한 거야. 무슨 말만 하면 '왜 단체사진 몇 명만

---

* '올all'과 '팬fan'을 합친 말로, 특정 멤버보다 그룹 전체를 좋아하는 팬을 의미한다.

있는 걸로 올려요? 4인 지지예요? 난 5인 지지인데?' 이러면 개싸움이니까. 잊을 만하면 이 플로우flow** 가 한 번씩 돌아서. 사람들이 여기에 진짜 환멸을 느껴서 탈덕을 되게 많이 했었어. 아니면 개인 팬. '나는 계속 샤이니 좋아할 거지만 그 멤버는 안고 갈 수 없고 이제 그냥 혼자서 모 멤버만 좋아하겠다.' 이렇게 떠나가는 사람들이 많았어. 그랬지. 그래서 **나도 이런 얘기를 한 게 내 덕메***하고도 얘기를 안 했고, 진짜 이 자리가 처음인 거야.**

나 오히려 덕메하고 얘기하기 더 힘들 수도 있겠다.

홍대 더 하기 힘들어. 그렇다고 다른 사람들 붙잡아놓고 이런 얘기를 할 수도 없으니까.

논란에서 팬들이 흔들리거나, 대중의 의견에 동조하며 사랑의 자격론을 (재)생산하는 모습은 팬덤 내부에서도 포착된다. 특히 이는 그룹 보호라는 이름으로 행해진다. 논란을 일으킨 멤버 때문에 그룹 전체에 해가 될 수 있으니, 더는 그룹에 해 끼치지 말고 탈퇴하라는 것이 주요한 논지이며, 이는 주로 'n인 체제'와 같은 말로 표현된다. 홍대는 온유/이진기 논란 당시 5인 그룹이었던 샤이니에서 그를 빼고 '4인 체제'로 가자는 팬들이 팬덤 내에서 80~90퍼센트로 사실상 대부분이었다고 추정했다. 이때 벌어지는 것은 '사상 검증'이었다. 사상 검증이라는 말은 캔슬의 양태 중 하나인 감찰로, 팬덤 내부에서 벌어지는 경계 감찰을 포착한다.

** 트위터 등에서 빠르게 지나가는 특정한 주제의 대화들이 이루는 하나의 흐름을 지칭한다.

*** '덕질 메이트'의 준말로, 함께 덕질하는 온오프라인상의 친구를 의미한다.

홍대에게는 트위터, 팬카페, 온라인 커뮤니티 등에서 다른 사람들과 함께하는 덕질이 특히 중요했기에, 팬덤 내의 경계 감찰은 그의 덕질을 뒤흔들었다. 온유/이진기를 빼고 가자는 '4인 체제'를 지지하는 쪽이 온유/이진기의 사랑받을 자격을 팬덤 내부에서 박탈함으로써 '진정한 팬'이라면 '4인 체제'로 가야 한다고 주장했기 때문이다. "그 사람들에게는 [온유/이진기가] 멤버가 아닌 수준"이라는 홍대의 말은 사랑의 자격론이 팬덤 내에서도 강력하게 작동하고 있음을 보여준다.

팬덤 내의 감찰은 온유/이진기 떡밥의 고갈로 이어졌다. 떡밥이 만들어지기 위해서는 특정 멤버를 따라다니며 고화질 사진을 찍어 공유하는 팬, 소위 '찍덕' 혹은 '홈마'가 필수적이다. 그러나 논란과 캔슬의 과정은 온유/이진기와 그의 팬을 중심으로 구성된 네트워크로부터 처형대를 매개로 사이버렉카 및 자신을 대중으로 자리매김하는 팔로워들에게로 관심의 양을 이전한다. 마찬가지로 찍덕과 홈마가 받던 관심도 회수되며, 이들은 다른 멤버나 그룹을 찾아 떠나기도 한다. 홍대는 온유/이진기 논란 이후 온유의 홈마는 압도적으로 줄었으며, 생일 카페도 한두 개 정도에 그치게 되었다고 말했다. 논란이 일단락되고 관심이 회수된 시점부터는 사이버렉카들 또한 다른 먹잇감을 찾아 나선다.

수진/서수진의 경우

캔슬은 팬덤과 아티스트의 특성에 따라서도 제각기 다른 양태로 나타난다. 소바는 (여자)아이들 팬덤을 지탱했던 가장 핵심적인 팬들을 '알페서'로 파악하고 있었다. 알페서란 알페스^{Real Person} ^{Slash, RPS}*를 소비하거나 만드는 사람을 의미하는데, 돌판에서 알페스는 한 그룹 내 멤버들 사이의 관계를 궁예**함으로써 만들어지기에 기본적으로 동성 간의 (애정) 관계를 소재로 하는 경우가 많다. 이때 알페서들 사이에서는 가학적인 관계나 미성년자 멤버의 재현, 그리고 알페스의 저작권 문제 등이 자주 논쟁거리가 된다. 따라서 소바는 이들이 기본적으로 '정치적 올바름', 나아가 폭력 일반에 대해 예민하다고 느끼고 있었다. 즉 이들이 팬덤의 중추라는 점은 수진/서수진의 학교폭력 논란에 대한 팬들의 빠른 반응과 긴밀한 연관이 있다는 것이다.[1]

나 '이 논란은 허위다' 이런 확신이 생긴 어떤 계기나 과정들이 있었어?

일침 주변 친구들의 변호라고 해야 될까? 아무래도 옹호해주는 쪽이 좀 많았기 때문에. 일단 이런 소문에서 나는 중요한 게 의혹

---

* "실존인물이 등장하는 팬픽션"으로, "여기서 슬래시는 서구권의 …… 2차 창작계, 팬덤 등에서 어떤 커플링쉽을 슬래시(/)라고 부르는 문화에서" 비롯되었다. 권지미, 〈남성 아이돌 알페스 문화 속의 트랜스혐오: '트랜스적인' 세계 속의 아이러니한 '트랜스혐오'에 대하여〉, 연혜원 기획, 《퀴어돌로지》, 오월의봄, 2021, 211쪽. 알페스에 대한 논의는 이 책의 핵심이 아니기에 자세한 내용은 언급한 글을 참고하라.

** "KBS 드라마 〈태조 왕건〉에서 비롯된 은어로, 등장인물인 궁예가 사람의 마음을 들여다보는 관심법을 쓴다고 주장하는 것에 착안해 만들어졌다. 명확히 밝혀지지 않은 사건이나 사실관계를 추측하는 행위를 이르는 말"로, 돌판에서는 떡밥들을 엮어 해석하며 아이돌 아티스트의 세계관이나 성격 등을 해석하는 행위를 의미하기도 한다. 장지현, 〈3세대 아이돌 산업의 친밀성 구조〉, 81쪽.

이후에 편을 들어주는 사람이 얼마만큼 있느냐도 한몫하는 것 같아요. 그것도 약간 느낌 오잖아. 글 써놓을 때 문체나 이런 걸 보면 얘가 주로 이런 언어를 가지고 있겠구나, 이런 공동체에 있었겠구나, 하는 게 대충 짐작은 되잖아. 뇌피셜*이긴 하지만.

나 그럼 옹호글들도 문체를 보고 이게 맞다 아니다 판단을 하는 거네? 처음 폭로글과 마찬가지로.

일침 응, 그렇지.

***

풀문 수진의 대응이나, 수진이 쓰고 있는 입장문 같은 걸 읽어봤을 때 너무 가해자가 쓸 만한 말들이라고 생각하고.

나 가해자가 쓸 만한 글이라고 생각한 배경이 되는 경험 같은 게 있는 거야? 얘기하기 힘들면 안 해도 되고.

풀문 그냥 여러 가지가 있어. 성폭력 가해 교수들이 하던 말이나, 아니면 그냥 우리가 일상적으로—일상적으로 볼 수 있다니, 이런 걸!—볼 수 있는 성폭력 가해자들의 말들이나 그런 걸 봤을 때 그럴 거라고 생각했어. 진짜 엄청 억울해하고, 기억이 안 난다고. 당연히 기억이 안 나겠지, 가해자에게는 그게 일상이었으니까.

나 대학에서 페미니즘 활동하면서 폭력에 대한 문해력이 생긴 건가?

풀문 그렇지.

***

---

* '뇌+오피셜official'의 준말로, 자기 자신이나 타인의 생각이 그저 머릿속으로 내린 판단일 뿐 객관적으로 타당하다고 말하기는 어렵다고 강조할 때 사용하는 표현이다.

소바 그건 엄청 왜곡된 거지. 그러니까 사건 일부가 기억이 나지 않는다고 했는데, 그게 마치 온갖 가해들이 기억이 나지 않는다, 이렇게 되어버린 거지.

풀문은 수진/서수진의 논란 당시 그가 올린 입장문을 읽고 바로 그가 가해자라고 판단했는데, 그 핵심 근거는 '기억이 안 난다'는 문구였다. 그는 이것이 자신이 일상과 대학생활 중 봤던 성폭력 가해자들의 언어와 겹친다는 점을 확인하고 그가 가해자임을 확신하게 되었다. 수진/서수진은 최초 폭로자의 폭로 내용 중 일부분에 대해 기억이 나지 않는다고 입장문을 올렸는데, 소바의 말에 따르면 무엇보다 이 점이 논란 당시 탈덕한 팬 대부분에게 탈덕 계기로 작용했다고 했다. 동시에 그는 사람들이 너무 빠르게 이 상황을 오해한 것이라고 말했다. 폭로 중 일부분에 대한 수진/서수진의 서술이 '가해자의 문법'과 겹쳐지면서, 마치 폭로 전체를 일단 부정하고 보는 것으로 사람들에게 읽혔다는 것이다.**

나 (수진/서수진 학교폭력 논란) 사건 터진 이후에 그룹 자체에 대한 마음은 어때요? (수진/서수진이) 나가긴 했는데.
풀문 나는 일단 슈화가 불쌍했는데. 아 어떡하나…….

** 이에 덧붙여, 종로는 수진/서수진 논란 당시 학교폭력이라는 문제 자체도 제대로 논의되지 못했다고 말했다. 그는 수진/서수진 본인이 입장문에서 흡연과 치마 길이 줄이기 등에 대해 입장문에서 인정하면서 이 논란이 여성 아이돌에게 기대되는 행동 규범의 문제로 환원되었다고 지적한다. 행동 규범을 준수하지 않은 것이 순식간에 학교폭력에 대한 근거로 변하면서, 학교폭력의 문제는 수진/서수진의 인성 문제이자 사랑의 자격론이 되어버렸다.

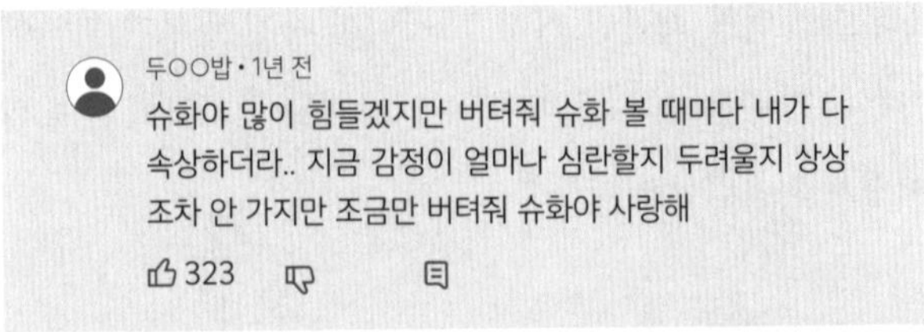
두○○밥 • 1년 전
슈화야 많이 힘들겠지만 버텨줘 슈화 볼 때마다 내가 다 속상하더라.. 지금 감정이 얼마나 심란할지 두려울지 상상조차 안 가지만 조금만 버텨줘 슈화야 사랑해
323

〈그림 10〉 유튜브 채널 〈ALL THE K-POP〉(구독자 669만 명)의 영상 "[주간아.zip] 자기야~♡ 수진덕후 예슈화의 찐사랑 멤버덕후 모먼트! | (여자)아이들((G)I-DLE)"(2020.07.31.)의 댓글. 2022년 6월 9일 11시 12분 기준 조회수 482,445회, 좋아요 수 8.5천, 댓글 715개. 채널 가입일 2012.04.26. 2022년 6월 22일 02:05 기준 누적 조회수 4,259,758,744회.

소바에 따르면, 여기서 수진이 (여자)아이들 알페스에서 가장 핵심적인 두 멤버 중 하나였다는 점이 중요해진다. 당시 6인 그룹이었던 (여자)아이들 알페스의 대부분은 수진/서수진과 또 다른 멤버인 슈화/예슈화를 주인공으로 설정해 만들어지는 팬픽이었고, 그렇지 않은 알페스조차 수진/서수진이나 슈화/예슈화 중 한 명과 나머지 네 멤버 중 한 명을 엮어 기존의 관계성에 약간의 변주나 긴장감을 주고자 했다는 것이 소바의 설명이었다.

알페서가 중추를 이루는 (여자)아이들 팬덤과 거기서 수진/서수진과 슈화/예슈화의 커플링이 차지하는 위치가 수진/서수진 논란과 결합하면서 둘의 커플링뿐 아니라 다른 커플링의 알페스들도 모두 삭제되기 시작했고, 그렇게 원래 (여자)아이들 팬덤 안에서 주로 소비되던 떡밥은 대체로 회수되었다. 물론 이러한 캔슬이 반드시 알페스와 관련된 팬덤 특성에서 기인한다고 말할 수는 없다. 그럼에도 소바가 목격한 장면은 팬들이 일상적으로 아티스트에 대한 관심을 유지·강화하는 주된 경로인 떡밥이 사라지는 현상을 담고 있었고, 이는 관심 감찰이 관심 회수로 이어지는 어느 장면을 생생하게 보여준다.

이때 지금도 수진/서수진을 기다리는 팬들이 사용하는 트위터 해시태그 '#수진아먹었다' 혹은 '#서수진옆에있길잘했다' 등에 올라오는 팬들의 트윗은 떡밥이 모두 사라지고, 심지어 멤버가 탈퇴를 통해 관심경제에서 퇴출된 이후에도 팬심이 남아 있는 현상을 보여준다. 소바는 아직 충분히 진실이 밝혀지지 않았기에 수진/서수진에 대한 판단을 유보하는 팬들이나 수진/서수진에 대한 폭로가 거짓인 이유를 찾는 팬들이 사용하는 '#수진아먹었다'에 지금까지도 꾸준히 팬들의 트윗과 그에 대한 비판, 조롱이 섞여서 올라오고 있다고 언급한다. 이는 특히 2022년 김가람의 학교폭력 논란이 발생했을 때 수진/서수진의 논란이 다시 소환되면서 더욱 두드러졌다.

> **소바** '#김가람탈퇴해'랑 '#김가람지켜'가 '#수진아먹었다'에 한 번에 들어가 있는 거지. 그러니까 '#수진아먹었다'가 수진이 해시태그니까 수진이를 옹호하는 글들이 이렇게 계속 보이더라고. (팬들이) '나 기다리고 있어', '괜찮아', '너무 슬퍼하지 마', '너도 꼭 밥 잘 챙겨 먹어야 돼', '잠 잘 자야 돼' 이러니까, 트위터에서 '학폭 옹호하지 마라' 하는 사람들이 이거 넘어와서 '#수진아먹었다' 붙여서 '이거 진짜 시녀들 문제다', '이게 얼마나 피해자에 대한 2차 가해인 줄 아느냐' 그런 얘기 쓰고.
>
> **나** 나도 몇 번 들어가 봤거든. 이거 얘기 들은 이후로.
>
> (소바는 핸드폰으로 트위터를 켠다.)
>
> **소바** 여기 있네. "탈퇴 글만 봐도 배부르다" 이런 거지. 이 사람들

은 본인의 신념에서 이렇게 하는 거지. (팬들이 '#수진아먹었다'에 트윗을) 진짜 많이 보내네. 근데 보통 한두 사람이 보내요.

나 한두 사람이 꾸준히?

소바 응. 씨발, 눈물 나.

최애에게 닿고자 하는 마음

김가람의 탈퇴를 요구하는 해시태그와 그를 지키자고 제안하는 해시태그는 다양한 맥락에서 '#수진아먹었다'에 접속했다. 때로 이는 '김가람도 수진이처럼 몰리고 있는 거니까 지켜야 한다'이기도 했고, '저런 애도 활동할 거면 수진이는 왜 탈퇴했냐'이기도 했고, '김가람도 수진처럼 탈퇴해야 한다'이기도 했다. 이처럼 학교폭력 논란들은 서로 다른 사건일지라도 '학폭'이라는 범주로 묶이면서 이전에 있었던 논란을 다시 소환해내고, 논란들 사이의 비교와 증폭을 불러왔다.

종로 일단은 어디 얼굴을 들고 다닐 수가 없으니까…….

나 알 수가 없네요.

종로 네, 어떻게 지내는지…….

수진/서수진의 복귀를 (그것이 실현 가능하다고 믿든 아니든) 기다리는 팬들 중에는 그에 대한 폭로가 사실은 허위라는 근거를 수집해 트윗, 처형대의 댓글, 온라인 커뮤니티의 게시물과 같은 형태로 사람들에게 공유하거나 자신이 먹은 음식과 수진/서수진의 포토카드가 함께 보이도록 사진을 찍어 업로드하며 수진/서수진에게 안부를 묻거나 위로를 전하기도 한다.* 논란이 휩쓸고 지나간 그 자리에서 팬들은 자신의 최애가 보길 바라며 트윗을 올린다. 이전엔 아티스트가 어떻게 지내는지 팬들이 알 수 있었다면, 이제는 그가 어떻게 지내는지 알 방법이 없다. 팬들은 마지막 남은 해시태그를 통해 자신의 마음을 표현한다.

내가 좋아했던 바로 그 그룹

아티스트는 그룹에서 빠졌고, 수진/서수진을 기다리는 팬들에게 전달되는 관심은 대체로 자원화되기 힘든 종류의 멸시임에도, 이들은 계속 최애를 떠나지 않는다. 소바는 최애가 수진/서수진이 아님에도 그가 잘못하지 않았다는 판단 아래 그를 기다리고 있다. 하지만 그럼에도 그의 입에서는 "아닌데? 수진이 돌아올 건데?"와 "돌아올 여지는 없지만"이라는 상반되는 말이 고작 3분 정도의 간격을 두고 나왔다. 그는 정말 수진/서수진의 복귀를 기다리는 걸까? 돌아올 것이라는 희망이 없는 상황에서 그의 기다림은 대상을 잃은 듯 보였지만, 탈퇴 멤버에 대한 정체가 불분명한 기다림은 역설적으로 그룹에 대한 애정을 지속하도록 했다.

소바 '6-1=0.' 내가 마지막으로 남기고 싶은 말은 이거야. '6-1=0'

---

* 식사를 시작하기 전에 포토카드를 음식과 함께 보이도록 들고 사진을 찍는 것은 '포카예절(샷)'로도 불릴 만큼 팬들 사이에서 흔한 의례다. 다만 이 맥락에서는 같은 행위에 다른 감정이 담길 수 있다는 점이 중요할 것이다.

이라는 거.

***

나 진짜 (샤이니 4인 체제 지지하는) 그 사람들에게는 멤버가 아닌 정도예요?

홍대 4인 체제 얘기하시는 분들한테는 그냥 멤버 아니야. 멤버는 딱 온유 빼고 나머지. 그러니까 이번 아마 (온유/이진기) 솔로 앨범 판매량도 엄청 저조하고, 초동 (판매량) 의미가 없고, 그리고 그 사람들은 진짜 온유 포카나 포스터 나오면 엄청 싫어하고. 그리고 그것도 있지. 온유를 좋아하는 사람들이 이제 더 이상 양지로 나오지 않기 때문에.

나 아예 드러나지도 않는 거야?

홍대 드러나지도 않고, 온유로 입덕했다고 해도 떡밥이 절대적으로 적고 이러니까.

나 그치. 홈마 같은 사람들이 떡밥을 만들어줘야 하는 건데, 이제 없으니까.

홍대 알페스 같은 것도 연성*이 잘 안 되니까. 절대 연성도 없고 그러니까. 그리고 지금 온유를 지지하는 사람들은 거의 다 올팬 기조고. 온유를 좋아한다기보다는 그냥 올팬. '나 이 5명이 다 좋으니까' 이런 느낌으로.

나 이 그룹 자체에 대한?

홍대 그렇지. 이 그룹 자체에 대한 애정으로 이 사람을 안고 가는

---

* 연금술에서 유래한 용어로, 알페스부터 비공식 굿즈에 이르기까지 팬들의 2차 창작 행위를 포괄적으로 의미한다.

사람이 많아.

(여자)아이들의 멤버 6인 중 1명이라도 빠지면 아무도 없는 것과 마찬가지라는 의미인 수식 '6-1=0'은 온유/이진기 논란에서 나타난 '4인 체제'와 '5인 체제' 논쟁을 상기한다. 해당 수식을 여기 적용하면 당시를 기준으로 샤이니 4인 체제는 해체나 다름없으며, 이는 4인 체제를 지지하지 않은 샤이니 팬들이 특정 멤버만 덕질하기보다 모든 멤버를 좋아하는 '올팬' 기조를 띠게 되었다는 홍대의 말과도 일맥상통한다. 홍대 또한 소바와 마찬가지로 논란의 중심에 섰던 아티스트가 자신의 최애가 아니었으나, 온유/이진기 자체에 대한 애정은 사실상 남아 있지 않다고 말한다. 논란 당시 4인 체제를 지지하지 않았던 이들조차 '그룹 자체에 대한 애정' 때문에 온유를 '안고 가는' 쪽에 가까웠다.

아메 저는 사실 그 그룹[(여자)아이들]을 사랑하기도 하거든요. 그 그룹의 완전성, 완전한 그룹이 될 수 있는 퍼포먼스의 완성도를 애정하는데, 실은 그런 측면에서 일단은 제가 (논란에 대해) 조사한 사람으로서 계속 (논란이) 진실이 아닐 수 있다는 의혹을 제기하는 상황이기도 했고, 두 번째로 저는 ()아이들**이라는 그룹의 퍼포먼스를 높게 평가하는 사람이었기 때문에 다소 부도덕한 부분이 있다고 해도 ()아이들이라는 그룹에 대한 팬심이 흔들리지는 않을 것 같다는 생각을 은연중에 하고 있었어요. (도덕적 문제

**   (여자)아이들의 경우 '여자'를 빼고 '()아이들'로만 쓰기도 한다.

가) 설마 없겠지, 그렇게 생각하지만 어느 정도 문제가 되더라도 뭔가 그래도 이 그룹에서 이 멤버는 너무 필요한 멤버인데, 이 멤버가 없는 이 그룹을 내가 과연 계속 좋아할 수 있을지……. 왜냐면 이 멤버가 없는 이 그룹의 퍼포먼스는 내가 좋아하던 그것에 미치지 못할 것 같다고 생각했거든요.

아메는 최애에 대한 애정만큼이나 그룹 자체에 대한 애정을 강조하면서, 그룹의 완전성을 중시했다. 아메에게는 덕질에서 아티스트 개개인의 인성보다는 퍼포먼스가 중요했다. '성공할 것 같은 그룹'을 덕질한다는 그에게 퍼포먼스의 완성도를 보증하는 멤버의 존재는 필수적이었다. 물론 그는 자신의 최애에 대한 평소의 생각과 논란에 대해 직접 조사하고 알아본 것들을 토대로 최애가 "절대 그럴 사람이 아니"라고 생각하기도 했지만, 동시에 그가 "앞으로 이 그룹에서 해나갈 음악이 궁금했기 때문에 계속 지지"하는 것도 있었다.

최애가 뚜렷이 존재하는 경우에도 그룹과 최애는 불가분한 관계였다. 이처럼 자신이 사랑하게 된 바로 그 모습의 그룹을 지키기 위해, 그 그룹 안에서 자신의 최애가 펼칠 수 있는 일들을 위해 그는 논란을 상세히 파고들어 따지기 시작했다. "다소 부도덕한 부분이 있다고 해도 …… 팬심이 흔들리지는 않을 것"이라는 말은 논란의 내용을 따지지 않겠다는 것이 아니라, 오히려 논란에 대해 자신이 알 수 있는 모든 정보를 동원했을 때 논란 속 사건들 하나하나의 진위와 경중을 꼼꼼히 따져 팬심과 가치관을 저울질하며 탈덕의 기준선을 세우고자 한다는 뜻에 가까웠다.

사라지지 않는 그의 빈자리

세 번째 생일을 챙기기 전에 재키는 제로캐럿을 탈퇴했다. 제일 좋아하는 멤버가 탈퇴했는데도 여전히 그룹의 팬으로 남아 있는 것은 의리 때문만은 아니었다. 파인캐럿은 재키의 팬이었지만 또한 제로캐럿의 팬이기도 했다. 재키가 탈퇴한 이후 발표된 노래를 들으며 재키가 있었다면 어느 부분을 불렀을까, 어떤 안무를 맡았을까, 의상은 뭘 입었을까 생각하면 조금 쓸쓸했지만 재키가 없는 제로캐럿을 싫어하진 않았다. …… 팬픽에는 여전히 재키가 등장했다.[2]

조우리의 소설 《라스트 러브》는 '제로캐럿'이라는 아이돌 그룹과 그 그룹의 팬들, 자신의 마음을 팬픽이라는 소설의 형태로 기록하는 팬들의 이야기다. 파인캐럿은 사진과 팬픽을 올리는 웹사이트를 운영하기도 하고, 자신의 최애인 재키/홍재영에게서 직접 메시지를 받은 적도 있는 성공한 덕후, 이른바 '성덕'이었다. 하지만 제로캐럿에서 가장 인기가 적은 멤버였던 재키/홍재영은 제로캐럿 3년차에 탈퇴했다. 파인캐럿의 최애는 바뀌지 않았고, 그는 여전히 제로캐럿의 팬이었다. 그는 콘서트 예매에 성공하지만, 그곳에 재키가 없다는 것을 안다. 파인캐럿은 재키가 함께하는 다섯 명의 제로캐럿을 다시 보고 싶었지만, 그것은 꿈일 뿐임을 알기에 더욱 아련하고 아름답게 느껴졌다.[3]

나는 이 책을 쓰는 중 좋아하게 된 한 아이돌 그룹의 콘서트에 다녀왔는데, 소속사의 정산 문제와 건강 문제 등으로 인해 두 명의 멤버가 해당 콘서트에 참여하지 않았다. 해당 멤버들 개인의 인성 등과 관련된 논란이 있었던 직후도 아니었고, 아직 탈퇴한 것도 아니었지만, 빈자리는 무대 위의 그룹을 바라볼 때 복잡한 감정을 불러일으켰다. 한 멤버가 이미 몇 달째 따로 활동하고 있어 그의 빈자리가 다른 멤버들에 의해 채워졌지만, 콘서트 직전에 건강 문제로 빠지게 된 또 다른 멤버의 빈자리는 제대로 채워지지 않은 채 남아 있는 경우들이 보였다. 이들의 파트가 어디인지 알고 있기 때문에, 부재는 특정 부분들에서 유독 더 크게 느껴졌다.

콘서트에 참여하지 못한 멤버가 강하게 의견을 피력해 앨범에 들어간 곡이 그 멤버 없이 공연장에 울려 퍼질 때, 그럼에도 내가 너무도 좋아하는 곡이라 환호하게 될 때, 행복과 슬픔은 종종 번갈아 나타난다. 콘서트 며칠 전, 팬 플랫폼에서 어떤 팬들은 해당 멤버가 부재하니 공연장이 휑할 것이라는 내용의 댓글을 올렸고, 이를 본 한 멤버는 일부러 오지 않는 팬들 때문에 속상하다고 답신했다. '콘서트 티켓이 매진되지 않은 게 이것 때문일까. 내가 티켓을 사느라 쓴 돈은 아티스트들의 몫을 제대로 정산해주지 않는 소속사의 지갑으로 들어가겠지. 빠진 멤버들의 빈자리를 채우는 멤버들은 어떤 생각을 하고 있을까, 콘서트가 끝난 뒤에 이 그룹은 과연 무사할까……' 이런 생각들이 머릿속을 스쳐 지나갔다.

한 멤버는 콘서트 소감 중 콘서트에 빠진 멤버들의 이름을 하나하나 부르며 앞으로도 영원히 모두가 함께할 거라고 말했고, 팬들은 눈물을 흘리기 시작했다. 콘서트가 끝나고 돌아오는 길에도 먹먹함이 가시지 않은 소바와 나는 '덕질이 이렇게 힘들어도 되는 거냐. 이게 덕질 맞냐' 따위의 넋두리를 나눌 수밖에 없었다.

아메 복귀하지 않을까라는 희망, 막연한 희망이 있기도 했던 것 같아요. 왜, 사람이 행복 회로 돌린다고 하잖아요. 뭔가 이 논란이 좀 가라앉고 나면 혹시 다시 합류할 수는 없을까, 아니면 그 이후에 솔로 활동으로라도 복귀하지 않을까.

나 그럼 실제로 돌아올 수 있을 거라는 생각도 하셨어요?

아메 반반이었던 것 같아요. 실은 못 돌아올 가능성이 굉장히 높겠다는 생각이 들기는 했는데, 그래도 열심히 기도하면 이뤄진다는 생각으로…….

나 그러면 기다리시는 동안에는 무대도 계속 보고 그러셨어요?

아메 그렇죠. 근데 뭔가 좀 보기가……. 보면 가슴이 아파서. 영상을 볼수록 그 친구가 없다는 사실이 더 확 체감되잖아요. 그래서 안 보려고 했던 것도 같고요.

(여자)아이들에서 수진/서수진이 탈퇴한 이후 그의 빈자리가 원래 없었던 것처럼 편곡된 음악과 수정된 안무 대형을 바라보는 팬들의 마음 또한 복잡했다. 해당 논란에 대한 판단과 별개로, 어떤 팬들은 수진/서수진이 너무 말끔하게 삭제되어 무섭기도 하다고 말했고, 어떤 팬들은 그의 파트를 채우는 멤버의 마음은 어떨지 걱정하기도 했다. 자신이 처음 좋아한 시점의 형태를 기준으로 (여자)아이들이라는 그룹의 완전성을 평가하는 아메는 수진/서수진이 돌아오기를 "기도하면 이뤄진다는 생각으로" 계속 기다렸다.

입덕도 무대 영상을 보고 했을 만큼 무대 위의 퍼포먼스를 즐기는 아메는 논란 이전 시기의 무대 영상을 잘 못 보게 되었는데, 볼수록 자신의 최애가 이제는 그 자리에 없다는 사실이 더 깊이 느껴져서 가슴이 아프다고 했다. 어떤 팬들이 말끔하게 수정된 5인의 무대에서 수진/서수진의 부재를 느낄 때, 아메는 논란 이전 6인의 무대를 볼 때 그의 부재를 느꼈다. 그런 의미에서 무대에 오르는 것, 그리고 팬들이 떠올리는 것은 언제나 하나의 그룹이다. 무대에 오르지 못한 멤버는 과거의 모습, 그리고 그가 함께했을 수도 있었을 또 다른 현재의 모습으로 팬심과 무대가 만나는 지점에 존재하게 된다.

인터뷰이들에게 덕질은 특정 멤버의 모습으로만 기억되지 않았다. 특정 멤버의 비중이 조금 더 높을지언정 팬들은 덕질을 '그룹'의 형태로 추억하고 있었고, 이를 지키기 위해 논란의 내용을 더욱 자세히 조사하고, 팬심과 가치관 사이에서 갈팡질팡하는 윤리적 고민을 이어갔다. 한 멤버가 탈퇴하거나 논란을 겪었을지라도, 이들에게는 '자신이 사랑하던 바로 그 그룹'의 모습이 중요했다. 이때 수진/서수진에 대한 소바와 아메의 기다림이나, 온유/이진기 논란 발생 이후 홍대의 오랜 고민이 도달하는 지점은 "소중했던 덕질의 시간"(홍대)이다. 이처럼 그룹은 캔슬의 명분('논란이 된 멤버는 그룹을 위해 나가야 한다')이 되기도 하지만, 동시에 캔슬에 동참하지 않고 그것을 비판하는 동력이 되기도 한다.

2. "지들이 뭘 안다고!": 사랑에 필요한 진실의 근사치

내가 아는 그 사람이 그럴 리가 없는데

하늘 달리는 댓글들을 보면 너무 화나고 짜증 나니까, '나는 어쨌든 주현이 편으로 그냥 있어야겠다' 그런 생각도 하고. 정리는 잘 안 되는데 좀 그래. 그냥 모든 게 다 짜증 나. 그래서 요새 '너무 예쁘다', '춤 너무 잘 춘다', '노래 잘 부른다' 이런 댓글 보면 좋아. '아~ 인성만 좋으면 완벽한데' 이런 건 너무 짜증 나! 뒤에 그렇게 달 거면 칭찬하는 댓글도 그냥 쓰지 마. 근데 사실 이쯤 되면 그걸 많이 안 떠올리는 편이기는 해. 그전[논란 전]이랑 크게 다를 바 없는 것 같은데. 근데 모르겠네. 이렇게 다 말하고 나니까 엄청 집착하는 것 같기도 한데, 잘 모르겠어. 내가 방금 말한 집착한다는 거는 그 사건에 집착한다는 얘기였던 것 같긴 한데, 모르겠네. 잘 모르겠어. 그 사건에 대해 생각을 많이 안 하려고 하긴 했어. 그러니까 나는 진짜, 나에 대해 많이 정리하고 고민하고 그런 타입이지만, 그 일[아이린/배주현 논란]은 진짜 생각을 안 하려고 했어. 지금도 여전히 좀 그렇고. 주현이가 잘못한 건 맞는데, 어쨌든 너무 물어뜯는 걸 보고 그러니까 좀……

그룹에 대한 추억 외에도 캔슬이 팬덤 안팎에서 이뤄지는 상황에서 그에 동참하지 않거나 적극적으로 거부하는 팬들을 움직이는 동력에는 두 가지가 있다. 하나는 그런 단죄 행위 자체가 '과도하다'는 감각이었다. 하늘을 포함한 인터뷰이들은 최근 아이돌 아티스트에 대한 대중과 팬덤의 캔슬을 주도하는 사이버렉카들의 동력을 '악의'라는 단어로 포착한다. 여기서 악의는 해당 채널 운영자 개인에 대한 기술인 동시에 사랑을 분노, 증오, 경멸로 전환하는 '처형'이라는 감응과 그에 동참하는 대중의 감응을 포착한다.

풀문 나 사실 아직까지도 약간 디나이얼^{denial}. 하지만 마음속으로만 생각하고 있었어.

나 무슨 디나이얼이요?

풀문 우리 아이린이 이럴 리가 없어.

***

홍대 그전까지 진짜 무난했어. 아무 문제가 없었어. 내 덕질은 순탄하기만 했어. 행복했지(한숨). 2017년에 딱, 그땐 내가 재수하고 있어서 처음으로 샤이니에 대한 정보를 실시간으로 못 얻게 된 상황이었어. 핸드폰이 없어서. 그래서 어느 날 이렇게 있는데, 내가 샤이니 좋아하는 걸 내 친구들도 다 알고 있었는데, 핸드폰을 몰래 갖고 있던 친구가 갑자기 나한테 "온유 성추행했다는데?" 이러는 거야. 근데 나는 그게 인지 부조화라고 해야 하나, 두 단어가 붙지를 않는 거야. "너 잘못 안 거 아니야? 성추행? 걔가 당했다고?" 진짜 내가 이렇게 반문했어. "아, 온유가 당했다고?" (친구가) "아니, 지금 뉴스 났어." 공부가 손에 안 잡혀. 이때 특이한 점이 뭐였냐면, 그전까지는 이런 이슈가 터지면 실시간으로 기사나 반응을 볼 수 있었는데 이때는 아니야. 오피셜한 기사, 누군가 알려주는 거 말고는 내가 스스로 알아볼 수 있는 방법이 없었어. 그러니까 더 답답한 거지. 내가 아는 그 사람은 그럴 사람이 아닌데. 특히나 팬들 사이에서 (온유 별명이) '두부'야. 나이는 제일 많지만, (다른 멤버들에게) 잡혀 사는 그런 포지션이었거든. 답답하더라고. 그럼 내가 이때까지 근 9년을 봐온 그 사람은 뭐였지? 그 사람은 그럴 리가 없는데.

***

m 물론 팬 생활을 오래 하다보면 우리가 본 것이 거짓이라는 걸 알게 되는 순간도 온다. 만옥은 이전에 좋아하던 아이돌 멤버가 그 순수한 이미지와 정반대되는 사고를 쳤던 기억을 되살리며, 그때의 충격이—지금 생각하면 우습게도 느껴지지만—태어나서 받았던 가장 큰 충격 중 하나라고 고백했다. 멤버들에 관한 긍정적인 얘기는 어디서나 할 수 있지만 그가 저지른 잘못에 대해 팬들이 취할 수 있는 건 침묵뿐이다. 악성 댓글을 읽으며 스스로를 칼로 찌르던 만옥은 일기장을 꺼냈다. 말하지 않고는 못 견딜 고통을 견뎌내기 위해서. 만옥은 지금도 당시의 일기장을 펼치면 눈물 자국을 찾을 수 있으며, 일기장이 누렇게 바랜 것은 시간이 흘러서가 아니라 종이가 그때의 슬픔을 다 삼켜버렸기 때문이라고 했다. (12~13)

두 번째 고민은 한편으로 이런 고민의 배경을 이루기도 한다. 그것은 "내가 아는 그 사람"과 자신이 접한 소식 차이의 거리감이다. 이희주의 소설 《환상통》에서는 팬이 자신이 좋아한 아이돌 아티스트가 "순수한 이미지와 정반대되는 사고"를 쳤을 때 느낀 충격이 "태어나서 받았던 가장 큰 충격 중 하나"이자 "말하지 않고는 못 견딜 고통"으로 표현된다. 팬들은 이 거리감을 다루기 어려워하며, 여기서 느끼는 혼란은 망설임으로 이어진다.

"주현이 편"(하늘), "그럴 사람이 아닌데"(홍대)와 같은 말은 무조건적인 지지나 응원을 표하지 않는다. 그보다는 어떤 방식으로든 그 사건에 대한 진실을 찾아나가는 과정, 혹은 그 사건을 자신의 삶과 모순되지 않는 것으로 만들려는 과정을 수반했다. 여기에는 기본적으로 논란과 관련된 정보를 제공하는 언론이나 사이버렉카, 온라인 커뮤니티 사용자들에 대한 불신이 존재했다. 한편으로 이는 팬 자신이 대중과 팬덤 사이, 그리고 팬덤 내부에서 작동하는 사랑의 자격론을 내면화하고, 논란 속 아티스트가 정말 사랑받을 만한 사람인지 확인하고자 하는 과정일 수 있다. 그러나 그 과정은 빠르게 처리되는 판단이기보다, 수많은 정보를 꼼꼼히 확인하고 정리해 자기 나름의 진실을 만들어나가는 지난한 과정에 가까웠다. 아티스트에 대한 사랑을 이어나가기 위해 필요한 것은 그 자신이 갖고 있는 모든 정보를 동원해 엮어낸 '조각보'로서의 진실이다.

조각보로 엮어낸 진실

팬들은 사랑을 이어나가기 위해 어떤 형태로든 진실을 찾아나가고자 한다. 논란 안에서 나온 이야기 하나하나의 사실관계를 확인하기 위해 시간과 체력을 쏟는다. 그럼에도 닿을 수 없는 지점이 있다는 것 또한 알고 있다. 홍대는 진실을 찾고자 트위터, 온라인 커뮤니티, 주변 지인 등에게 수소문하는 자신의 모습을 "연예부 찌라시 기자"에 빗댔는데, 이는 자신이 온 힘을 다해 얻은 정보도 충분한 신빙성이 없다는 걸 스스로 알고 있음을 드러내는 표현이다.

동시에 그는 자기 주변의 실제 사례들을 통해 여론보다 사법적 판단이 더 믿을 만하다고 말했다. "공식적인, 오피셜한 법원의 판단"은 그에게 '팩트'의 기준이었고, 이는 자신의 지인이 실제로 소속사로부터 고소를 당해 벌금을 물었던 것을 본 경험과 깊이 연관되어 있었다. 그때부터 홍대는 엄포를 놓고 법적 대응으로 나아가지 않으면 소속사의 대응을 "뻥카"*로 생각하게 됐다. 동시에 그는 논란을 얼마든지 만들어낼 수 있는 것으로 생각하고 있었다.

홍대 모 연예인이 우리 집 근처 학교를 다녔는데 걔가 양아치였다는 소문이 잠깐 돌았던 적이 있거든요. 내가 그 주변 동네 사람으로서 얘기를 하자면 그분이 모범생은 아니었거든? 그분이랑 친했던 분들이 좀 오토바이 드릉드릉하고 다니는 분들이어서. 근데 난 그 사람이 누구를 괴롭혔다는 얘기는 못 들어봤어. 근데 만약에 그 사람이 지금 데뷔했다면 어쩌면 학폭 (논란) 같은 게 터졌을 수도 있어. 1퍼센트의 진실만 있으면 학폭으로 몰아가는 건 별것도 아니겠구나.

그래서 그는 증거도 없고, "사법적으로 할 수 있는 게 없으니까" 학폭 논란은 사실관계가 불분명하다고 생각한다. 개미는 리

---

* '뻥 카드'의 준말로, 가지고 있는 카드 패가 좋지 않은데 베팅을 크게 해 상대방에게 겁을 주는 행위를 가리킨다. 허세나 허풍과 비슷한 의미로 쓰인다.

아/최지수의 학교폭력 논란*과 관련해 경찰 수사가 제대로 진행되지 않았고, 무고죄와 관련한 판단도 모호했다고 지적하며 자신이 알 수 있는 게 없다고 말한다. 그 또한 '악마의 편집'을 하는 사람들이 존재한다며 진실 파악의 어려움을 호소했다. 악마의 편집은 주로 오디션 프로그램 등에서 장면들을 실제 맥락과 다르게, 혹은 과장해서 영상을 편집해 특정 출연자들 사이의 갈등 관계를 구성함으로써 프로그램을 자극적으로 만드는 방식을 의미한다. 이때 개미가 말하는 악마의 편집은 온라인에서 정보를 생산하는 이들 전반에 대한 이야기로 확장된다. 정보나 정보 전달 경로의 규모 등에서는 분명 차이가 존재하지만, 모두가 정보를 생산할 수 있는 지금의 온라인 플랫폼 환경에서 그런 식의 편집은 비단 방송국만의 도구가 아니다.

미궁 속으로 빠지는 진실과 휩쓸리는 여론

개미 팬으로서도 그렇고 그냥 기사를 읽는 사람 입장에서 수사 과정과 결론을 봤을 때, (소속사에 대한) 무고죄까지 (유·무죄) 결론을 내줘야 '리아가 학폭이었다 아니었다' 그 결론을 분명히 낼

---

* 걸그룹 있지의 멤버. 2000년 7월 21일 출생. 2019년 데뷔 후 현재까지 활동 중. 2021년 2월 24일 네이트판을 통해 리아/최지수에게 학교폭력을 당했다는 글이 올라왔고, 이후 리아/최지수의 지인들의 반박글이 올라왔다. 이후 같은 해 6월, 경찰 측은 폭로자의 '허위 사실 적시에 의한 명예훼손' 혐의에 대해 '혐의 없음'으로 결론 내렸음을 밝혔고, 리아/최지수의 학교폭력 여부 자체는 수사 범위가 아니었다고 밝혔다. 소속사는 재수사를 요청하겠다고 밝혔고, 이후 추가로 밝혀진 것이 없는 상태로 논란은 일단락되었다.

수 있을 텐데, 그것도 없이 그냥 수사를 미결 상태로 종결한 게 아닌가. 드라이하게 보면 경찰이 이번 사태에 대해 책임지기 싫구나, 그냥 딱 그렇게 느낄 수밖에 없던 것 같아요.

나 그러면 사법적인 판단도 안 나온 거네?

개미 그렇지. 그러니까 결국에는 '안 나온 거네'라는 생각이 들더라. 왜냐하면 내가 대한민국의 모든 사법 수사와 판단을 다 믿지는 않지만 그래도 어느 정도 좀 신뢰를 가지고 보려고 하는데 …… 그래서 나는 사실 그거야. 드라이하게만 보면 학폭인지 아닌지 정말 알 수가 없다.

각 사건의 사실관계를 넘어 아이돌 아티스트 개인의 인성에까지 사법적 판단을 적용하는 것은 다소 과도해 보인다. 법은 분명 중요한 기준이지만, 그것이 모든 사안에 대한 판단 기준이 될 수는 없다. 법 또한 하나의 기준일 뿐이며, 각종 논란에서 거듭 마주하게 되는 것은 '무혐의'라는 모호한 결론이기 때문이다. 증거 불충분 등으로 폭로의 허위 여부 자체를 따지기가 어려울 때 나오는 '혐의 없음'은 잘못이 없다는 뜻이 아니라, 잘못의 유무 자체를 따지기가 어렵다는 뜻에 가깝다. 심지어 유죄나 무죄 어느 한쪽으로 판결되는 경우에조차 구체적으로 파고 들어가면 명료하지 않은 지점들이 존재할 때가 있다.

법이 절대적인 판단 기준으로 자리매김할 때, 나머지 사람들은 판결을 기다리는 것 외에 별달리 할 수 있는 일이 없다. 이런 맥락에서 나오는 '다른 소식 나올 때까지 중립 기어 박는다'라는 말이 논란의 해결에 도움이 되지 않는 이유다. 그렇다고 해서 사법적 방식이 반드시 해결에 중요한 역할을 하는 것도 아니다. 물론 소속사가 법적 대응을 예고한 뒤 곧이어 폭로글이 삭제되고 최초 폭로자가 자신이 거짓말을 했다고 사과문을 올리는 경우들도 여럿 존재했지만, 법을 동원하고자 할 때 문제가 해결되는 속도는 대개 여론보다 느리다.

> **소바** 이게 진실이냐 아니냐, 그러니까 3년 동안 걸리는 재판이 중요한 게 아니라 그냥 지금 한 달 사이로 떨어지는 가처분이나 아니면 여론이 중요하단 말이야.

더군다나 학교폭력과 같은 논란의 경우 폭로 내용의 진위 여부를 판단할 만한 증거가 남아 있지 않은 경우가 대부분이기 때문에, 논란 속 아이돌 아티스트의 유죄나 무죄 여부를 가리지 못한 채 최초 폭로자의 무혐의 처분으로 누구에게든 개운치 못하게 일단락되는 경우가 다반사다. 소바는 아이돌 업계도 문화산업이기 때문에 기껏해야 "한 달 사이로 떨어지는 가처분이나 아니면 여론이 중요"하다고 말한다. 어차피 대중은 그 이상을 기다리지 않기 때문이다.

사람들이 사법적 판단을 믿는 것은 법에 대한 신뢰가 높아서라기보다, '그나마 믿을 수 있는 것'이 법뿐이라는 입장에 가까우며, 그마저도 사실은 여론에 밀린다는 한계가 있다. 그러나 팬들 입장에서는 여론 또한 마땅치 않다. 이들에게 온라인에서 찾을 수 있는 정보는 너무 방대할 뿐 아니라 상충하는 정보도 많고, 조작되었을 가능성이 있다. 사람들을 움직이는 건 악의이니 말이다.

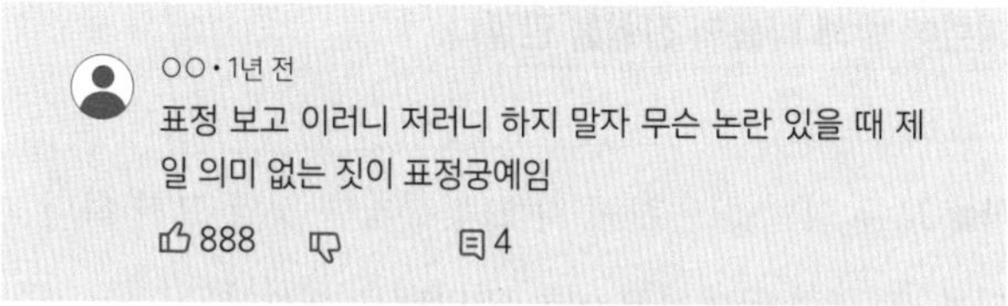

〈그림 11〉 유튜브 채널 〈ALL THE K-POP〉(구독자 667만 명)의 영상 "[주간아.
zip] 자기야~♡ 수진덕후 예슈화의 찐사랑 멤버덕후 모먼트! | | (여자)아이들
((G(I-DLE)"(2020. 7. 31.)의 댓글. 2022년 6월 9일 11시 12분 기준 조회수
482,445회, 좋아요 수 8.5천, 댓글 715개.

무엇보다도 우리는 사건의 진상을 정말이지 알기 어렵고, 아이돌
의 인성 그 자체에도 접근할 수 없다.

그러나 이 '접근할 수 없음'은 알아감을 포기하게 하기보다,
어떻게든 진실의 근사치를 구하기 위한 분투로 팬들을 몰아넣는
다. 때로 이들은 내 가수의 잘못이 아니길 바라는 간절한 마음에
서 미리 답을 정하게 되기도 하지만, 그보다 중요한 실천은 근거
들을 찾아나가는 과정이었다. '답정너'*처럼 보이는 순간 이들에
게는 '무지성 팬'이라는 낙인이 찍혀 자신이 애써 찾은 근거들을
쉽게 부정당하기 때문이다. 대중으로 이뤄진, 대중의 의견이 강화
되는 공간, 즉 공론장에서 팬들은 자신의 의견에 묻어 있는 매혹
의 흔적을 최대한 지워야 한다.

---

*   '답은 정해져 있고 너는 대답만 하면 돼'의 준말로, 어떤 대화 주제를 꺼낸 이
유가 자유로운 토론이나 논쟁이 아니라 이미 정해져 있는 대답을 확인하기 위함인
상황을 의미한다.

여론에 반해 나름의 진실을 만들다

하늘 모든 아이돌 논란이 다 그렇겠지만 정말 그거 하나 가지고 다른 모든 걸 궁예하고 지들 입맛대로 해석하고. …… 지들이 뭘 안다고! 그리고 이런 게 나가면, 우리는 아무렇지 않은 그냥 장난이나 이런 걸 알지만 사람들은 또 물어뜯을 수 있다는 걸 안다는 게. 우리는 멤버들끼리 친한 것도 알고 오래된 사이인 거 알지만 당연히 우리도 막 몇십 년 지기 친구끼리도 사이 안 좋을 때 있고, 평소에 서로 엄청 잘 대해주다가도 너무 피곤할 땐 좀 틱틱대고, 그럼 다음 날 사과 안 해도 그냥 지내잖아? **이게 팬들 눈에는 딱 보이는데, 뭐 출근길 사진 같은 게 찍혔는데 그런 게 있으면 팬들은 알지.** 그런 걸 이 사건이 터지기 전까지는 팬들도 다른 사람들도 신경 쓰지 않았지만, 이 사건[갑질 논란]이 터진 후부터는 그럴 때마다 이런 게 다시 끌어올려져서 얘기가 나오고.

앞서 언급한 것처럼 논란은 음모론적 구조를 띠고 있다. 대중은 논란 속의 아티스트가 과거 출연한 어떤 종류의 영상에서든 무표정이나 찡그린 표정을 찾아내 그것을 논란이 사실인 근거로서의 인성으로 구성해낸다. 하늘은 팬들에게 그러한 표정과 상황을 이해할 문해력이 있다고 말한다. 반면 해당 아티스트의 평상시 모습이나 그들 사이의 관계에 큰 관심이 없는 대중의 경우 그만큼의 문해력을 갖기 어렵다.

여기서 중요한 것은 대중이 그런 표정이나 상황을 모두 이전의 논란과 다시 연결하려 한다는 사실이다. 실제로 이런 식의 '표정 궁예'는 사이버렉카들이 흔히 올리는 영상 중 하나로, 이에 대한 대중의 호응이라는 맥락 안에서 표정은 그들의 인성이나 태도를 구성하는 핵심 요소로 계속해서 소환된다. 이때 이들의 인성에 대한 답은 이미 내려져 있고, 과거의 표정들은 확증편향에 동원된다. 피곤함으로 해석되던 표정은 이제 그릇된 인성의 증거가 된다.

이때 논란 속에서 망설이는 팬들에게서 발견된 모습은 계속해서 좀 더 나은 근거를 찾고, 판단할 수 없는 것에 대해서는 판단을 보류하고 '팩트'들을 중심으로 진실을 구성해나가는 상당히 '합리적인' 과정에 가깝다. 논란 속 팬은 때로 대중보다 더 '이성적'인데, 이는 한편으로 '무지성 팬덤'이라는 편견에 대한 반작용으로, 이런 '합리적' 과정의 계기 혹은 동력으로서 존재하는 사랑 혹은 팬심을 감추는 하나의 방식이기도 하다. 이들은 그런 '합리적' 판단을 바탕으로 대중이 논란 속 아이돌 아티스트에게 보내는 관심의 질과 관심의 유통망을 논란 이전의 형태로 복구하고자 한다.

여기서는 사법적 기준 외에도 사건의 진실을 판단하는 다양한 잣대가 작동하고 있다. 해당 논란에서 등장한 근거나 폭로들의 형태, 아이돌 아티스트의 평소 이미지나 성격, 작품 활동 등은 법적 판단과 같은 '오피셜' 외에 각자가 자기 나름대로 진실의 근사치approximation를 구해나가는 과정에서 활용되었다. 이때 근사치는 팬들이 "사실, 객관, 진실을 포기하거나 그것으로부터 거리를 두었다는 것을 의미하지 않"는다. 해당 용어는 "진실이 유동적이고 불안정하다는 것을 그리고 그것은 언제든지 재해석될 수 있다는 것을 암시"한다. 팬들이 "진실을 포착하는 방식은 여러 가지이며 그로부터 도출되는 진실 또한 다양"하다.[4]

같은 얼굴, 다른 해석들

"한동안 짜릿하게 가슴 뛰게 한 순간들도 다 판도라의 상자일지
모르겠지"

—레드벨벳, 〈Campfire〉

물론 그것이 언제나 '합리적'인 과정이었던 것은 아니었다. 풀
문은 아이린/배주현의 갑질 논란과 수진/서수진의 학교폭력 논란
당시의 판단에 자신이 그들에 대해 갖는 감정이 중요한 근거로 작
용했다고 밝혔다. 동시에 수진/서수진의 성격에 대해 기본적인 판
단을 내린 바 있던 소바는 그의 성격을 풀문과는 반대로 파악해
폭로가 허위일 거라고 생각했다.

풀문 아이린의 행적을 난 너무 사랑했기 때문에.
나 어떤 행적들?
풀문 아이린의 인터뷰 같은 걸 읽어보면 가끔씩 '되게 단단하고
괜찮은 사람이다' 이런 생각이 들었고, 지금까지 아이린이 마주
해야 했던 (역경들에서) 아이린을 되게 좋게 평가하고 있었기 때
문에. …… 수진은 그냥 받아들였지, 나오자마자.
나 받아들였다는 게 무슨 말이야?
풀문 왠지 진짜 그랬을 것 같은 거야. 뭔가 사람 분위기가 그래서.
그리고 수진이 대응이나 아니면 수진이 쓰고 있는 입장문 같은
걸 읽어봤을 때 너무 가해자가 쓸 만한 말들이라고 생각되고…….

***

소바 좋은 제보도 많았고, 내가 봤을 때 서수진은 좀 그렇게 악랄한 성격은 아닐 거라고 생각했어요. 이게 아이돌 인성 보는 거 아니라고 하지만, 모든 이런 걸[비난을] 다 받고 그러니까, 나는 서수진이 그렇지 않다고 기본적으로 바라보는 입장이었고, 그렇기 때문에 이게[폭로가] 나왔을 때 확실히 아니구나 싶었고.

***

피자 탑, 그러니까 최승현씨는 아주 그냥 장난기 진짜 많은 사람. 그리고 지드래곤은 제법 여린 사람이라고 생각했어요. 지드래곤은 표절 논란 엄청 크게 있었거든요. 그때 진짜 욕을 많이 먹었어요. 왜냐하면 빅뱅은 '지드래곤이 프로듀싱 다 한다' 이러면서 막 인기몰이 하고 있었는데 그런 식으로 나오니까. 생각해보면 그때 지드래곤 많아 봐야 한 스물다섯 이랬을 텐데. 그렇게 전 국민적 지탄을 받고 욕을 뒤지게 먹고, 죽으라는 그런 게[청원이] 올라오니까. 그리고 그거 있기 전에도 리더로서 책임감 있는 모습을 보이려고 하는데. 콘서트장에서 한번씩 막 울고 이러잖아요. 그럼 이 사람 그래도 진짜 음악 하는 거 즐겁고 팬들한테 진심이구나 (싶었죠).

***

일침 사실 그런 다정함은 살면서 쉽게 나오지 않아. 쉽게 만들어지는 것도 아니고.
나 조작될 수 없는 뭔가가 있다? 이미지 메이킹만으로는 할 수 없는 뭔가가 있다?
일침 보이지 않는 무언가가 있다.

이처럼 팬들은 아티스트의 작품, 인터뷰, 무대, 자컨, 미담 등에서 나타나는 모습들을 통해 아티스트의 인격을 추정해나간다. 일침은 버블bubble*이나 자컨 등에서 카리나/유지민**이 보이는 다정함을 언급하며, 데뷔 이전에 제기되었던 인성 논란이 허위일 거라고 판단했다. '버블 효녀'가 별명 중 하나일 만큼 그는 버블을 자주 하고, 팬들에게 이것은 팬에 대한 사랑으로 해석된다. 풀문은 아이린/배주현의 인터뷰 등에서 보이는 행적에 대해 느낀 긍정적 감정 때문에 여전히 그의 갑질 논란을 받아들이지 못하고 있다. 해당 아티스트는 갑질 논란 외에도 다양한 논란을 겪어야 했는데, 이는 대부분 그가 여성 아이돌 아티스트라는 사실과 관련되어 있었다. 남성 아이돌과 여성 아이돌에 대한 이중 잣대가 강하게 작동하는 돌판에서 그런 논란들을 겪어온 아이린/배주현에 대한 풀문의 마음은 갑질 논란 앞에서 다소 불안정해진다.

소바는 수진/서수진에 대한 좋은 제보들을 고려하고 있었다. 이는 대부분 온라인 커뮤니티들에 목격담이나 동창생 증언과 같은 형태로 등장한다. 논란이 되는 사건과 직접 관련이 있는 제보는 거의 없기에, 사람들은 논란 속 아이돌 아티스트에 대한 인성

---

* '버블bubble'은 SM 엔터테인먼트의 자회사 디어유DearU에서 론칭한 팬 플랫폼으로, 기본적으로 스타와 팬이 실제로 메시지를 주고받을 수 있으며 팬이 이를 일대일 대화의 형식으로 받아 볼 수 있게 하는 서비스를 판매한다.
** 걸그룹 에스파의 멤버. 2000년 4월 11일 출생. 2020년 데뷔 후 현재까지 활동 중. 데뷔 이전에 같은 소속사 선배를 뒤에서 욕했다거나, 다른 연습생을 괴롭혔다는 등의 논란을 겪었으나, 폭로가 산발적으로 이루어졌고, 논란 속 사건과 실제 연습생 활동 및 데뷔 준비 시기 등의 불일치가 문제시되기도 했으며, 동창생들이 카리나/유지민에 대한 미담을 연달아 공유하면서 해당 논란은 일단락되었다.

을 상상해냄으로써 논란에 대한 판단을 이어나갈 수밖에 없다. 빅뱅에서 탈덕한 지 꽤 오래된 피자는 특히 무대에서 지드래곤/권지용이 보인 눈물을 떠올렸다. '기껏해야 스물다섯' 정도였을 그가 겪어야 했던 비난과 그에 따른 고통을 가늠하며 음악과 팬들에 대한 그의 진심을 상상했다. 이들 외에 다른 인터뷰이들 또한 비슷한 방식으로 아이돌 아티스트들을 하나의 개인으로 구성해내고 있었다.

3세대 아이돌 산업의 친밀성 구조를 탐구한 아이돌 연구자 장지현은 다양한 콘텐츠의 범람이 아이돌 아티스트를 "아주 가까운 개개인으로 구체화하고 유형화하는 매개"가 되었으며 이를 통해 아이돌 아티스트는 한 명의 '사람'이기보다 해석의 '대상'이 된다고 말한다.[5] '캐해'(캐릭터 해석)는 경우에 따라 아이돌 아티스트를 몇 가지 특성으로 환원하고 이를 토대로 그를 판단하는 일, 즉 그를 일방적으로 이해하고 "환불도 교환도 불가능할 정도로 멋대로 주물러"(m, 67)버리는 일이기도 하다. 실제로 팬들에게는 있는 그대로의 아이돌 아티스트보다 캐해의 결과물이 더 '진짜처럼' 여겨진다. 그 결과물과 아티스트의 실제 모습이 다르다는 사실이 드러나는 논란이 발생할 경우 팬들의 실망감은 더욱 커지기도 한다.

인격의 상품화에서 상품의 인격화로

그러나 팬들은 상품화된 인격을 소비하는 과정에 참여하면서도 아이돌 아티스트를 인격체로서의 '사람'으로 인지했다. 이것은 이 책에 등장하는 팬들이 "아이돌 산업 내 정동뿐 아니라 그러한 정동을 촉발 및 유지시키는 경제·사회체계와 문화적 관습의 총체"[6], 즉 아이돌 산업의 친밀성 구조로부터 자유롭다거나, 아이돌 산업과 거기서 생산 및 유통되는 상품들로부터 적절히 거리를 두고 있다는 의미가 아니다. 오히려 이런 사례들은 팬들의 실천이 의도치 않게 가닿는, 모든 형태의 구조에 존재하는 빈틈이나 구멍을 보여준다.

'인격의 상품화'는 아이돌 산업을 비판할 때 가장 자주 등장하는 근거 중 하나다. 그러나 우리에게는 '상품화는 문제'라는 식의 문제제기를 넘어서는 논의가 필요하다. 앞서 언급한 연구처럼 상품화가 어떤 구조에서 이뤄지고, 그 안에서 어떤 감정들이 만들어지고 유통되는지 살피는 일은 아이돌이라는 블랙박스* 안의 네트워크를 드러내는 작업일 뿐 아니라, 상품화라는 간편한 단어 대신 더 정밀한 분석과 비판이 필요함을 보이는 작업이기도 하다.

---

* 공학에서 '블랙박스black-box'는 어떤 대상이 그 내적인 특징보다 외적인 입출력의 관계로만 파악되는 것을 의미한다. 즉 그 대상이 어떤 기능을 하는지 알고, 그 대상을 사용할 수도 있지만, 그것이 어떻게 작동하는지는 알지 못하고 또 알 필요도 없는 내부가 보이지 않는 상자이다. 이를테면, 우리는 자동차라는 아주 복잡한 기계를 사용하지만 그것을 사용하기 위해 자동차의 작동 원리를 이해할 필요는 없으며, 그 원리를 전부 알려고 하는 사람도 없다. 행위자-네트워크-이론은 이 점에 착안해 수많은 행위자가 이루는 복잡한 네트워크가 하나의 대상으로 축약되어 움직이게 되는 것을 블랙박스라고 부른다. 사람들이 블랙박스에 축약된 네트워크에 무관심해질수록, 더 많은 사람들이 그 블랙박스를 손쉽게 사용할 수 있게 된다. 이때 블랙박스는 자동차의 엔진이 갑자기 멈췄을 때 운전자가 차 내부를 들여다보면서 그 구조를 살피려 할 때처럼, 상황과 실천에 따라 다시 네트워크로 펼쳐질 수도 있다. 그리고 어떤 블랙박스도 완전히 닫히지 않는다. 브루노 라투르 외,《인간·사물·동맹》, 2010, 23~24쪽; 브뤼노 라투르,《젊은 과학의 전선》, 황희숙 옮김, 아카넷, 2016, 263~264쪽.

인격의 상품화라는 수사는 종종 아이돌 산업과 팬덤을 빠르게 악마화하고 그 이상의 정교한 논의를 차단하며, 이는 인격의 상품화 안에서 생기는 팬들의 자책감과 실천을 누락함으로써 한편으로 상품화의 효과를 비가역적이고 단일하게 전제한다. 그러나 팬들은 역설적으로 상품화가 있기에 상품화를 거스르는 실천 또한 가능하다는 것을 보여준다.

하늘 아이돌 덕질하다 보면 아무리 당연히 우리한테 보여주는 모습이 진짜가 아니라고 알지만, 어느 정도 꾸며낸 부분도 있는 걸 알지만, 수줍은 성격이 완전 계속 밝은 척 연기는 못하는 것처럼 어느 정도 아는 게 있으니까. 조이한테 요새 '동태눈깔'** 이런단 말이야. 그런 논란이 우리는 그 성격을 좀 아니까 이해가 되는 부분도 사실 있거든? 버블 잘 안 오고 이런 것도 팬들 싫어해서 그런 게 아닌데. 그것도 걔 성격이 원래 그러니까 어쩔 수 없다고 생각해. 남들에게 책잡히지 않으면 좋겠지만 네가 힘들면 어쩔 수 없지. 원래 성격이 그런 걸.***

***

풀문 프로미스나인의 새롬이도 브이앱 하다가 '아, 지겨워. 빨리 집에 가야겠어' 이런 얘기를 해버린 거야. 카메라 켜진지 모르고.

** '진정성'이 없는 눈빛 혹은 표정을 비난조로 이르는 말이다. 아이돌들이 팬미팅이나 팬사인회 등의 현장에서 팬들을 볼 때 정말 사랑을 담은 눈길로 보아야 한다는 요구가 담겨 있는 표현이다.
*** 하늘은 인터뷰 이후 이것이 조이/박수영이 성격상 팬들을 안 좋아한다는 의미가 아니라, '동태눈깔'이라고 비난받는 형태의 표정이 평상시의 표정에 가깝다는 의미라고 부연했다.

사실 이게 직장인으로서 당연히 할 수 있는 말이기도 하잖아. 근데도 나는 얘네들이 미운털이 박혀서 안 좋게 생각하게 되고.

버블에는 한 달 이상 아티스트가 메시지를 보내지 않으면 팬이 환불을 받을 수 있는 시스템이 있다. 하늘은 조이/박수영이 딱 한 달에 한 번 정도만 버블을 보낸 적이 있다는 사실이 조금 신경 쓰인다고 했다. 걸그룹 프로미스나인fromis_9의 멤버 새롬/이새롬*의 라이브 방송에 대해 풀문이 '미운털이 박힌' 것, 그리고 조이/박수영**의 버블 주기에 대한 하늘의 감정에서 알 수 있듯, 아이돌의 감정노동에 대한 기대는 분명 존재한다. 그러나 동시에 이들은 아이돌을 한 명의 직업인으로 인식하고 있었다. 풀문의 경우 아이돌 아티스트들에게도 노동조합이 필요하다는 말을 인터뷰 이후에도 수차례 전해왔다. 그러면서도 하늘과 풀문은 이들에게 미운털이 박히는 상황에 대해 자신들이 이들을 동등한 사람으로 대하지 못하고 있다며 자책했다.

이때 하늘은 논란에서 아티스트가 잘못이 있다고 생각함에

---

* 　걸그룹 프로미스나인 멤버. 1997년 1월 7일 출생. 2018년 데뷔 후 현재까지 활동 중. 2022년 2월 11일, 그룹 단체 라이브 방송에서 방송이 켜진 줄 모르고 대화를 나누던 중 "지겨워 죽겠어. 빨리 집에 가야 하는데"라고 말했고, 다음 날 '논란'이 확산됨에 따라 팬 플랫폼을 통해 해명을 하기도 했다.

** 　걸그룹 레드벨벳의 멤버. 1996년 9월 3일 출생. 2014년 데뷔 후 현재까지 활동 중. 한국 사회의 성차별을 비판하는 인스타그램 게시물에 '좋아요'를 눌렀다거나, 'WE SHOULD ALL BE FEMINISTS'라고 쓰인 티셔츠를 입었다는 이유로 '페미니스트 논란'을 겪기도 했다. 아이린/배주현의 사례와 더불어 여기서도 알 수 있듯, 논란은 단지 그의 인성을 문제 삼는 것뿐 아니라 여성 아이돌을 통제하는 하나의 장치로도 작동한다.

도 "어쩔 수 없다"고 생각한다. 그것은 그의 성격일 뿐이니 욕먹지 않았으면 좋겠다는 마음은 상품화된 인격을 소비하면서 구성해 낸 인격체로서의 조이/박수영의 존재를 통해 가능해진다. 여기서 아이돌 아티스트는 한편으로 직업인이라기보다 그저 일상을 살아가는 개인에 가까워 보이기도 하는데, 감정노동을 요구받는 노동자가 고객이 보는 앞에서 '지겹다. 빨리 집에 가야겠다'라는 식으로 말하는 것은 지금의 사회 현실에서 용인되지 않기 때문이다. 하늘과 풀문의 반응은 감정노동에 대한 문제의식과 아이돌 산업이 생산해내는 매혹의 효과가 동시에 작용하고 있음을 보여준다.

피자 아이돌은 아무래도 사람으로 사랑하게 되는 것 같아요. 제가 뭐 음악성이 좋아서 좋아했다고 하지만, 그냥 그 진짜 그 사람 자체를, 나는 물론 그 사람을 잘 모르지만 잘 안다고 생각하면서, 그 사람을 진짜 진심으로 온 마음을 다해 사랑하기 때문에. 그런 특수성이 있는 것 같긴 해요.

나 왜 그럴까요? 왜 다른 팝 가수나 배우나 그런 거랑 다르게 왜 아이돌에게는 이렇게 뭔가 더 인간 대 인간으로 다가가게 되는 건지. 왜 그런 것 같으세요?

피자 아이돌은 연예인 중에서도 가장 노동과 쉼의 경계가 없는 직업인 것 같아요. 아무튼 아이돌이라는 건 환상, 유사 애인적인 그런 걸 파는 직업인데. 버블도 그렇고 출퇴근길도 그렇고. 그렇다 보니 그런 경계가 되게 모호하고. 배우는 작품 안 하면 못 보는데 아이돌은 계속 셀카 올려주고 인스타 올리고 그러니까. 이 사람이 일을 하고 있다는 감각이 덜 오는 것 같아요. 무대를 하는 게 어쨌든 일하고 있는 거고, 마음이 우러나서 하는 것도 결국 노동일 텐데 이걸 자각하기 어렵고, '진짜 인간'과 마주하고 있다고 착각이 드는 것 같아요. 얘는 돈을 벌고 있는 건데.

***

하늘 나는 레드벨벳 덕질하고 나서 그 전과 후의 생각에 차이가 많이 났고, 아이돌 자체에 대한 이미지도 바뀌었어. 연예인이 하는 말이 100퍼센트 거짓말이라고까지 생각하는 편이었는데, 덕질하다 보면 알게 되잖아. 어느 정도 꾸며내도 어느 정도 진심이라는 걸?

팬들은 무대뿐 아니라 인터뷰 영상, 자컨, 리얼리티 예능, 브이앱 등에서 아이돌 아티스트를 한 명의 사람으로서 알아간다. 이때의 사람이란 늘 스크린에 담기는 존재로, 그 존재 자체가 상품이 된다는 점에서 착취에 노출되어 있다고 평가된다. 피자의 말처럼 아이돌은 노동과 휴식의 경계 없이, 언제나 일하지 않는 것처럼 느껴지도록 일해야 하는 존재다. 무대를 하지 않을 때조차 무대 바깥의 모습을 계속 보여주다 보니 그 사람의 노동이 팬들에게는 노동보다는 마음에서 우러나오는 것으로 느껴지게 된다. 바로 이 지점에서 팬은 아이돌 아티스트를 사람으로, "온 마음을 다해" 사랑하게 된다. 그것이 이 산업이 만들어내는 노동이자 상품이라는 것을 알면서도.

이런 팬심의 작동이 흥미로운 이유는 그것이 아이돌 산업의 전략이 성공하는 동시에 실패하는 모습을 보여주기 때문이다. 논란이 대체로 개인화되어 처리된다는 사실은 아이돌 산업의 실패를 보여주지 않는다. 오히려 그것은 팬들이 사랑하는 것이 상품이 기보다 한 명의 사람이라는 인식을 만들어내고자 하는 아이돌 산업의 전략이 성공한 결과물에 가깝다. 그렇게 아이돌 산업은 논란을 산업의 문제가 아니라 아이돌 개개인의 인성 문제로 환원함으로써 아이돌 산업과 그것을 낳고 상호 지탱하는 행위자들의 네트워크를 은폐한다. 수많은 행위자들이 '아이돌'이라는 하나의 대상이 되어 움직일 때, 즉 아이돌이 블랙박스가 될 때, 아이돌 아티스트는 산업의 인질이자 네트워크의 방패막이 된다. 이는 논란을 아이돌 개인의 책임으로 만드는 집단적 도덕주의로 이어지는 하나의 조건이 된다.

논란은 아티스트들을 희생시켜 산업과 사회를 보호한다. 어떤 의미에서 논란이 아이돌 산업의 자양분이자 윤활유가 되는 것이다. 그런데 팬들이 아티스트를 상품이 아니라 사람으로 바라보게 되는 지점에서 아이돌 산업의 전략은 성공하는 동시에 실패하기 시작한다. 이제 팬들이 인식하기 시작하는 것은 상품도 사람도 아닌, 상품과 사람 사이의 간격이기 때문이다. 내가 마주한 것은 팬들이 인격의 상품화에 기대는 동시에 그것에 반해 상품의 인격화를 시도하는 장면들이었다.

상품과 사람 사이의 간격을 인식하기 시작할 때, 팬들은 아이돌이라는 상품을 만들어내는 산업을 얼마간 간파하기 시작한다. 아티스트들을 '사람으로' 좋아하게 만들기 위해 무대 뒤의 모습이나 뮤직비디오 제작 과정, 아이돌 아티스트의 일상까지 상품화하는 아이돌 산업은 아이돌이라는 블랙박스를 만들기 위해 블랙박스의 내부를 일부 노출하게 된다. 그런 식의 유출이 어떤 사건들과 결합할 때, 블랙박스 곳곳에 존재하던 틈이 벌어진다. 아이돌은 언제나 네트워크였다는 사실이 드러난다. 어쩌면 알면서도 뒤로 미뤄두었던 팬들의 고민이 고개를 든다. '사람으로서의 아이돌'이라는 개념은 '상품으로서의 아이돌'의 의미를 바꿔놓게 된다. 아이돌은 상품이자 사람이기에 과도한 상품화에 대한 문제의식이 생겨나는 것이다. 이제 '아이돌은 상품'이라는 말의 의미는 다소 복잡해지기 시작한다. 더 이상 '아이돌은 막 대해도 되는 대상'이 아니게 된다.

배신감을 최소화하기 위한 전략

히비 아이돌을 좋아하든 뭐 배우를 좋아하든 누구를 좋아하든, 그 사람들이 어쨌거나 이미지를 팔잖아요. 그 이미지를 소비하고 싶은 거지, 이 사람 자체를 뭔가 인간으로서 막 좋아하고 싶고 그건 아니거든요. 그래서 막 이런 논란이 있을 때도 (큰 영향을 안 받고). 근데 또 모르겠어요. 가끔 그런 생각을 해요. 이게 내가 이렇게 이미지만 자꾸 소비하려고 하는 게, 말도 안 되는 진짜 중범죄들을 터뜨리고, 범죄까지는 아니어도 어쨌거나 좋아하는 사람들에게 되게 상처를 많이 준 사건들이 많거든요.

나 어떻게 보면 좀 배신을 계속 당하신…….

히비 맞아요. 그래서 그것 때문에 내가 일부러 더 이렇게 거리를 두려고 하는 건가라는 생각을 하기는 했어요.

히비는 아이돌도 사람이라고 생각하기에 사람으로서의 아이돌이 아닌 상품으로서의 아이돌만을 소비하려 했다. 그는 학창 시절 경험한 두 번의 아이돌 탈덕 이후 영화 시리즈 덕질과 연극, 뮤지컬 덕질을 거쳐 오랜만에 세 번째 아이돌 덕질을 하고 있었다. 그는 자신이 소비하는 것이 '이미지'라고 분명히 못박았다. 이들은 무대에 있을 때도 자신들의 세계관과 콘셉트에 충실해서, 사람보다 캐릭터에 가깝다는 점이 오히려 자신의 마음을 편하게 해준다는 것이다. 그는 아이돌 산업이 인성이나 일상을 상품화하는 현실이 문제라고 말하는 동시에, 이를 여전히 소비하는 자신 또한 문제라고 말한다. 지금 그가 세계관이 뚜렷하고 자컨이 별로 없는 그룹을 덕질하는 것은 그런 모순 안에서 찾아낸 일종의 타협점이다. 히비가 포토카드도 아티스트가 직접 찍은 셀카의 형태보다는 따로 콘셉트를 잡아 스튜디오에서 찍은 사진을 더 선호하는 것 또한 그러한 타협의 결과일 테다.

물론 여기서 이미지라는 것은 인성이나 일상과 완전히 분리되지 않는다. 히비 또한 아이돌 아티스트들이 자신의 일상의 일부를 공유하는 팬 플랫폼인 버블을 구독하고 있다. 아티스트와 팬이 일대일 소통을 하지 않는 게 낫다고 생각하는 그는 해당 플랫폼이 처음 나왔을 때 충격을 받았지만, 자신이 좋아하는 아티스트들이 버블을 잘해준다는 이야기에 결국 구독을 결정했다. 그럼에도 그가 인성과 이미지를 뚜렷하게 구분하는 이유는 이전의 아이돌 덕질에서 느낀 배신감 때문이었다. 두 그룹 중 한 그룹은 논란들이 일어나기 전에 단순히 관심이 식어서 탈덕했지만, 다른 그룹은 분명한 이유가 있었다. 그는 SM 엔터테인먼트 소속 보이그룹 엑소 덕질 5년차에 중국인 멤버 다수가 나가고, 최애의 인성 논란을 겪으며 탈덕한 경험이 있었다. 최애의 열애설 또한 함께 퍼졌는데, 히비에게 열애설의 영향은 그리 크지 않았다.

히비 내가 애를 인성을 보고 좋아한 건 당연히 아니지만, 노래 잘 하고 귀엽게 생겼고 이래서 좋아하는 건 맞지만, 내가 좋아하는 사람이 이렇게 나의 가치관과 맞지 않는 행동을, 단순히 '다르다' 의 문제가 아니라 제가 봤을 때 사람이 개념을 가지고 있다면 하 지 않았을 행동을 했다는 게, 너무 무례한 행동을 했다는 게, 그 거에 대한 배신감이 좀 있었어요. 좋아했던 걸 후회하게 만드는 딱 그런 케이스였던 것 같아요.

그는 과거를 돌아보며 해당 논란이 '알계'*에서 나온 것일지 언정, 대학 입시를 준비하던 고등학교 3학년 때는 이 논란에 대해 더 자세히 알아볼 여력이 없었다고 말했다. 중국인 멤버들이 떠나 면서 해당 그룹이 자신이 좋아했던 모습이 아니게 되고, 최애의 인성 논란까지 접하며 탈덕하게 되었는데, '인성을 보고 좋아한 건 아니지만 가치관과 어긋나지는 않아야 한다'는 지점은 흥미롭 다. 소바 또한 "아이돌 인성 보는 거 아니라고 하지만"이라고 말하 면서도 자신이 파악한 인성을 바탕으로 논란에 대처했는데, 이런 장면들은 아이돌의 인성을 소비하지 않으려고 노력해도 거기서 온전히 벗어날 수 없는 팬들의 모습을 보여준다. 행복을 약속하는

---

* '알egg'과 '계정'을 합친 말로, 트위터의 기본 프로필 사진이 알 모양이라는 데에서 유래했다. 주로 누군가를 비방할 의도로 서둘러 대충 만든, 신빙성이 없는 계정을 지칭한다.

대상이 행복을 추구할 만한 바람직한 도구여야 하기에, 연습생 트레이닝 과정에조차 인성 교육이 포함된 한국에서 인성을 보지 않으려는 팬들의 노력은 근본적으로 실패할 수밖에 없다.

히비 또한 이미지와 인성이 완전히 분리되지 않는다는 것을 알면서도, 결국 자꾸만 좋아하는 아티스트에게 무언가를 더 기대하는 자기 자신에게 거부감을 가졌고, 그런 이유에서 현재 활동하는 아이돌들 중 그나마 '신비주의'에 가까운 그룹을 덕질하게 됐다. 이처럼 히비가 이미지만을 소비하는 배경에는 인성을 상품화하는 아이돌 산업에 대한 반감과 함께 그 산업 안에서 자신이 겪어야 했던 배신감이 존재했다.

'공인'이란 무엇인가

이때 놓쳐선 안 될 지점은 팬들이 상품화가 완벽하게 사람을 포획하는 도구가 아닐 가능성을 계속해서 보여주고 있다는 것이다. 그것은 역설적으로 상품화된 인격의 소비를 통해 가능했다. 혹자는 이에 대해서도 '그것이 애초 상품화의 목적'이라고 말할지 모른다. 하지만 그런 환원주의적 접근의 가장 큰 문제는 상품화되는 대상, 그리고 이를 소비하는 이들을 모두 꽤나 손쉽게 조작할 수 있고, 별달리 저항하지 않는 존재로 상정한다는 점이다.

이는 산업을 강하게 비판하는 문장들로 이어질 수 있을지언정, 정작 그 산업 안에서의 저항과 그 안팎의 미묘한 경계들을 삭제함으로써 아티스트와 팬들을 순식간에 무력화한다. 오히려 필요한 일은 앞서 언급한 상황을 회색지대로 이해하고, 온전히 통제되지 않는 것들을 발견하는 것이다. 이 회색지대는 인격의 상품화와 상품의 인격화 사이에서, 그리고 어디까지가 이들의 노동인지 알 수 없어 해체되는 경계에서 아티스트를 마냥 비난하지도, 편들지도 못하는 망설임의 영역이다.

바로 이 점, 상품화라는 과정을 매개로 아티스트라는 사람에게 다가가는 일은 피자의 말이 시사하듯 때로 그들이 처한 현실을 더욱 선명히 보여주기도 한다. 인터뷰를 통해 만난 이들은 아이돌 아티스트가 스크린 뒤 카메라가 꺼진 상태에서 사람으로 존재한다는 사실을 분명히 인지하고 있었으며, 그들을 정당하게 대하고자 노력하고 있었다. 어떤 이들은 그들의 노동 조건을 고민하기도 했고, 그들을 사람으로 대하지 않는 다른 팬들이나 대중에게 분노하기도 했다.

> **소바** 버블 특징 중에 뭐가 있냐면, 맞춤법 이런 거 하나 틀리잖아? '너희 오늘 점심에 시간 되?' 이렇게 보내면 진짜 버블에 '돼' '돼' '돼' '돼' 이렇게 (아티스트가) 답장 받는대. 그러니까 너무……. 그게 해외 팬들이, 외퀴들이 와서 영상통화 시간에 에듀케이트하는 거랑 뭐가 달라.* 그 5분 받은 것도 지가 돈 쓴 (것에 대한) 권리라고, 버블 받은 것도 권리라고, 그렇게 완전 애를[아티스트를] 다른 조건 다 빼고 대상으로 놔둬고 평가하는 게, 사실 그게 **인간으로서 할 태도는** (아닌 거고) 공인 논란인 거지, 공인 논란.
>
> **나** 공인 뭘까.
>
> **소바** 공인도 사인이다.

＊＊＊

아메 굉장히 무책임한 행동이었다고 생각합니다. 공인으로서, 특히 사실은 한 사람의 인생과 커리어를 한순간에 망가뜨릴 만한 파급력의 발언이었잖아요. 그런 메시지를 인터넷상에 남기는 것의 파급력을 전혀 고려하지 않았고, 실제로 나중에 그게 문제가 됐을 때, 그 진위를 묻는 DM** 같은 것에 대해 '나는 이제 모르겠고 나한테 묻지 말라'는 답장을 했다는 게 올라왔고…….

'공인'이라는 단어는 이 지점에서 중요하다. 2022년 9월, 한 보이그룹의 멤버가 음주운전으로 적발되는 사건이 있었다. 그는 소속 그룹의 공식 팬카페에 자필 사과문을 게시했다. 그는 "잘못된 행동으로 인해 사회적 물의를 빚어서 죄송"하다고 말하며, 자신을 "대중과 팬분들께 모범이 되어야 하는 공인"으로, 더 책임감을 갖고 행동해야 하는데 그렇게 하지 못해 사람들을 실망시킨 존

---

* '외퀴'는 '외국인 팬'과 '바퀴벌레'를 합친 준말로, 돌판의 외국인 팬들을 비하하는 표현이다. 이러한 표현이 등장하게 된 데는 다양한 맥락이 있는데, 영어 사용자로 대표되는 외국인 팬들의 영어중심주의와 한국인 팬들의 민족주의가 마주치는 경우를 하나의 사례로 생각해볼 수 있다. 여기서 '에듀케이트'란 케이팝 아이돌 아티스트에게 '영어로 말해라eng plz' 같은 요구처럼 아티스트에게 언어적·문화적 위계를 바탕으로 일방적으로 무언가를 가르치려 들거나 과도한 요구를 하는 것을 의미한다. 한국인 팬들은 해외 팬들이 '아무것도 모르면서 떠든다'며, 논란 속 아티스트에 대해 좀 더 사건 경과를 지켜보자는 해외 팬들을 비난하기도 한다. 해외 팬덤과 한국인 팬덤 사이의 복잡한 관계들에 대해서는 다음의 글들을 참고하라. 베르비기에 마티유·조영한, 〈케이팝K-pop의 한국 팬덤에 대한 연구: 해외 팬들에 대한 인식을 중심으로〉, 《한국언론정보학보》 81(1), 2017, 272~298쪽; 김경수, 〈초국가적 케이팝 팬덤의 갈등 연구: 해외 팬덤을 중심으로〉, 연세대학교 커뮤니케이션대학원 문화매개전공 석사학위논문, 2021

** '다이렉트 메시지direct message'의 준말로, 흔히 '디엠'이라고 부른다. 말 그대로 어떤 계정에 직접 메시지를 보내 소통할 수 있는 기능을 의미한다.

재로 서술하고 있었다.[7] 이후 그는 모든 활동을 중단했는데, 여기서 우리는 공인이라는 단어를 곱씹어볼 필요가 있다.[*] 이 단어는 아이돌 아티스트와 관련해 반복적으로 등장한다.

아메는 수진/서수진 논란을 직접 언급한 연예인을 공인으로 칭하며 그가 무책임하다고 말했다. 그 이유는 그가 자신의 발언의 무게감을 제대로 고려하지 않았으며, 자신의 말이 가진 파급력과 그것이 가져올 수 있는 효과에 대해 뒷수습을 제대로 하지 않았기 때문이었다. 아메에 따르면 이미 해당 연예인이 SNS에 게시한 것들은 기사화되었고, 이는 곧 그 자체로 기자들의 프레임이 되었고, 논란이 된 아이돌 아티스트의 삶이나 문제가 되고 있는 사건과 관련된 사회문제에는 큰 관심 없는 대중들은 이를 더 깊이 따져보지 않고 받아들였다. 이를 계기로 논란 속 아이돌 아티스트가 더 많은 대중의 공격을 받는 와중에 정작 SNS에 글을 올린 해당 연예인은 그 사안에 대한 자신의 입장을 뚜렷이 밝히지 않은 채

---

[*]　공인이라는 말은 특정한 지위의 사람을 도덕적·윤리적으로 판단할 때 주로 사용되지만, 법적 용어로 사용될 때조차 의미와 범주가 모호하다. 국내에서 공인 개념은 언론에 대한 명예훼손 소송이 활발해진 1980년대 후반에서 1990년대에 본격적으로 등장하기 시작했고, 2000년대부터는 공인 개념을 폭넓게 인정하고 사안의 공적 성격에 따라 언론의 면책 범위를 확장하는 판결이 잇따랐다. 사람들은 공인을 공적 기관에 속했거나 선거 등으로 선출된 선출직 정치인 혹은 국회의원 후보자만이 아니라, 사회적 영향력을 갖게 된 공직자의 가족, 기업가, 유명인도 포함하는 개념으로 이해하고 있다. 언론 사설들에서는 기업가와 유명인을 공인으로 가장 자주 거론하고, 이들의 공익적·도덕적 태도를 강조한다. 말하자면 이들은 공인이기 때문에 도덕적이어야 한다기보다, 도덕적 태도를 요구받기 때문에 공인이 된다고도 볼 수 있다. 아이돌 아티스트는 여기서 '유명인'에 포함된다. 자세한 내용은 다음을 참고하라. 하윤상·이사빈, 〈한국 사회의 공인公人은 누구인가?: '공공성' 개념에 기반한 개념 재정립〉, 《행정논총》 57(4), 2019, 71~96쪽.

자신에게 더 질문하지 말라고 했다는 것이다.

반면 소바는 통용되는 의미에 가까운 공인을 이야기하는 듯했다. 소바는 버블에서 어떤 팬들이 아티스트에게 맞춤법 등을 가르치려 드는 상황을 영상통화의 형태로 팬과 아이돌 아티스트가 짧은 시간 동안 일대일로 대화를 나눌 수 있는 이벤트인 영상통화 팬사인회, 즉 '영통팬싸'에서 해외 팬들이 아티스트를 가르치려 드는 상황에 빗대 비판했다. 실제로 영통팬싸에 참여하는 팬들은 "아이돌에게 무언가를 해달라는 것"을 "자신의 권리"[8]로 생각하는데, 올바른 맞춤법이나 영어 표현을 요구하는 '에듀케이트' 또한 같은 맥락이라는 것이다.

아티스트가 때로 버블에서 틀린 맞춤법으로 메시지를 보내는 경우가 있는데, 이때 어떤 팬들은 버블로 아티스트를 혼낸다. 소바는 이것이 아티스트를 대상화하는 행위라고 지적하며, 이를 '공인 논란'과 연결했다. 아이돌 아티스트의 과거 행적이 문제가 될 때 그에게 활동 중단을 요구하는 주된 근거 중 하나는 아이돌이 공인이라는 점인데, 이때 공인이란 인격체이기보다 평가 및 교정의 대상이며, 교정되지 않을 경우 캔슬당할 수 있는 대상이 된다. 아메가 생각하는 공인의 개념이 어떤 종류의 사회적 책임을 가지고 있고 그에 따라 '사건 이후 자신이 무엇을 해야 할지' 성찰하고 보여주어야 하는 사람이라면, 소바가 언급하는 대중적 용례로서의 공인은 '그에게 우리가 어디까지 요구할 수 있는가'에 초점을 맞춘다.

무대 위의 이름과 주민등록증의 이름, 당연한 두 개의 페르소나

개미 사실 나는 그런 생각을 많이 해. 무대 위에서 아티스트의 이름을 갖고 있는 그 사람의 페르소나랑, 그냥 본명 있지. **주민등록증에 있는 이름으로 있는 페르소나랑 상당히 다를 거라고 생각하긴 해.** 그 둘의 괴리에 대해서도 가치 판단을 하지 않아. 그냥 다를 수 있지. 충분히 다를 수 있고. 사람이니까. 그리고 그 둘의 차이가 있기 때문에 오히려 존중하는 느낌?

그런 점에서 아이돌 아티스트가 지닌 예명과 본명의 차이 안에서 그를 사람으로 존중할 수 있다는 개미의 말은 의미심장하다. '두 얼굴'이라는 관용적 표현은 누군가를 '앞과 뒤가 다르다'고 배신감을 드러내며 비난할 때 많이 사용되는데, 여기에는 한 사람이 앞에서나 뒤에서나 일관된 태도를 가져야 한다는 전제가 있다. 하지만 두 이름이 모두 존재하고, 각 이름에 결부된 '페르소나'가 다를 것이라는 것을 당연하게 받아들이는 것은 앞서 언급한 '갭차이'의 인지가 덕질에서 중요해진 최근의 돌판 문화와 묘하게 겹친다. 애초 돌판에서는 어떤 의미에서 두 얼굴을 셀링 포인트로 활용하고 있기 때문이다.

물론 이때의 두 얼굴은 모두 특정한 방식으로 연출되고, 팬들 또한 그렇게 연출된 이미지들이 어느 정도 진정성 있다고 믿으며 소비할 수밖에 없다. 하지만 동시에 팬들은 그것이 어느 정도 연출이라는 것을 알기에 자신이 닿을 수 없는 지점에 대해서도 항상 인지하게 된다. 개미의 말에서 드러나는 것처럼, 오히려 이 지점

에서 팬들은 두 얼굴 사이의 거리를 받아들일 준비를 하게 되기도
하는 것이다.

팬들이 아티스트의 인격에 접근할 수 있었던 이유는 애초에
그것이 상품화되었기 때문이지만, 동시에 팬들은 아티스트의 인
격에 대해 각자의 진실을 만들고, 그에 따라 각 사안 안에서 아티
스트가 어떤 입장에 처해 있을지 입체적으로 고민하고자 노력함
으로써 아티스트를 소비나 평가의 대상이 아닌 하나의 고유한 인
격체로 구성해내고자 노력하고 있었다. 달리 표현하면, '캐해' 또
한 다양한 형태로 나타날 수 있으며, 해석의 대상이 '캐릭터'가 아
닌 '사람'일 가능성을 염두에 두고 있기도 하다는 뜻이다. 이는 논
란 안에서 등장하는 아티스트의 모습과 자신이 알던 그의 모습 사
이의 거리를 다루는 과정이었고, 캔슬의 폭력성을 거부하며 그것
에 동참하지 않는 토대가 되기도 했다.

논란에 따라 달라지는 대처

히비 태도도 진짜 좀 사소한, 인사를 대충했다 (이런 경우면 모르겠
는데) 그렇게 직접적인 피해자가 있는 상황이면 얘기가 달라지
죠. 만약 제가 피해자인데 나한테 그렇게 못되게 굴었던 애가 어
느 날 영상에 막 계속 나와. 내가 안 보겠다고 안 볼 수가 없잖아
요. 미디어에 계속 나오면. 그게 학폭이 됐든 다른 폭력이 됐든
뭐가 됐든 간에 피해자가 그렇게 명확하게 있는 사안이라면 나
오지 않는 게 맞지 않나, 그런 생각을 합니다.
......

나 그럼 피해자 입장에서 생각하고 계신 건데, 만약 피해자랑 합의가 되면 그다음에는 괜찮다고 생각하시나요?

히비 뭐라 할 자격이 남에게 딱히 있지는 않죠. 당사자가 괜찮다고 했는데. 하지만 제가 뭔가 좋게 보지는 않을 수 있죠.

물론 논란을 마주한 팬들은 때로 강한 당사자주의를 채택하기도 하고, 크게 실망해서 떠나기도 한다. 그러나 당사자주의를 채택하는 경우에도 당사자들 사이에 합의가 되었다고 해서 문제가 끝나는 것은 아니다. 히비는 피해자가 분명히 존재할 때는 은퇴해야 하지만, 피해자와 합의하더라도 그가 좋게 보이지는 않는다고 실제 사례들을 바탕으로 이야기했다. 그는 한 아이돌 아티스트가 피해 당사자에게 사과해 논란이 일단락된 이후에도 그가 여전히 좋게 보이지 않는다고 말했다.

이를 '사과해도 소용없다'는 의미로 해석할 수도 있겠지만, 나는 '좋게 보지는 않지만 내가 뭐라고 할 자격은 없다'라는 언급에서 관심을 회수할지언정 관심 감찰에는 동참하지 않는 태도에 좀더 초점을 맞추고 싶다. 히비는 명확히 피해자가 존재하며 당사자들 사이에 합의가 이뤄지지 않은 사안에 대해서는 아이돌 아티스트가 미디어에 계속 얼굴을 비추는 사람으로서 은퇴해야 마땅하다고 생각했지만, 진실이 불분명하거나 합의된 사안이라면 경우가 다르다고 말했다. '합의가 있으면 미디어엔 나와도 되지만 내가 그를 굳이 보고 싶진 않다. 그러나 퇴출은 과도하다'는 게 그의 생각이었다.

관심을 회수하면서도 감찰에는 동참하지 않는 이런 태도를 소극적인 캔슬로 볼 수 있을 것이다. 이는 아티스트에 대한 실망과 자신이 생각하는 공론장의 규칙 사이에서 만들어진 일종의 타협점이다. 이런 타협은 암묵적으로 캔슬을 세분화하고 그중 어떤 것에는 동참하지만 나머지에는 문제의식을 갖는다는 점에서 논란과 논란 속 당사자들에 대한 판단을 중심으로 하는 공론장의 윤리를 모색하는 하나의 계기가 될 수 있다.

'변할 수 있는 사람'을 만드는 윤리

종로 저는 사람은 누구나 변하고 본인들도 기회를 주는 사람들이 있었기 때문에 이게 피드백하거나 개선할 기회가 있는 거라고 생각하는데, 왜 본인들은 정작 본인이 좋아하는 어떤 아티스트에 대해 그런 기회를 주거나 기다리지 못하는가. 기다리는 거야 본인 선택이지만, 잔인하다고 생각해요. 실수했는데 그게 맨날 내 앞에 따라붙으면, 낙인이잖아요. 우리는 너무 쉽게 사람들한테 낙인 붙이는 걸 좋아하는 거 아닌가? 무슨 신분제처럼 얘는 무슨 잘못, 얘는 무슨 잘못.

***

소바 오히려 사과하는 모습을 조명해야 하는 거지. 학폭위[학교폭력대책위원회]에서 쫓겨나는 모습? 그러면 본인이 학폭했다는 사실을 더 감추려고 하겠지. 더 은밀하게 하거나. 청소년들이 학폭을 하느냐 마느냐는 교육의 문제인 거지. 왜 아이돌들이 대한민국 교육을 감당해야 해? 난 걔네들이 본인들의 과거를 뉘우치면 된다고 생각하는 거지.

소바는 수진/서수진 논란을 계속 곱씹으며 오히려 조명되어야 하는 것은 잘못한 사람이 사과하는 모습이지, 쫓겨나는 모습이 아니라고 강조했다. 지금의 상황은 교육이라는 공공 영역의 책임을 아이돌 아티스트들에게 전가하는 것에 지나지 않는다는 것이 소바의 생각이었다. 여기에서 사람은 사과와 뉘우침을 통해 변할 수 있다는 것이 전제된다. 논란 이후 자신의 언행에 대해 확실하게 책임지는 것이 공인의 몫이라는 아메의 생각 또한 이와 관련된다. 논란에 말을 얹은 공인이 자신의 말을 끝까지 책임져야 하듯, 논란이 된 공인은 문제가 생긴 이후 사라지는 것이 아니라, 변화라는 윤리적 책임을 다하는 모습을 보여줘야 한다.

'사람은 누구나 변한다'는 생각을 바탕으로 아이돌 아티스트에게도 변할 기회가 주어져야 한다는 종로의 언급은 "한 번 실수하면 이게 기회가 없고 그냥 그 이미지가 바뀐다는" 상황, "그냥 저런 애였으니까 지금도 그렇겠지"라고 누군가를 변화할 수 없는 존재로, 즉 누군가에게서 시간이 지나며 변할 수 있는 가능성 자체를 박탈함으로써 잘못한 타인에 대해 빠르게 판단을 마치고 어떤 벌을 '선고'하는 분위기에 대한 문제의식에서 비롯되었다. 논란의 네트워크는 판단을 가속화한다. 가속된 판단은 숙고 없는 선고가 된다. 판단이 선고가 될 때, 도덕은 폭력이 된다. 그렇게 선고는 논란의 중심에서 언급되는 사건이 발생하는 과정에 대해서는 침묵하며, 오직 개인을 심판하는 데만 초점을 맞춤으로써 사회의 관성을 유지한다.

다음의 두 댓글(《그림 12》)은 아이린/배주현의 논란이 발생한 뒤 2년 이상 경과한 시점에 어느 인스타그램 게시물에 달린 것으

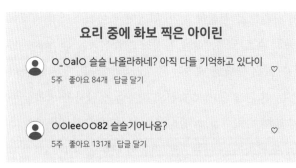

〈그림 12〉아이린/배주현 관련 인스타그램 영상에 달린 댓글

로, 논란 이후 사과문을 올리고 자숙의 시간을 가진 아티스트에게
도 활동 복귀를 '슬슬 기어 나오는 행위'로, 즉 떳떳하지 못하고 주
제 넘는 행위로 규정하는 모습을 보여준다. 이는 논란 속 대중의
반응이 반성이나 변화가 아닌 퇴출이라는 캔슬의 최종 단계를 목
표로 하는 선고라는 점을 단적으로 보여주는 사례다. 이런 식의
발화를 다른 논란들에서도 쉽게 찾아볼 수 있다. 소바와 종로를
비롯해 인터뷰이들이 빠른 판단과 비난을 경계하는 배경에는 그
런 유의 댓글들이 자리할 것이다.

페미니스트 철학자 주디스 버틀러Judith Butler는 선고가 "비난
당하는 자의 삶을 겨냥하면서 그의 윤리적 능력을 파괴"하고, 나
아가 윤리적 삶에서 필수적인 "자기성찰과 사회적 인정을 위해 메
시지를 전달받아야 하는 주체의 능력"이라는 조건을 크게 훼손한
다고 말한다. 이때 선고란 사실상 '탄핵'에 가까우며, 탄핵은 "윤리
적 성찰과 행위에 필요한 능력들을 훼손하거나 심지어 파괴하고
가끔은 자살로 귀결"된다.⁹

팬들은 각자의 진실을 통해 아이돌 아티스트를 상품이나 공

4장. "진짜 피해자면, 아니야, 도로 삼킬게요"   197

인에서 사람으로 전환하고, 이 과정에서 아티스트가 미래에 다르게 행동할 수 있도록, "삶을 유지하고 증진하는 데 봉사하면서 작동"할 수 있는 판단을 내리는 존재가 되어가고, 동시에 아이돌 아티스트는 이 관계 안에서 자신의 잘못을 성찰하고 변화할 수 있는 윤리적 주체가 되어갈 수 있다.[10] 여기서 발견되는 '변화할 수 있는 존재'는 도덕이라는 이름으로 퇴출된 아이돌 아티스트를 사회적으로 승인될 수 있는 윤리적 주체로 되살려 아이돌 아티스트의 행복의 약속을 복원하고자 팬들이 애쓰는 지점에서 상상하게 되는 형태의 인간성이다.

윤리적 문제로서의 관심

관심경제에서 관심은 보통 돈으로 환산되지만, 온라인에서 우리가 서로를 인식하고 관계를 맺는 공간을 관심경제가 관통하고 있기에 여기서 관심은 관계적이며 윤리적인 문제이기도 하다. 관심경제에서 관심을 주고받지 못하는 것은 어떤 관계 안에서 존재할 수 없다는 의미이기 때문이다. 여기서 관심을 주고받는 것은 타인과 영향을 주고받는다는 의미다. 즉 우리는 관심을 받을 때 비로소 타인과 영향을 주고받을 수 있는 존재가 될 수 있다.

관심을 윤리적 문제로 이해하는 한 논문에서는 우리가 관심경제 안에서 관심을 받음으로써 다른 이의 인식론에 영향을 줄 수 있는 인식적 행위자epistemic agent가 될 수 있고, 따라서 누군가에 대한 관심을 회수하는 것은 그의 인식론적 역량을 빼앗는 일임을 지적한다. 우리는 관계를 맺으며 타인이 세계를 인식하는 방식, 즉 인식론에 영향을 주거나 그로부터 영향을 받으며, 매 관계 안에서 새로운 존재로, 특히 소통을 위한 공통 기반이나 상식으로서의 인식론을 만들어나갈 수 있는 행위자로 거듭난다. 관심경제 안에서 이것은 관심을 매개로 이뤄진다. 누군가가 관심경제 안에서 인식적 행위자가 되려면 적정 수준의, 적절한 형태의 관심이 필요하다. 따라서 누군가에게 관심을 끊는 일은 단지 그가 돈을 벌 수 없게 하는 일을 넘어, 그가 인식적 행위자가 될 수 없도록 하는 인식적 부정의epistemic injustice이기도 하다.[11]

> **종로** 이 사람[수진/서수진]이 정말 명백하게 가해자인 게 입증됐거나, 아니면 그냥 그게 정말로 거짓이라고 판명 났다면 뭔가 이 사람한테 발언권이 주어졌을 텐데. 이제는 그게 아니고 그냥 소문과 각종 의혹만 남아서 뭐가 뭔지 알 수 없게 되고, 이렇게 되면 이제 이 사람이 하는 말은 중요하지 않죠. 이 사람은 그냥 나쁜 사람이 된 거잖아요. 그리고 이거에 대해 어떻게 해볼 기회 없이…….

종로는 사건의 진실이 밝혀지지 않은 상황에서 논란의 중심에 선 아이돌 아티스트는 사실상 '말할 수 없는 사람'이 된다고 말했다. 음모론적 구조를 띠는 논란 안에서 사람들은 그를 '나쁜 사람'으로 미리 규정하고, 소문과 각종 의혹이 난립하는 상황에서 그의 말은 신빙성을 잃는다. 가해자로 밝혀진다면 어쨌든 사과와 자숙을 하며 관심경제 안에 머무르거나 관심경제로 돌아오고자 시도라도 할 수 있다. 하지만 어떤 식으로도 결론이 나지 않을 때 사람들은 이제 그를 믿지 않기 때문에, 더 이상 그가 할 수 있는 일은 없다.

이는 불충분한 인식적 관심이 불러오는 인식적 부정의의 한 유형인 증언의 부정의testimonial injustice와 관련된다. 증언의 부정의는 증인이 그가 마땅히 받아야 할 양과 질의 관심을 받지 못할 때 발생한다. 증언이 타인의 인식에 영향을 주는 일이라는 점에서 증언의 부정의는 증인의 신뢰도 또한 떨어뜨린다. 여기서 관심과 신뢰는 긴밀히 연결되어 있다. 종로가 지적한 것은 논란이 아직 회색지대에 있을 때 관심의 감찰과 회수가 증언의 부정의를 초래하면서, 오히려 더욱 논란의 진실을 미궁 속으로 빠뜨린다는 사실이었다.[12]

이에 따르면 관심의 회수와 감찰, 그리고 대상의 퇴출로 이뤄지는 캔슬은 어떤 의미에서든 논란의 중심에 있었던 이에 대해 논란 속에서 드러난 그의 언행을 그의 현재 인식론과 동일시함으로써 그의 증언의 신빙성을 크게 떨어뜨리고, 그가 다른 이들과 관심을 주고받으며 대중 일반의 인식론에 영향을 줄 수 없게 하는 인식적 부정의일 수 있다. 그러나 관심이 근본적으로 주는 동시에 받는 상호적인 실천 혹은 대상이라고 할 때, 캔슬은 그가 다른 이들의 인식론에 영향을 받아 변화할 기회 또한 박탈하는 것이 된다는 점에서도 인식적 부정의다.

그런 인식적 부정의는 유독 여성 아이돌 아티스트들이 관련된 논란에서 두드러졌다. 성차별과 아이돌 산업이 만나는 지점에서 여성 아이돌 아티스트는 인식론적 주체가 되는 데 필요한 형태가 아닌 부적절한 관심을 더 많이 받는다. '여성 아이돌 전성시대'

에 오히려 이들을 둘러싼 논란이 더욱 많아지고, 이들에게 많은 꼬리표가 붙게 되는 것은 바로 그 때문이다. '인기멤'(인기가 많은 멤버)이나 '푸시멤'(소속사가 밀어주는push 멤버)이 자신의 최애일 때 팬들이 그저 마음 놓고 기뻐할 수 없는 이유는 이처럼 아이돌 아티스트에게 주어지는 관심의 질적 측면에 있다. 여기서 우리는 관심의 양과 질이 문화적으로 분배된다는 사실을 알 수 있다. 이와 같이 관심이 불균등하게 분배되는 원리를 우리는 관심 체제attentional regime라고 부를 수 있다.[13]

그런 의미에서 팬들이 아티스트에 대한 선고를 통해 그를 관심경제에서 퇴출시키기보다 잘잘못이 가려질 때까지 좀 더 기다리고, 잘못이 있으면 제대로 사과하고 변화하길 기대하는 것은 한편으로 아이돌 아티스트들에 대한 인식적 정의를 실천하려는 시도인 동시에 팬들 스스로 인식적 행위자가 되고자 하는 시도이기도 하다. 특히 캔슬의 대상이 여성 아이돌일 때, 팬들의 기다림이나 망설임은 여성 아이돌에게 많은 관심을 주면서도, 현미경과 같은 감시를 통해 관심을 언제나 회수하고 감찰할 준비를 하고 있는 지금의 관심 체제를 문제 삼으면서 인식적 부정의에 대항하고자 하는 실천이기도 할 것이다.

그러나 당연하게도 팬들의 실천은 순탄할 수 없다. 이런 실천들 또한 관심경제에 의존하며, 팬들의 망설임은 캔슬과 온전히 분리되지 않을 때도 있다. 관심 감찰에는 적극적으로 참여하지 않을지언정 일단은 콘텐츠 소비를 중단하며 관심 회수에 동참하기도 하는 경우들이 있기 때문이다. 이처럼 논란의 네트워크 내부에서 발생하는 문제 외에도 아이돌-팬 관계의 근본적인 특징과 맞닿아 있는 어려움 또한 존재한다. 사실상 만나서 개인적인 관계를 형성할 수 없는 사람의 상품화된 인격을 통해 진정성에 닿고자 하는 노력에는 근본적인 불가능성이 내재해 있으며, 인격의 상품화와 상품의 인격화가 충돌하는 지점에서는 수많은 복잡한 감정들이 발생한다.* 그중에서도 인터뷰이들이 모두 공통적으로 언급한 '팬심과 가치관의 충돌'이라는 지점은 덕질이 팬들에게 언제나 모순적인 실천이었다는 사실을 보여준다.

3. "○○를 좋아하고 말고는 이제 문제가 아닌 것 같아": 팬심과 가치관의 충돌

가해자가 되고 싶지 않다는 마음

피자 제가 학생회 일을 할 때 한창 학교에서 성폭력 사건 공론화가 있었어요. 그때 뼈저리게 2차 가해 당하면서 힘들었거든요. 그러다 보니 제 자신이 '2차 가해를 하면 안 된다'는 마음에 지독하게 피해자중심주의가 된 거예요.. 지나칠 정도로? (피해자의 말을) 너무 절대적으로 신뢰해버리는? 이걸 객관적으로 보고 해결하는 데 하나도 도움이 되지 않는다는 걸 알면서도 내가 가해자가 될 수 있다는 두려움 때문에. 학교폭력 문제에서 피해자가 폭

---

* 물론 이것이 실제로 만나서 관계를 맺는 사람들의 '진정성'에 닿는 것과 얼마나 큰 차이가 있는지는 논쟁의 여지가 있다. 이에 대해 여기서 깊이 다루기는 어렵다. 다만 이에 대한 나의 생각을 뒤에 짧게나마 적어두었다.

로한다고 하면 그 사람 입장을 먼저 생각하게 되더라고요. 설마 그래도 연예인한테 하는 건데 아무 근거도 없이 완전히 날조했을까, 이런 생각으로. (그런데) 저는 주로 여돌[여성 아이돌]을 좋아하는데 또 여돌이 욕먹는 거 보면 '이게 맞나?' 싶고. 자꾸 이렇게 충돌해버려요. 그래서 어느 쪽을 믿어야 할지도 잘 모르겠고, 그게 너무 너무 애매해지죠 계속.

그룹에 대한 추억을 지키거나 아이돌 아티스트와 팬이 윤리적 주체가 될 수 있는 관계를 만드는 과정은 그 관계 바깥을 고려하며 점점 자기 안의 모순을 다루는 과정에 가까워졌다. 피자는 캔슬의 폭력성에 대해 인지하면서도, 진실을 알 수 없는 상황에서 자신이 수진/서수진과 피해자 사이에서 양자택일을 해야 했던 진퇴양난의 경험을 언급했다. 어느 쪽을 선택하든 죄책감에 시달리게 되는 상황에서 피자는 수진/서수진에 대한 관심을 회수했다. 폭로 당시 분위기가 명확히 수진/서수진에게 잘못이 있다는 식으로 흘러가고 있었고, 성차별적 가사를 둘러싼 논란 같은 것과 달리 학교폭력은 실제 피해자가 존재하는 사건이기에 자신이 '못할 짓'을 하는 것 같기도 했다고 말했다.
(여자)아이들의 팬덤 활동을 활발히 한 것은 아니었기에 피자는 당시 대중의 여론에 조금 더 영향을 크게 받은 것으로 보인다. 동시에 그는 피해자의 편에서 빠르게 가해자를 퇴출시키는 속도의 페미니즘에 익숙해져 있기도 했다. 그는 풀문과 마찬가지로 대학에서 학생회 경험이 있으며, 페미니스트로서 활동에 임했다. 이때 그 자신도 2차 가해를 당한 경험이 있어서 '지독하게 피해자중

심주의를 따르던 시기'에 수진/서수진의 논란이 터졌기 때문에, 망설임은 길지 않았다. 속도의 페미니즘과 관성의 정치는 팬들의 삶에 깊이 연결되어 있었다. 피자는 페미니즘 활동을 통해 얻은 태도가 여성 아이돌을 과도하게 비난하는 사회적 분위기의 흐름에 동참하도록 하는 듯한 모순을 겪어야 했다.

노골적인 착취로 미끄러지다

종로 한국 사회의 젠더 불평등을 알고 있으면서도 자신이 또 남성을 소비하고, 남성들의 멋있는 모습에 열광하고 이러는 게 싫은가? 근데 그게 양립할 수는 없나? 젠더 불평등하죠. 그렇지만 내가 이 아이돌을 좋아하는 게 이게 안 돼서[스스로 안 받아들여져서] 자꾸 조롱하고 힐난하는 방식으로 덕질하는 건가? 제 친구들이 남돌 소비하는 방식이 다 그렇거든요. 그래서 결국에는 멀어진 친구들도 많아요. 왜냐하면 **너무 폭력적이고 조롱하는, 제가 볼 땐 조롱인데 그걸 사랑이라고 말하니까 혼란스러운 거죠.**

페미니즘과 덕질 사이의 긴장관계는 남성 아이돌을 덕질하는 여성 팬들의 모습에서도 드러나곤 한다. 종로는 남성 아이돌을 덕질하는 자기 주변 여성 팬들의 사례를 통해 덕질이 '데이트폭력'과 마찬가지로 느껴지는 순간들을 언급했다. 특히 그는 그들이 '남성 아이돌은 동태눈깔 안 되게 기강을 잘 잡아야 한다'와 같은 말을 페미니스트로서 한다는 점을 지적하며, 이것이 '쓴 만큼 돌려받겠다'라는 소비자적인 마인드에 가깝다고 말했다. 이는 페미니스트 팬이 '까빠'*라는 고정관념과도 일부분 상통한다.

히비 소비한 사람만 의견을 낼 수 있다고 생각하는 순간, 소비를 많이 할수록 의견을 더 강하게 낼 수 있게 되는 거예요. 정말 무슨 제품의 리콜 여부 정하듯이. 얘네도 사람인데. …… 배신감이 드는 게 그런 이유일 수도 있잖아요. 내가 얘네한테 돈을 얼마나 쓰고, 에너지를 얼마나 썼는데 나한테 이런 실망감을 안겨줘? …… 저는 '까빠'도 그렇게 이해했거든요. '내가 너한테 돈을 쓰니까 그런 피드백을 줄 수 있어. 너한테 이렇게 발언할 권리가 있어.' 이런 거죠.

이때 페미니스트 팬과 까빠가 왜 비슷하게 여겨지는지에 주목할 필요가 있다. 페미니즘 리부트 이후 일부 팬들은 남성 아이돌들에게 하는 '얼평'(얼굴 평가)을 '미러링mirroring'의 일환으로 주장하기도 했다. 미러링은 말 그대로 기존에 차별받는 집단에게 가해지던 (주로 언어적) 차별을 거울로 비추듯 기득권층에게 돌려줌으로써 사회적 차별을 가시화하는 실천으로, 여성 아이돌들이 남성 팬들에게 당해야 했던 외모 평가를 여성 팬들이 남성 아이돌에게 되돌려준다는 맥락으로 이해할 수 있다.

어떤 팬들은 이를 통해 다른 여성 팬들을 '각성'시키고자 했고, 어떤 팬들은 이것을 '그저 놀이'라고 말하기도 했다. 그러나 이

---

* '까면서 빠는 팬'의 준말로, 자신의 본진이나 최애를 비난하거나 비판하면서 덕질을 이어가는 팬에 대한 비하 표현에 가깝다.

는 "미러링의 효과를 기대할 만한 대상이 부재한 상태에서" 노골적인 표현으로 아티스트들을 비하하는 데 그치면서, 히비가 지적하는 것처럼 팬덤의 소비자 정체성이 극단적 형태로 발현되는 하나의 사례가 된다는 점에서 문제가 있다.[14]

이와 같은 팬덤의 소비자적 특성은 종로의 말마따나 아이돌 아티스트가 인격의 상품화로 인해 사적 영역과 공적 영역 사이의 경계가 흐릿해 의도와 무관하게 "너무 침범하기 쉬운" 존재라는 점과 관련된다. 이는 "팬으로서 느끼는 권능감"의 상승으로 이어지는 동시에 "팬덤의 행위 역량을 소비 차원에 제한함으로써 팬들의 감정을 소진시키기도" 했다. 이와 같이 팬덤이 아티스트의 "행실을 단속"하는 것은 그를 "안전한" 상품으로 만들어 "나중에 발생할지 모르는 실재의 균열을 미리 방지하기 위함"일 것이다.[15] 종로의 증언은 소비자-팬덤의 행동 패턴과 동시에, 페미니즘이 남성 아이돌 아티스트에 대한 감정적 착취를 정당화하는 언어로 사용되는 상황을 보여주기도 한다.

남돌과 여돌 사이, 참을 수 없는 불평등

인터뷰이들이 공통적으로 지적한 것은 여성 아이돌과 남성 아이돌이 놓인 상황의 차이다. 대부분의 인터뷰이는 여성 아이돌 아티스트가 대중에게 더 많은 주목을 받으며, 따라서 논란도 더 많이 겪고, 논란 안에서 비난도 더 많이 받는다고 말했다. 이는 인터뷰가 모두 '걸그룹 전성시대'라고 해도 과언이 아닌 2022년에 이루어졌기 때문이기도 하겠지만, 인터뷰이들은 과거의 덕질부터

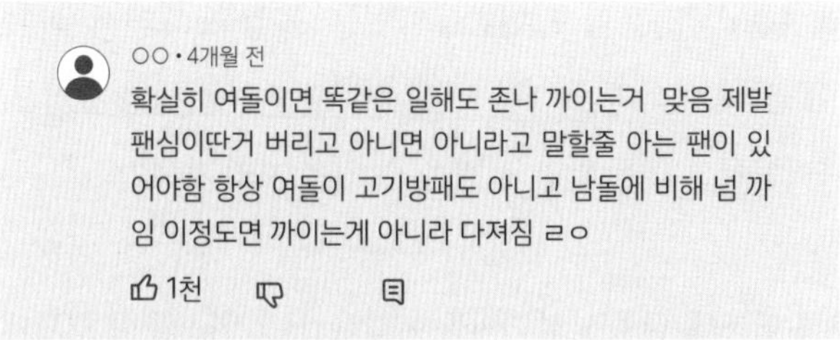

〈그림 13〉 유튜브 채널 〈알○○니〉(구독자 1.42천 명)의 영상 "현재 ○○난
○○○ ○○ 버블논란"(2022. 4. 26.)의 댓글. 2022년 9월 23일 2시 57분 기준
조회수 1,685,699회, 좋아요 수 1.8만. 유튜브 채널 가입일 2021. 12. 28. 채널
누적 조회수 17,251,523회.

쌓여온 데이터를 통해 그렇게 말하고 있었다. 인터뷰이들은 다양
한 사례를 언급하며 여성 아이돌 아티스트는 논란 이후 오랫동안
그것을 꼬리표로 달고 다니는 데 반해 남성 아이돌 아티스트는 비
슷한 논란을 겪어도 빠르게 해결되고 그 잘못이 잊힌다고 말한다.

실제로 위인의 이름을 잘못 발음하거나 광복절에 일장기 이
모티콘 인스타에 올린 걸그룹 멤버들은 "역사의식이 없다는 비난
을 한동안 들어야 했다. 반면 남성 연예인들의 무교양은 종종 풋
풋한 미성숙이나 거침없는 용감함으로 여겨졌"다. 보이그룹은 "멤
버의 역사 인식과 관련한 논란이 생기더라도 당사자가 아닌, 대체
로 소속사 차원의 해명 혹은 사과 표명으로" 논란을 신속히 마무
리 지었다.[16]

종로 이게[마크/이민형 논란*이] 만약에 여자 아이돌이었으면 과연
이렇게 넘어갔을까? 수없이 많은 여자 아이돌들은 매번 아직도
한번 논란 터지면 계속 그 타이틀이 따라붙잖아요. 과연 여기 젠
더 격차가 없는 걸까? 티파니**는 몇 년이 지난 지금도 그게 붙

고, AOA***도 똑같고, 전효성씨****도 똑같고. 그래서 좀, [남성 아이돌을] 좋아하지만 그런 부분에서 혼란이 올 때가 있어요. 여자 아이돌하고 너무 달라요. 받을 수 있는 기회 자체가.

***

히비 애초에 남돌[남성 아이돌]이었다면 그게[논란이] 그렇게 커지기 전에 진화가 됐겠죠.

***

피자 여돌 좋아하면 계속 마음이 두근두근 거리기는 하는 것 같아요.

나 언제 무슨 일 생길까봐?

---

* 보이그룹 NCT의 멤버. 1999년 8월 2일 출생. 2016년 NCT U로 데뷔 후 NCT 127, NCT DREAM, SuperM 등의 유닛으로도 활동하고 있다. 그는 2021년 12월 14일 그룹 라이브 방송이 진행되던 중 지진 발생으로 올린 긴급재난문자를 희화화했다고 비판받았고, 24시간이 지나면 삭제되는 인스타그램 스토리로 사과문을 올려 다시 비판받았다.

** 본명 티파니 영 혹은 황미영. 걸그룹 소녀시대의 멤버. 1989년 8월 1일 출생. 2007년 데뷔 후 현재까지 활동 중이다. 2016년 8월 15일, 그는 개인 SNS에 일장기 및 욱일기를 올렸다고 비판받고 4시간 뒤에 1차 사과문을 작성해 올렸고, 같은해 8월 26일에도 같은 사건에 대해 2차 사과문을 재차 올렸다.

*** 여기서 종로가 말하는 AOA 논란은 설현/김설현과 지민/신지민의 '역사 인식 논란'을 의미한다. 2016년 5월 10일 한 예능프로그램에서 이들은 한국 근현대사의 중요한 인물들을 알아보지 못했다는 이유로 비난을 받았고, 이후 꾸준히 역사 공부를 하는 모습을 보여야 했다. 각각 1995년 1월 3일과 1991년 1월 8일 출생인 두 사람은 2012년 걸그룹 AOA로 데뷔했고, 지민/신지민의 경우 또 다른 논란으로 2020년 그룹에서 탈퇴했다.

**** 1989년 10월 13일 출생. 2009년 시크릿Secret으로 데뷔하면서 본격적으로 활동을 시작했다. 그는 2013년 5월 14일 한 라디오 방송에서 '민주화'라는 단어를 부정적인 표현으로 사용해 논란을 겪은 뒤 곧 1차 사과문을 올리고 같은 달에 2차 사과문을 올렸다. 사건 이후 그가 한국사능력검정시험 자격증을 땄다는 사실 또한 밝혀졌다.

피자 네. 그리고 특히 제가 좋아하는 얼굴상 특징이 전체적으로 무표정한 애들이다 보니 그냥 가만히 앉아만 있는 건데 싸가지 없다는 식으로 욕 많이 먹거든요.

종로는 이전에 덕질하던 여성 아이돌들과 비교할 때 최애의 논란이 훨씬 빠르고 쉽게 일단락되었지만 그저 안도하지 못했다. 여성 아이돌과 남성 아이돌이 마주하는 현실의 차이를 인지한다는 것은 남성 아이돌이 자신의 최애일 때 그를 마음 놓고 사랑할 수 없음을 의미한다. 히비는 닝닝/닝이쥐의 버블 논란*****을 언급하며, 그가 여성 아이돌이라는 이유로 더 많은 비난을 더 오래 받았다고 말했다. 사람들의 비난이 표면적으로는 닝닝/닝이쥐가 중국인이라는 데 초점이 맞춰져 있었지만, 그 이면에는 여성 아이돌에게 가해지는 더욱 엄격한 도덕적 잣대가 작동하고 있다는 게 히비의 판단이었고, 이는 인터뷰이들 모두가 덕질을 하며 목격한 이중 잣대의 문제와 결부된다.

그래서 여성 아이돌을 좋아하는 것은 그가 언제 무슨 논란에

***** 걸그룹 에스파의 멤버. 2002년 10월 23일 출생. 2020년 데뷔하며 본격적인 활동을 시작했다. 그는 2022 베이징 동계올림픽이 진행되던 2022년 2월 5일에 팬들에게 보낸 버블 메시지로 논란이 되었다. 닝닝/닝이쥐는 모교로부터 쇼트트랙 2000m 혼성 계주에서 금메달을 받은 두 명의 중국 선수가 동창이라는 사실을 전해 듣고 버블로 이 사실을 밝히며 그들의 금메달을 축하했다. 그런데 당시 올림픽은 중국 선수에게 유리한 편파 판정으로 많은 비판을 받고 있었고, 그가 축하한 선수들은 부정행위를 하고도 실격당하지 않은 이들이었다. 이후 2월 7일에 쇼트트랙 남자 1000m 종목의 편파 판정으로 한국 선수 전원이 실격당하고 중국 선수들이 금메달과 은메달을 차지하자, 닝닝/닝이쥐에 대한 비난이 재개되었다. 이 논란 이후 에스파 멤버들은 버블을 중단했다가 올림픽 폐막 이후에 버블에 복귀했다.

휘말려 욕을 먹지는 않을지 계속 불안감에 시달리는 일이기도 하다. 여성에게 항상 밝은 표정으로 웃기를 요구하는 사회 규범은 여성 아이돌에게 더욱 강하게 작동한다. 피자는 자신이 좋아한 아이돌 아티스트들의 인상이 강한 편이어서 특히 걱정하고 있었다. 이처럼 팬들은 여성 아이돌 아티스트들을 욕먹기 더 쉬운 존재로 인식하고 있었고, 이는 여러 맥락에서 지금의 덕질을 마음 편히 이어갈 수 없게 만들었다. 그래서 여성 아이돌의 인성 논란이 생길 때 어떤 팬들은 '이번에도 과장되어서 욕먹겠구나' 하는 생각으로 논란 자체를 외면하기도 한다.

피해자를 비난하거나, 사랑을 배신하거나

돌판에 있는 이들 사이에서는 남성 아이돌은 '사고 칠까봐' 못 좋아한다는 이야기도 나오는데, 이는 남성 아이돌이 음주운전이나 마약, 성폭력 등을 저질러 언론에 등장하는 경우가 적지 않기 때문이다. 인터뷰에서 마지막으로 남기고 싶은 말이 무엇이냐는 질문에 피자는 여성인 자신의 현재 최애에 대한 사랑과 함께 탈덕한 남성 아이돌 그룹의 한 멤버에 대한 강한 분노를 드러냈다. 해당 멤버는 성폭력을 포함해 다수의 범죄 혐의를 받고 결국 재판에서도 유죄 판결을 받았다. 여성 팬들의 입장에서 남성 아이돌이 잠재적 가해자로, 여성 아이돌은 잠재적 피해자로 여겨지는 상황은 이처럼 실제 사건에 기반한다. 그렇기에 논란이 발생하지 않더라도 팬들은 늘 걱정을 안고 살 수밖에 없다. 이 우려는 성차별에 대한 문제의식과도 결합한다.

홍대 이 사람을 꽃뱀으로 몰고 가고, '합의금 받고, 고소 취하하고' 이거 2차 가해 아니야? 팬덤 내부에서도 온유를 지지하는 사람들은 그런 논리를 펼치고. 그렇다고 온유를 버리기에는 내가 보고 듣고 겪은 거랑 또 너무 괴리가 있는 거지. 그래서 온유를 좋아하고 말고는 이제 더 이상 문제가 아닌 거 같아. **이 모순 사이에서 내가 어떤 입장을 취해야 되는 건지 너무 어렵더라고.**

성추행 논란을 겪은 남성 아이돌 아티스트에 대해 빠르게 판단할 수 없는 팬들은 또 다른 형태로 가치관과 팬심 사이의 모순 안에 놓인다. 홍대는 "페미니스트로서의 나의 정체성과 클럽 죽순이로서의 나의 정체성" 사이에서 계속 갈등을 겪었다고 말하며, 자신의 판단이 어떤 방식으로 피해자를 재현하게 되는지 고민했다. 성폭력 피해 여성의 말을 불신하고, 성폭력 피해를 주장하면 '돈을 뜯어내려고' 그런 것이라는 비난이 곧장 쏟아내는 한국 사회에 강한 문제의식을 갖고 있는 사람으로서, 홍대는 자신의 입장을 정리하는 데 어려움을 느꼈다.

만약 클럽을 다니면서 알게 된 지식들로 온유/이진기가 잘못이 없다고 판단하면 피해자는 연예인인 온유에게 돈을 뜯어내려 한 '꽃뱀'이 되고, 온유/이진기가 잘못했다고 판단하면 샤이니라는 그룹에 대한 자신의 팬심을 지킬 수 없게 된다. 이런 모순은 그의 덕질을 때로는 고통스럽기만 한 무엇으로 만들었다.

망설임, 판단할 수 없는 팬들에게 남은 선택지

풀문 보통 피해자들은 (소속사가) '법적 대응을 하겠다'고 하면 '그래 법적 대응 해봐라.' 그런 피해자들이 있잖아. 아니다, 아니다. 내가 지금 한 말은 너무 빨았습니다.* 아니야, 진짜 피해자라도 법적 대응이 무서워서 안 할 수도 있지. 이 말은 다시 도로 삼키는 걸로 하고. 도로 삼킬게요.

나 기록에 포함되길 원치 않으시는 거죠?

풀문 어, 도로 삼킬게요.

나 사실 그런 망설임이 되게 중요한 지점이라고 생각하는데.

풀문 그러면 (기록에) 포함하셔도 되는데. 그죠, 아직도 모르긴 모르는 거죠.**

대학에서 반성폭력 활동을 한 풀문은 언제 폭로를 진실로 믿게 되느냐는 질문에 위와 같이 대답했는데, 그는 '피해자다움'에 대한 자신의 문제의식이 논란의 진실을 고민하는 과정에서 순간적으로 깨지는 경험을 하면서 곧 자신의 말을 부정했다. 피해자다움은 성폭력 피해자에게 특정한 형태의 감정과 이를 반영하는 행동거지를 요구함으로써, 거기 부합하지 않는 피해자의 신뢰도를 떨어뜨리는 하나의 프레임이다. 반성폭력 운동은 오랫동안 피해자다움이라는 프레임이 얼마나 문제적인지 알리고, 그것의 힘

---

*   풀문은 자신의 말이 성차별적이라는 의미에서 이러한 표현을 썼다. 이는 성평등 외에도 '인권'의 가치에 반한다고 판단되는 언행에 대해 쓰는 표현이다.

**   당사자에게 재차 확인을 거친 후 기록에 포함했다.

을 약화하려 노력해왔고, 풀문이 대학에서 참여한 활동 또한 이와 관련되어 있었다. 그렇기에 위의 대화는 가치관과 사랑이 충돌하는 순간을 단적으로 보여준다. 판단 그리고 말하기와 동시에 벌어지는 망설임의 행위는 피해와 가해의 관계도, 논란의 진실 여부도 알기 힘든 상황에서 풀문이 선택할 수밖에 없었던 행위였다.

소바 나는 서수진에게 남은 사람이고, 그걸 서로 존중해. 서로 알아. 서로 못 떠난 마음도 이해하고 떠난 마음도 이해해. 그렇지만 지금까지 사실관계 밝혀진 걸로는 난 이 사람이 이제 수진이한테 사과했으면 좋겠는 거지. 그런 앙금들이 남아 있는 거죠. …… 주변에 자기는 학폭 경험이 있어서 "(사안의 심각성이) 작든 크든 생각하기도 싫다. 진짜 큰 폭력이라고 생각한다"라고 하는 게 있단 말이에요. 근데 내가 이런 얘기[수진/서수진은 잘못이 없다는 얘기]를 자·타의로 많이 말하고 다니는데, 그런 애들이 의도치 않게 듣게 될 수 있잖아. 그게 내 하나의 걱정이긴 한데.

이런 대화들에서 발견되는 것은 논란 상황에서 판단을 잠시라도 유보하거나, 해당 아티스트가 잘못이 있거나 없다고 판단을 마쳤음에도 자신의 의견이 사회적 맥락 안에서 어떻게 작용할지 우려하며 망설이는 팬들이었다. 소바는 다른 이들과 있을 때도 수진/서수진에 대한 폭로들이 허위로 밝혀졌다고 하나하나 설명하고, 그의 복귀에 대한 소망을 직접적으로 드러내기도 하고, 수진/서수진의 포토카드를 간직하고 있다가 솔로 가수로라도 돌아오길 바라며 함께 수진/서수진을 좋아하는 이들에게 나눠주기도 했다. 나아가 수진/서수진 논란 당시 바로 탈덕한 지인이 수진/서수진에게 사과했으면 좋겠다고도 말했다. 그럼에도 그는 수진/서수진 논란에 대해 차근차근 따져 사건의 진상을 파악할 여력이 없는 실제 학교폭력 피해자들에게 자신의 이야기가 고통을 안길 수 있음을 걱정했다.

홍대는 클럽에서의 자신의 경험과 자신이 찾은 근거들을 통해 온유/이진기가 성추행을 저지르지 않았다고 확신하는 듯했지만, 자신의 판단을 이번 인터뷰 과정에서 처음으로 누군가에게 말해봤다고 털어놓았다. 그는 여성이자 페미니스트로서 성추행으로 논란이 된 이에 대해 '내가 따져보니 잘못이 없더라'라고 말하는 일이 다른 사람들에게 터무니없는 이야기로 들리고, 자신의 페미니스트 정체성이 부정당할 것을 걱정하고 있었다. 무엇보다도 그는 온유/이진기 논란에 대한 자신의 의견이 그 자체로 성차별적 사회의 '꽃뱀몰이'에 일조하는 것은 아닐지 걱정했다. 이는 자신의 의견을 접할 임의의 여성, 그리고 자신의 의견이 접속해 강화할 '꽃뱀 담론'에 대한 우려였다. 온전히 알 수 없는 사건의 진실, 그럼에도 자신이 동원할 수 있는 모든 정보를 동원해 수 년간의 고민 끝에 구해낸 근사치, 그리고 이 근사치와 자꾸만 부딪히는 자신의 가치관.

홍대와 소바는 해당 논란에서 쟁점이 된 아티스트 자체는 잘못이 없다고 생각하면서도, 논란 속 특정 개인이 아닌 자신의 의견을 어디선가 마주할지도 모를 누군가, 혹은 자신의 의견이 재생산할 사회문제를 우려하며 죄책감을 느끼고 있었다. 여기서 죄책감은 사회구성원으로서 얼굴도 모르는 다른 사람들에 대해 느끼는 책임감에서 나오는 것이었다.

　논란 속 팬들의 망설임은 아이돌 아티스트 개인을 상품이 아 닌 한 명의 사람으로 대하려 노력함으로써 그를 인격체로 구성해 내려는 윤리적 실천이었다. 동시에 그것은 그러한 윤리적 실천이 또 다른 윤리적 실천, 즉 자신의 덕질이 돌판 안팎의 불평등을 재 생산하지 않도록 하는 실천과 충돌하는 과정에서 나타나는 분투 의 장면이기도 했다. 이는 아이돌 산업의 전략이 성공한 바로 그 지점에서 팬들이 아이돌 산업의 문제를 알아나가는 장면을 보여 준다.

5장

"내 인생론이 결국
○○○이 형성한 거라는 거지"

1. "좋아하기 위해서 되게 치열해진다":
사회적 윤리로 확장되는 팬심

종로 내가 보고 싶은 아티스트의 모습에서 벗어나면 가차없구나. 그 사람들도 사람이고 우리가 모르는 면이 있을 수 있는데, 저희가 보는 건 되게 일부라고 생각해요. …… 그래서 그런 생각을 했어요. 진짜 아이돌을 좋아하지 말아야지, 하는데 내 맘대로 안 돼. 좋아하질 말아야 이런 고민을 안 한다. 언제까지 이렇게 죄책감을 느끼고 자아 분열을 겪으면서 팬질을 해야 하는가.

이처럼 아이돌 논란에서 발견되는 캔슬 컬처에 대응하는 팬들의 윤리적 태도 혹은 실천들이 자기 안에서 충돌하는 이유는 한편으로 논란이 아티스트의 문제이기보다 자신의 문제에 가까워졌기 때문이었다. 종로는 남성 아이돌을 좋아하는 페미니스트라는 자신의 위치에서 발생하는 수많은 모순을 언급한다. 그는 자신의 최애가 논란을 겪을 때 그것이 빠르게 지나가면 안도감을 느끼면서도, 그보다 덜한 문제에서도 훨씬 격한 논란을 겪어야 했던 여성 아이돌들의 사례를 떠올릴 수밖에 없었다. 그래서 자신의 최애나 본진과 무관한 논란을 보더라도 다시 자신의 최애가 겪었던 논란을 상기하고, 논란들 사이에서 나타나는 아이돌 안의 성별 격차를 고민하며 자신의 최애에 대한 사랑 앞에서도 망설일 수밖에 없었다.

기다리고 망설이는 팬들은 그 논란에 대해 여전히 고민 중이라는 점에서 지금도 논란 속에 있으며, 이들에게 덕질이란 자신이 선택한 적 없는, 심지어 자신이 거부하고 싶어도 거부할 수 없는 팬심이라는 상황에 내던져진 상태에서 가치관이 흔들리고, 팬덤 내부와 '대중'과 팬덤 내부의 관심 감찰로 인해 고립되는 경험에 가까웠다. 다양한 커뮤니티 안에서의 덕질이 중요했던 피자, 홍대, 소바는 자신의 고민을 누구와도 나누지 못하거나, 마음이 맞는 극소수의 몇 사람과만 나누거나, 자신의 의견을 공개적으로 개진했다가 사이버불링을 당하기도 했다. 논란을 사실로 만드는 수많은 행위자의 결합 앞에서 이들은 때로 없는 존재나 마찬가지였다. 마치 그들이 여전히 좋아하는 아티스트처럼.

나 어제 만난 친구도 아이유, 에스파, 이렇게 주로 좋아하고, 그전에 가을방학이랑 쏜애플 좋아했다가.
홍대 어우 머리 아파.

나 그랬다가 그 이후로 못 듣고 있는데.

홍대 그분도 참 힘드시겠다. 하필……

나 근데 되게 판단을 딱 내렸더라고요. 누구는 이래서 잘못한 게 맞고, 누구는 저래서 잘못한 게 맞고. 근데 에스파의 그 논란들은 이러저러해서 문제없다고 생각한다. 아이유는 앨범 콘셉트와 그때까지 받아온 대중의 시선 같은 걸 다 정리해서 말해주는 거야.

홍대 다들 참 치열하게 누군가를 좋아한다. 좋아하기 위해서 되게 치열해진다. 뭔가 나 되게 지금 감정 이입돼. 그분이 그렇게 딱딱딱딱 얘기하기까지 얼마나 많은 시간을 고민을 하고 생각을 정리하고 알아봤겠어. 그게 너무 공감돼.

이런 상황에서 팬들이 진실을 찾아가고 자신의 입장을 정리하는 과정을 홍대는 '치열함'이라는 말로 포착한다. 그는 온유/이진기의 논란을 겪고, 또 그 논란에 대해 어떻게 판단해야 할지 고민하면서, 다른 팬들의 망설임과 고민을 이해할 때 자신의 경험을 곧장 연결시켰다. 자신의 최애나 본진이 아니더라도, 전혀 다른 유형의 논란이더라도, '논란 속 팬'으로서 다른 팬에게 감응했다. 홍대가 다른 인터뷰이에 대해 사용한 '치열함'이라는 표현은 음모론적 구조를 따르지 않고 계속 자신의 판단을 의심하며 입장을 만들어나간 그 자신의 5년의 망설임에도 해당한다. 그것은 열정적이면서도 지극히 고통스러운 과정이었다.

홍대는 팀 활동에서 온유/이진기를 볼 때마다 자신이 마주했던 모순으로 다시금 내몰렸기 때문에 덕질이 재밌지 않고 "너무 힘들"었다고 말한다. 그러나 지금의 그는 팀 활동을 "되게 재밌게 보고 있"으며, "진짜 좋다"고 말한다. 그는 논란 이후에도 팀 활동을 보러 갔다. 자기 안의 모순과 거기서 오는 죄책감, 그리고 샤이니라는 그룹에 대한 추억과 사랑은 그렇게 번갈아가며 홍대의 덕질을 논란 이전보다 복잡한 형태로 재구성했다. 거기에는 아티스트에 대한 사랑과 알지 못하는 피해자 혹은 성차별적 사회 속 다른 여성들에 대한 죄책감이 뒤엉켜 있었다.

최애를 넘어 논란 자체로

여기서 자신의 본진과 최애에 대한 태도를 정립하는 과정은 논란 일반에 대한 태도를 정립하는 방향으로 나아갔다. 따로 인터뷰를 진행했음에도 홍대와 소바는 모두 같은 속담을 비틀어 "아니 땐 굴뚝에 연기가 난다"고 말했다. 둘은 각자 자신의 본진 및 다른 그룹들에서 발생한 논란들을 보며, 설령 논란의 내용이 허위라 하더라도 일말의 빌미가 존재한다면 언제든 논란으로 발전할 수 있다고 생각했다. 홍대는 실제로 자기 집 근처의 학교를 다녔던 어떤 연예인의 사례를 언급한다. 그 연예인은 데뷔 후 "양아치"였다는 소문이 퍼졌는데, 홍대는 자신이 그 주변에 사는 사람으로서 그가 모범생은 아니었을지언정 누군가를 괴롭혔다는 이야기는 전혀 들어보지 못했다고 말한다. "1퍼센트의 진실만 있으면" 누군가를 학교폭력 가해자로 몰아갈 수 있는 것 같다며 판단을 유보하는 그의 말은 다른 논란들을 판단할 때 더 신중해진 태도를 보여준다.

하늘 (논란이) 요새 하도 많이 올라오잖아. 그리고 허위로 밝혀지는 것도 많고. 사실 덕질하다 보면 정말 어떻게든 욕하고 싶어 한다는 걸 실제로 보게 되니까. 나는 진짜 레드벨벳 덕질 시작하기 전까지는 악플러들 얘기 나올 때 크게 실감을 못하고 있었어. 아이돌처럼 한국 안에서 반응이 크게 올라오는 대상을 덕질하기 시작하면 그걸 다 보게 되고 실감하게 되고, 그러다 보니 사실 나도 뭐 터지면 잘 안 믿어. 악의가 가득하다는 걸 너무 잘 알고 있으니까 저게 그 악의에서 나온 건지 진짜로 그런 건지……. 처음 딱 봤을 때는 좀 그렇지. 또 정말 고통받았던 분들이 마지막 수단으로 글을 쓰면 그걸 의심하는 것도 참 미안하지만, 인터넷이라는 게 그런 악의가 가득해서 쉽게 그렇게 하기는[믿기는] 좀 그래. 나도 좀 덕질을 시작하고부터 그런 걸 더 잘 안 보는 게 좀 있는 것 같아.

***

아메 사람들의 비난이 어느새 방향을 잃었다고 생각하거든요. '이때싶'이라는 단어가 있잖아요. 진짜 '이때다 싶어서' 뭐 실력이라든가, '생각해보니 그렇게 예쁜 애도 아니었어'라고 갑자기 외모를 비하한다거나, '관상은 과학이지', '성격 싸가지 없을 줄 알았어'라든가, 그리고 그 사람의 노력까지 평가하는 거죠.

***

종로 갈수록 약간 저 사람이 비판이 아니라 비난을 받는다는 걸 느끼면서 인간적으로 연민이 생긴 거 같아요.

***

히비 그때[2021년 초] 주작*도 되게 많아서, 피로해져서 더 안 찾아봤던 것 같아요.

***

개미 평생 갈 거야, 그 기억.

아메는 "이때다 싶어서" 달려드는 사람들의 비난이 잘못된 방향으로 나아가곤 한다고 말한다. 문제가 된 언행은 온데간데없이 논란 속 아이돌 아티스트의 실력과 외모, 그가 여태 해온 노력과 같은 것들이 비난의 대상이 되는 것을 보며 그는 인터넷 공론장에 대한 환멸을 토로한다. 종로 또한 논란 상황에서 해당 아이돌 아티스트에 대한 사람들의 반응이 정당한 비판보다는 과도한 비난에 가깝다고 느끼며, 이 때문에 '인간적 연민'이 생겼다고 말한다. 그는 논란 안에서 아이돌 아티스트를 둘러싼 윤리적 논쟁뿐 아니라, 그 논쟁 안에서 지켜야 할 윤리에 대해 함께 고민한다. 논란 속에서 보고 듣게 되는 온갖 비난들에 대한 기억이 평생 갈 것이라는 개미의 말 또한 이와 궤를 같이한다. 이런 과정 속에서 아이돌 아티스트는 '윤리적이지 않으면 퇴출당해야 하는 존재'가 아니라 그 자체로 윤리적 고민을 촉발하는 존재가 되어간다.

하늘 또한 그런 논란에서 드러나는 악의와 결국 허위로 밝혀지는 논란들 때문에 폭로들을 잘 믿지 않게 되었다고 말한다. 어떤 논란들의 경우에는 최초 폭로자가 사람들의 반박 직후 자신의 폭로가 거짓임을 인정하는 사과문을 올리거나,[1] 다른 사람에 의해

---

* '조작'의 변형으로, 없는 것을 지어내는 행위를 의미한다. 이 맥락에서는 허위 폭로를 의미한다.

작성된 것처럼 보이는 여러 폭로글이 알고 보니 모두 한 사람이 쓴 것이었다는 것과 같은 사실이 밝혀지기도 했다. 하늘과 히비가 사실이 아닌 폭로가 많다는 데서 느낀 피로감 때문에 논란들을 더 찾아보지 않게 된 데는 그런 배경이 있었다.

폭로의 효과가 발생하는 네트워크

사실이 아닌 내용이 '폭로'라는 이름으로 온라인 공간에 등장하는 이유가 무엇인지에 대해 개별 폭로자의 동기를 알기는 어렵다. 어떤 폭로자는 자신의 폭로가 허위였음을 인정하는 사과문에서 '부러움'이나 '자격지심'[2]이라는 표현을 쓰기도 했다. 모든 폭로의 동기는 각기 다를 것이고, 실제 피해자의 폭로에는 분노나 억울함과 같은 다른 감정이 담겨 있을 수 있기에, 이는 수많은 이유 중 하나에 불과할 것이다. 따라서 여기서 우리는 폭로의 동기가 아니라 '폭로글'의 작동에 좀 더 초점을 맞출 필요가 있다. 폭로글이 많은 관심을 빠르게 끌 수 있는 배경에는 대중의 집단적 도덕주의와 사랑의 자격론이 있다.

아이돌 아티스트의 '앞과 뒤가 다른' 비도덕적 언행이나 과거를 폭로한다는 폭로글의 기본적인 문법은 대중의 예비된 배신감에 감응하며, 여기에 조회수를 올리려는 언론과 사이버렉카가 결합한다. 이는 폭로글의 진정성이 떨어진다는 의미가 아니다. 폭로란 언제나 피해와 가해의 해석을 두고 다투는 논쟁과 협상의 한복판에 있는 행위이므로, 폭로가 관심경제의 네트워크 안에서 지니는 위상을 밝혀냄으로써 그 기능과 문법, 그리고 배경을 파악하는 일이 중요하다. 지금과 같은 상황에서는 사실인 폭로글 역시 (그것이 어떤 효과를 일으키려면) 논란의 네트워크에 접속해야 한다. 그래야 해당 아티스트를 향하는 사람들의 관심의 질을 빠르게 변환할 수 있다.

즉 폭로글은 대표적인 관심 감찰의 수단이다. 이는 집단적 도덕주의와 사랑의 자격론의 결합에서 캔슬을 예비하고 있는 사람들의 존재를 전제로 성립한다. 폭로글이라는 형식 혹은 문법은 폭로 내용의 사실 여부나 폭로 의도와 무관하게 관심경제의 작동 원리를 염두에 두고 등장하고 있다. 이 과정에서 불안정해지는 것은 역설적으로 실제 피해자들에게 최후의 수단이 되는 폭로의 신빙성이다. 인터뷰이들의 말처럼 허위 폭로가 반복해서 생겨나고, 이를 증폭시키는 "악의"가 온라인 공간에 가득하다는 인식이 퍼질 때, 사람들은 정작 피해자의 회복이나 피해가 발생한 맥락에는 관심을 기울이지 않게 된다. 단지 누가 나쁜 사람인지, 폭로가 진짜인지 가짜인지만이 사람들의 관심을 끈다. 그러니 논란 안에서 불안정해지는 것은 팬의 마음과 아이돌 아티스트의 지위뿐 아니라 피해자의 신뢰도와 회복 가능성이기도 하다. 논란에 대한 공론장이 만들어지는 플랫폼, 언론, 사이버렉카, 그리고 무엇보다 대중은 이때 별다른 타격을 입지 않는다.

팬들이 논란에 대처하는 법

돌판은 논란이 끊임없이 생산되는 공간이기에, 하늘이 갖게 된 태도는 한편으로 이런 논란들의 연쇄에서 오는 피곤함을 버티는 하나의 방법이기도 했다. 하늘과 홍대는 이제 다른 논란들에 크게 반응하기보다 그것의 전개 과정을 거리를 두고 지켜보는 쪽에 가까워졌다. 소바는 논란의 전개를 꾸준히 지켜보며 자신의 판단과 근거를 끊임없이 수정함으로써 입장을 정립했다.

이들은 때로 논란을 아예 외면하기도 하고, 폭로와 반박 둘 모두에 대해 천천히 판단을 이어나가기도 한다. 인간적 연민이 그 과정을 뒷받침하기도 한다. 이처럼 자신의 본진이나 최애에게 생긴 논란에 대응하는 과정은 논란에 대한 일종의 문해력을 형성한다. 논란의 계기가 되는 폭로가 언론이나 소셜미디어, 온라인 커뮤니티, 사이버렉카 등을 거치며 다양한 방식으로 왜곡되고 증폭되는 과정을 지켜보면서 이들은 온라인의 "악의" 및 대중의 "간사함"(아메)과 결합하는 캔슬에 동참하지 않게 된다. 퇴출이 아니라 사과와 변화의 과정에 주목해야 사회의 실질적인 변화가 이뤄질 수 있다는 것이다. 문해력과 사회적 변화에 대한 팬들의 판단과 실천을 뒷받침하는 것은 팬이 아이돌 아티스트에게 느끼는 깊은 감정적 유대이기도 했다. 이때 팬들이 빠르게 떠난다면, 그런 변화는 일어날 수 없다.

소바 스물세 살에 견디기 힘들었을 일이라고 생각해. 그게 안타까워. 우리가 아이돌을 너무 과대평가해. 걔네 진짜 아무것도 몰라. 김가람 잘못했다는 것도 알겠어. 그렇지만 그 사람이 만약 아이돌이 아니라 내 조카라면, 내가 삼촌이면, '네가 탈퇴하고 아니고는 너의 자유다. 근데 만약 진짜라면 사과하고 너의 미래를 (스스로) 결정해야 한다'고 말해줄 것 같아. 그리고 어쨌든 그런 걸 받아줄 수 있는 사회여야 한다는 거지. 인생론으로 가고 있어. 내가 계속 얘기하는 게, 내 인생론이 결국 서수진이 형성한 거라는 거지. …… 서수진 사건을 계기로 내 입장을 변경한 견지, 아니면 내 견해가 바뀌어서 수진 사건을 달리 보게 된 건지 불확실하다는 거지. 그러니까 나에게 너무 중요한 사건이었던 거지.

소바는 자신의 '인생론'이 바뀐 시점이 수진/서수진 논란이 발생한 시점과 겹친다고 언급하며, 둘 사이의 선후관계를 파악하기가 어렵다고 말한다. 그가 말하는 인생론의 핵심은 개인의 자유였다. 누군가가 잘못했다면 사과하고 반성하면 되는 것이지, 퇴출될 필요까지는 없다는 것이다. 징역형을 받아 징역을 살고 나오더라도 활동하는 것 자체는 문제가 없으며, 탈퇴는 어디까지나 본인의 선택이어야 한다는 것이 그의 인생론이다.

그는 자신이 법을 공부하게 되면서 이렇게 생각하게 된 것인지, 아니면 수진/서수진 논란이 자신의 생각을 바꿔놓은 것인지도 헷갈린다고 말하며, 그 논란이 자신에게 얼마나 중요한 분기점이었는지 강조한다. 그는 자신이 다른 아이돌에게는 냉혹할 수 있다고도 말했지만, 인터뷰 중에는 다른 아이돌 아티스트들에 대해서도 비슷한 입장을 견지했다. 김가람과 수진/서수진의 팬들은 서로 경우가 다르기 때문에 비교해서는 안 된다고 '선긋기'를 하곤 하지만, 소바는 김가람을 잠시 자신의 조카로, 자신을 그의 삼촌으로 가정하면서 그를 어떻게 대해야 하는지 고민했다. 이는 '공인도 사인'이라는 그의 말과 상통한다. 그는 어떻게든 논란 속 아티스트를 일상을 살아가는 한 명의 사람으로 대하고자 노력했다.

그는 논란 직후 하루에도 수시로 온라인 커뮤니티를 새로고
침하며 플랫폼을 모니터링하고, 매일 두 시간씩 논란과 관련해 나
오는 정보를 정리했다. 폭로가 처음 등장했을 때는 그 또한 수진/
서수진이 피해자에게 신속히 사과해야 한다고 생각했지만, 판단
을 그대로 고수하기보다 새로 접하게 되는 것들로부터 정동을 받
아들이고 그에 감응하면서 새로운 결정을 내리고, 이를 자신의
'인생론'에 생겨난 변화와 연결지었다.

개인적 감정에서 사회적 윤리에 대한 고민으로

홍대는 온유/이진기가 잘못했다고 생각하지 않는 동시에, 그
에 대한 자신의 생각을 여전히 타인에게 밝히지는 않았다. 이는
그가 겪어야 했던 "느그 오빠 술 취해서 여자 다리 만진 거 참 잘
한 짓이다"와 같은 팬덤 내부의 경계 감찰, 그리고 자신의 말이 '꽃
뱀몰이'가 될 수 있다는 걱정 때문이기도 하지만, 이 모든 과정을
빠짐없이 겪어내면서 떠나간 마음과 지친 채 남은 마음 때문이기
도 했다. 적당히 말해서는 누구도 들어주지 않는다는 고립의 감각
안에서 이들은 자신의 고민을 계속해서 다듬어갔다.
동시에 어떤 팬들은 조회수를 늘려주기 싫어서, 반복되는 논
란에 큰 피로감을 느끼거나 폭로를 믿지 못해서 논란에 관심 자
체를 끊기도 한다. 이는 논란을 마주하고 고민을 이어가는 것보다
수동적인 대응 방식일 수 있지만, 다른 한편으로 분노와 증오의
관심경제로부터 관심을 회수하는 일이기도 하다. '무언가 한마디
라도 보태야 할 것 같은' 혹은 '무언가 대충 한마디라도 보태는 게

유의미한 참여인 것 같은' 인터넷의 분위기에 따르지 않는 것은 관심경제의 동력 자체에 대한 윤리적 고민과 실천으로 이어질 가능성을 지니는 것이다.

아티스트를 사랑하되 온전히 믿지는 못하는 상황에서 정답을 미리 정하기보다 자신을 의심하고 끊임없이 단서들을 찾아 엮어내는 실천들, 아이돌 아티스트를 한 명의 '사람'으로 이해하면서 그를 성찰하고 변할 수 있는 윤리적 주체로 만들어나가는 '기다림' 안에서는 이처럼 새로운 '인생론'이 형성되며, 이는 자신의 본진이나 최애를 넘어 '캔슬' 자체에 대한 거부감으로 이어진다. 아이돌 아티스트들이 상기하던 행복의 약속을 복원하기 위한 분투는 팬들이 결국 사회적 윤리를 고민하는 데로 나아가게 만든다. 한편으로 지극히 사적인 팬심이라는 사랑에서 시작된 이들의 덕질은 자신의 최애, 본진, 이름 모를 타인들과 사회 사이의 연결 안에서 윤리적 분투로 확장되고 있었다.

2. "이게 진짜 쉽지 않다": 길티 플레저라는 윤리적 태도

케이팝이라는 길티 플레저

행복한 것과 좋은 것의 필연적인 일치를, 나아가 좋은 것 자체의 도덕적 투명성을 적극적으로 의심해야 하는 것이다.[3]

그렇다면 팬들의 이런 감정 혹은 태도를 우리는 어떤 언어로 포착할 수 있을까? 여기서 자연스럽게 떠오르는 것은 '길티 플레저guilty pleasure'다. 이 말은 케이팝을 좋아하는 친구들과 대화를 나눌 때도, 온라인에서 참여관찰을 할 때도, 인터뷰들에서도 자주 등장했고, '케이팝 자체가 길티 플레저 아니냐'라는 말까지도 들어봤다. 그렇다면 대체 케이팝은 왜, 어떻게 누군가에게 길티 플레저가 되는가?

길티 플레저는 무언가를 온전히 사랑하거나 즐길 수만은 없는 마음을 이야기한다. 이를테면, 이연숙 작가는 자신이 페미니스트로서 에로틱 스릴러에 대해 느끼는 감각을 길티 플레저로 포착하면서, 그것이 "어떤 대상에 대한 떳떳하지 못한 즐거움"으로 "예술적 가치가 거의 없다고 여겨지는 대중 영화·문학·만화에 대한 취향, 또는 세상 사람들이 비난하리라 여겨지는 대상과 사랑에 빠지는 일"까지 포함한다고 말한다. 특히 "어떤 대상에서 즐거움을 느낀다는 사실을 남들에게 말하기 망설여진다면 그것이 바로 당신의 '길티 플레저'가 되는 셈"이라는 게 그의 해석이다. 이 설명은 길티 플레저의 용례를 간결하게 요약한다.[4]

히비 저는 케이팝을 싫어하지만 좋아하고, 좋아하지만 싫어하기 때문에…….

돌판 안팎에서 아이돌 덕질에 보내는 시선의 차이는 뚜렷하다. 어떤 팬이든 돌판과 돌판 바깥에 동시에 속할 수밖에 없는데, 이들의 덕질은 서로 다른 행복을 추구하길 요구하는 두 공간 사이에서 온전히 즐거울 수 없다. 나아가 이러한 사실은 돌판의 안과 밖이 뚜렷이 구분될 수 없다는 사실을 보여주며, 이는 두 공간 안의 여론이나 가치관 또한 섞이고 충돌할 수밖에 없음을 시사한다.

팬덤에 속하건 속하지 않건, 사람들은 "페미니즘과 아이돌이라는 영역은 병존이 불가능한 것"으로 여겼다. "페미니스트라면 인간을 극도로 객체화objectification하는 산업을 소비할 수 없다고 여겼기 때문이다." 나아가 2015년의 '페미니즘 리부트' 이후 한국의 미디어 환경에 대한 비판이 강해지면서, "아이돌 여성 팬 커뮤니티에도 아이돌 산업 전반에 일반화된 성적 객체화와 여성혐오적 재현에 대한 자성과 각성 촉구, 더 나아가서는 '아이돌'이라는 상품 소비의 완전한 철회 주장"까지도 나왔다.[5]

이뿐 아니라 케이팝은 팬들 대부분이 여성 청소년이라는 고정관념, 여성과 청소년에 대한 멸시의 교차 지점에서 '어린 여자애들이 좋아하는 음악'으로 간주되어 그 자체로 예술적 가치가 없다고 평가된다. 그 차별적 인식의 반대편에서도 케이팝 내부의 성차별이나 감정노동 등에 대해 꾸준한 비판이 제기되고 있어, 성차별 등의 사회문제에 비판적인 사람이라면 더더욱 자신의 취향을 밝히기 힘들다. 케이팝은 점점 주류가 되어가지만, 요즘 유행하는 케이팝을 듣는다고 말하는 것과 케이팝 덕질을 하고 있다고 말하는 것은 여전히 크게 다르다.

특히 '페미니스트 아이돌 팬'이라는 정체성은 그런 위치에 놓인 그 자신조차 다루기 어려울뿐더러, 팬덤 내부에서도 공연히 논란을 만드는 존재로 여겨진다.[6] 아이돌 산업 자체의 여성혐오, 아이돌 아티스트에 대한 멸시 이면의 여성혐오가 중첩된다는 점은 페미니스트 팬으로서 아이돌 산업을 마냥 비판할 수도, 마음 놓고 소비할 수도 없도록 한다.

'플레저'란 언제나 '길티'한 것이다

피자 아이돌 좋아하질 말아야 하는데…….

아이돌 아티스트들의 재현과 감정노동, 스태프들의 노동 조건뿐 아니라, 소속사를 중심으로 생각하더라도 한국의 아이돌 산업은 그 자체로 매우 불합리하게 굴러가는 구조다. 소속사의 규모가 클수록, 그리고 소속사가 오래된 곳일수록 아이돌 그룹은 살아남기 쉽고,[7] 국내 대중음악산업은 상위의 소수 기업을 중심으로 하는 과점 모델을 형성하며, 그중 일부는 배급망과 방송사 온라인 플랫폼 등을 소유한다. 또한 과점 기업들의 기업 규모와 미디어 노출 여부가 아이돌 아티스트들 개개인의 역량보다 아이돌 그룹의 성과에 더 큰 영향을 미친다는 연구도 있다.[8]

팬들의 이야기에서도 소속사의 규모는 논란을 덮는 능력을 좌우하는 중요한 요소로 등장하곤 한다. 소속사의 힘은 이토록 강하다. 심지어는 아이돌 아티스트 본인조차 자신이 무엇을 촬영하고 있는지, 자신이 참여한 작품이 언제 어떻게 공개되는지 모르는 경우도 있다. 이런 현실은 이들이 '자신이 생산한 것, 자신의 활동에서의 소외'[9]를 경험하게 될 수 있다는 지적에 고개를 끄덕이게 만든다.

내가 만난 팬들 대부분은 이런 모습에 문제의식을 지닌 이들이었고, 그렇다 보니 이들에게 케이팝은 자주 '길티 플레저'였다.

그런데 '길티 플레저'는 기본적으로 '길티하지 않은 플레저'의 존재를 전제한다. 그러나 즐거움은 언제나 '길티'하다. 매혹은 종종 매력의 정치적 맥락을 외면하겠다는 탈정치적 결심으로 이어지게 마련이고, 그것이 관심 체제를 강화하기 때문이다. 나아가 좋은 것과 행복, 그리고 도덕적인 것이 한 덩어리로 결합하는 행복의 약속 안에서 이것은 언제나 정치적 문제이다.

> **하늘** 행복했으면 좋겠어. 솔직히 그래서 나는 (아이린/배주현이) 은퇴하면 마음이 아프겠지만 은퇴해도 된다고 생각해. 네가 행복하다면 그냥 은퇴해. 난 슬프겠지만 네가 행복하면 그래도 된다고 생각해.

케이팝 아이돌 산업에서 팬들이 느끼는 즐거움도 마찬가지다. 자신이 지불한 만큼 돌려받겠다는 "가성비적 사랑"[10]을 하는 팬들이 내세우는 소비자 정체성과 다소 다른 맥락에서, 자신이 돌려받을 것을 특별히 기대하지 않는, 혹은 기대하지 않으려 애쓰는 덕질도 결코 무고할 수만은 없다. 팬들은 아이돌 아티스트의 매력이 성차별적이고 외모지상주의적인 문화에 기반을 두고 만들어진다는 점에 죄책감을 느끼기도 한다. 그리고 바로 이런 죄책감이 우리를 전혀 다른 방향의 논의로 이끈다.

지금까지 팬심과 팬심의 작동은 팬과 아이돌 아티스트 사이의 관계 혹은 팬이 느끼는 즐거움을 생산하고, 그 생산물은 아이돌 아티스트와 그의 소속사에 수익을 창출하는 것으로 주로 설명되어왔다. 이는 분명 일정 부분 진실이며, 당사자들에 의해 낭만화되는 팬심을 산업의 구조 안에서 바라볼 수 있도록 한다. 그러나 내가 만난 팬들은 심지어는 은퇴를 하더라도 행복하면 좋겠다고, 돌아오지 않을 것을 알아도 여전히 그가 좋다고 말했다. 이런 마음을 산업에 의해 만들어진 충성심으로 해석할 수도 있겠지만, 그런 해석은 팬들의 경험을 오직 산업 논리로 환원하고, 그들의 치열한 고민을 손쉽게 삭제한다. 이런 이유에서 나는 논란 안에서 자신이 무엇에 연루되어 있는지 깨달아가는 팬들의 고민에 좀 더 주목하고 싶다.

죄책감, 덕질을 방해하고 지탱하다

팬으로서 논란 속 멤버의 은퇴 이후 행복을 바라는 것은 그를 지키는 것이 곧 대중으로부터 자신의 입장을 방어하는 것이어서이기도 하지만, 사실 방어는 그리 효과적이지 않다. 관심경제에서 이미 퇴출된 이를 방어해 얻을 수 있는 관심은 멸시나 무시이며, 스스로 잘못을 인정하고 사과한 이를 방어해 얻을 수 있는 건 더더욱 없다.

오히려 여기서 주목할 만한 것은 자신의 최애가 아티스트이길 그만둔다고 하더라도 자신의 팬심은 여전히 마음 한구석에 존재할 것임을 암시하는 대목이다. 이들은 더는 자신이 무언가를 돌려받을 수 없는 순간에조차 여전히 팬일 것이라고 말하고 있다. 이를 가능케 하는 것은 자신의 사랑 혹은 즐거움이 언제나 길티 플레저였음을 인정하고, 자신의 모순을 끌어안는 태도이다. 아이돌 아티스트에 대한 자신의 사랑과 아이돌 산업에 대한 분노, 논란을 온전히 믿지도 불신하지도 못하는 마음을 압축하는 태도로서의 길티 플레저. 팬덤이나 커뮤니티 안에서 자신의 생각이나 존재를 감추며 머뭇거리고 망설이는 팬들에게서 발견되는, 논란 안에서 완전한 죄책감도, 온전한 즐거움도 불가능한 경계 상태를 받아들이고 다루는 윤리적 태도 말이다.

소바 그 사람들이 다른 아이돌들을 같이 파고 있어서, 아니면 다른 아이돌들에서 넘어와서 그런 사람들인지 모르겠지만, 나는 그 사람들이 쉽게 떠나간다고 생각했어요.

***

피자 오타쿠질은 집요함이다.

덕질이 순전히 기쁘기만 할 수 있다는, 혹은 그래야 한다는 믿음, 즉 순수한 '플레저'가 존재한다는 믿음이 우선할 때, 논란은 그 진실이 불분명할 때도 탈덕의 계기가 된다. 아이돌 아티스트에게 큰 배신감을 느끼면 그에게서 행복을 약속받지 못해 분노를 안은 채 탈덕을 하고, 팬덤 안의 싸움에 지칠 때는 팬덤에서 행복을 약속받지 못해 탈덕을 하기도 한다. 특히 어떤 방향이든 논란 속 아티스트에 대한 팬덤 내의 지배적인 분위기에 동조할 수 없을 때, 그래서 "좋은 것으로 간주되는 대상들과 가까이 있으면서도 쾌락을 느끼지 않을 때" 우리는 소외를 경험하고, 같은 재미 혹은 행복의 약속을 공유하던 "정동 공동체에서 이탈"한다.[11] 실제로 어떤 팬들은 논란 이후 꽤 빠르게 다음 최애나 본진을 찾아 떠난다. "팬질은 배반의 역사"라는 말은 최애와 본진을 바꾸는 일이 생각보다 잦은 현실을 압축적으로 보여준다.[12] 그러나 떠날 수 없는 팬들, 그 이유가 무엇이 되었건 캔슬과 탈덕의 속도에 뒤처져 남겨진 팬들, 남겨진 그 자리에서 '집요하게' 망설이는 팬들은 순수한 즐거움 같은 것은 존재하지 않는다는 사실을 마음 깊이 깨닫게 된다.

정치적으로 올바른 덕질이라는 형용모순

홍대 여돌이 훨씬 더 대중 픽pick*인 건 있지만 모두가 다 알다시피 여돌은 별거 아닌 거에도 다 까이고 무대 의상으로 까여, 몸평[몸매 평가] 당해, 얼평[얼굴 평가] 당해……. 진짜 극한 직업. …… 여돌이 가장 쉬운가? 껌이야? 이건 좀 다른 소리인데, 또 아이돌 팬으로서 약간 부채감을 가지고 있는 거는, 팬싸를 하면 (응모하려고) 앨범을 엄청 많이 사잖아. 근데 그게 다 쓰레기란 말이지? 돈 주고 쓰레기를 사는 환경. 지구야 미안해.

***

히비 저는 사실 환경문제에 되게 관심이 많아가지고, 사실 뭐 이렇게 다 이미 샀지만, 포토카드 사고 교환하고 했지만, 처음에 입덕할 때 스스로에게 약속한 게 만약에 (앨범) 버전이 세 개야, 그러면 그 두 배까지만 사자. 6개까지만 사자.** 그래서 저 (디지털 탄소발자국 때문에) 스트리밍도 안 해요. 영상도 (화질을) 1080p로

---

* 대중이 골랐다pick는 의미로, 팬덤 바깥에서도 인기가 많은 아이돌 아티스트를 지칭한다.

안 보고 최대가 720p. 그런 스스로와 약속했던 게 있는데 이번에 특전***이랑 계속 사면서 그게 깨졌어요. 거기서 현타가 오는 거야. …… 이걸 비판하려면 뭔가 행동으로 보여줘야 하는데, 그렇게 소비한다는 것 자체가 뭔가 피드백이 제대로 안 갈 거라는 걸 알면서도 소비하고 있으니까. 거기서 드는 자괴감이 있고.

이런 식의 길티 플레저는 사실 논란 이전부터 이어져온 감정일 때가 많았다. 논란이 없을 때도 한국 사회의 많은 문제들, 이를테면 성차별, 빈부격차, 열악한 노동 조건 등에 대해 고민하는 사람이라면 케이팝을 그저 맘 편히 즐기기는 어렵다. 자본주의에 비판적이면서도 고도로 상업주의적인 기획과 마케팅으로 유명한 기획사의 아이돌 아티스트를 좋아하게 된 마음이 "당당하지 못한 감정"이라는 한 연구자의 고백[13]도 그런 맥락일 것이다.

평소 환경문제에 관심이 많은 홍대 또한 포토카드와 앨범 순위, 팬사인회 응모권 등으로 앨범을 과도하게 구매하도록 유도하는 케이팝 산업에 문제의식을 갖고 있었다. 히비 또한 비슷한 고민에서 굿즈나 앨범 구매의 상한선을 정하는 등 자신만의 기준을 세우지만, 자신이 소비하고 있다는 사실 자체가 그런 문제를 지속시킨다는 점을 인식하며 "자괴감"을 느꼈다. 이런 산업 형태에 대

** 일반적으로 아이돌 그룹의 앨범에는 포토카드가 랜덤으로 들어 있고, 앨범 구매로 팬사인회 응모를 하기 때문에, 팬들은 같은 앨범을 수십 장부터 많게는 100장 넘게 사기도 한다.

*** 주로 굿즈나 앨범에 더해서 판매처별로 추가로 주는 굿즈를 의미하며, 경우에 따라 팬미팅이나 콘서트와 같은 이벤트에 맞춰 판매하는 굿즈를 의미하기도 한다. 이 경우 후자를 뜻한다.

한 산업 안팎의 비판과 팬들의 캠페인이 존재하지만, 아직 변화는 요원한 현실이다.

히비 아무래도 내가 어쨌거나 이 아이들의 그런 예쁜 모습을 좋아한다는 거? 소위 말하는 코르셋 엄청 조이고, 그렇게 말랐고, 엄청 극한까지 관리한 걸 좋아하지만, 그런 이미지가 매력적이라고 느껴지게 하는 뭔가에 내가 일조하고 있다.

스타일링과 체중 관리 또한 아이돌 아티스트의 재현과 관련해 중요한 쟁점이 된다. 케이팝 아이돌 산업이 아이돌을 재현할 때는 적지 않은 경우 성별 고정관념에 깊이 뿌리를 내린 매력을 그대로 활용한다. 스타일링이나 안무 등에서는 성적 대상화가 일상이고, 여성 아이돌과 남성 아이돌에 대한 사람들의 이중 잣대 또한 견디기 힘든 지점이다. 홍대에게서 이런 요소들은 아이돌 팬으로서 갖는 부채감으로 나타난다. "가장 모순은 돌덕[아이돌 덕후]"(하늘), "모순을 사랑하다 못해 모순 그 자체가 되어버린 돌덕"(일침)과 같은 말들은 부채감을 안고서도 덕질을 끝내지 못하는 아이돌 팬의 감정을 포착하는 듯하다.

팬들은 아이돌 산업을 소비하는 방식뿐 아니라, 아이돌 관련 콘텐츠가 만들어지는 과정에 대해서도 고민을 안고 있다. 소속사 사이의 규모와 권력 차이에서 발생하는 방송 빈도, 무대의 퀄리티, 자컨의 양 등에서도 상당히 큰 차이가 존재한다. 팬들은 논란에 대응하는 방식에서도 '소속사 차이'를 언급하곤 한다. 누구는 좋은 소속사에 있어서 논란 속 폭로가 사실이라고 인정하고도 잘만 활동하는데, 누구는 소속사가 작아서 아직 진실이 밝혀지지 않았는데도 대중에게 매장당하거나 탈퇴까지 해야 했다는 이야기를 인터뷰 도중 자주 접할 수 있었다.

또한 아티스트와 스태프들은 건강도 제대로 못 챙기며 쉴 새 없이 현장에서 '구른다'. 아티스트와 안무가들, 촬영장의 스태프들 등은 밤낮 없이 일하면서도 때로는 자신이 받아야 할 몫을 받지 못해 법적 분쟁까지 벌여야 한다. 이런 상황에서 덕질은 아티스트의 출퇴근을 걱정하고, 그가 당하는 성희롱에 맞서 싸우며, 아티스트를 힘들게 하는 소속사가 망하길 바라면서도, 정말 망하면 아티스트도 더는 볼 수 없기에 망하지는 않길 바라게 되는, '내가 왜 이러면서까지 이 짓을 하고 있나' 스스로도 이해하지 못하는 실천이 된다.

거기에 논란이 더해지면 자신의 최애를 볼 때마다 논란이 떠오르고, 논란을 재점화하려는 사이버렉카들이 함께 떠오를 수밖에 없다. 돌판에서 덕질을 이어나가는 실천 자체가 관심경제에 먹이를 주는 행위임을 알게 될 때, 자신이 그간 해온 사랑조차 이러한 증오의 영향권에서 자유롭지 않다는 사실을 알게 될 때, 무엇보다도, 그럼에도 사랑이 놓아지지 않을 때, '길티'와 '플레저'는 더는 떨어질 수 없는 한 덩어리로서의 감정이자 태도인 '길티 플레저'를 형성하게 된다.

죄책감과 행복 사이의 부단한 타협과 협상

하늘 일단 개[아이린/배주현]가 무대 하는 걸 볼 때는 전혀 그런

(논란에 대한) 생각이 들지 않아. 그런데 그런 게 있지, '아 이거 괜히 클립 (잘리고 짜깁기되어) 돌아다니는 거 아니야?' 자컷 같은 거에서, 그 사건 있기 전이라면 평범한 장난인데, 그때 그 일이 터지고 나서 제일 많이 돌았던 게 그거거든? 멤버들끼리 장난치거나 이런 걸 가지고 원래부터 아이린이 멤버들한테 갑질해서 사이가 안 좋았다는 식의 영상이 많았고. 요새도 그런 걱정이 들 때가 있어서 그때 되게 슬프지. 왜 이런 것까지 걱정해야 하나 싶지. 그 사건에 대한 원망은 아직 좀 있어. 그때 그렇게 되지 않았다면. 주현이가 내가 이런 고민을 아예 안 하게 해줬으면 좋겠는데. …… 이 사건이 터지기 전까지는 팬들도 신경 쓰지 않고 다른 사람들도 그렇지만 이 사건 이후로는 그런 때마다 이 사건 때문에 다시 그게 끌어올려져서 얘기가 나오고. 원망하는 마음에 더해서 되게 웃긴 게, 주현이가 조심해줬으면 좋겠는데 조심해야 하는 게 짜증나. 그냥 편하게 지내면 좋겠는데 조심해줬으면 좋겠단 말이지? 그래서 이게 진짜 쉽지 않다…….

* * *

피자 제가 페미니즘을 접하기 전에 나온 노래는 그냥 진짜 길티 플레저 취급하면서 들었고. 그 이후에만 신곡 나왔을 때 귀에 거슬리는 가사가 있으면 '아, 이건 좀' 이러면서 안 들으려고는 했는데. 또 멜로디 좋고 신곡이니까 들으면서 자괴감이 오고. 페미니즘 공부한다고 지금 이렇게 설치고 페이스북에서 그 난리를 치면서 이렇게 오타쿠질을 할 일인가? 이걸 과연 길티 플레저로 볼 수 있나? 그냥 길티 아닌가?

그러나 이러한 묶임은 "진짜 쉽지 않다". 논란까지 가지 않더라도, 자신이 좋아했던 남성 아이돌의 성차별적인 가사나 뮤직비디오에 대해 '길티 플레저' 취급을 하며 듣다가도 자괴감을 느끼는, 소셜미디어에서 한국 사회의 성차별에 대한 분노를 표현하면서도 귀에 거슬리는 가사를 신곡이니까 듣는 피자는 자신의 감정이 '길티 플레저'가 아닌 '그냥 길티'가 아닌지 고민한다. 하늘은 아이린/배주현의 갑질 논란 이후 멤버들의 평범한 일상을 보는 일 자체가 '그가 조심해줬으면' 하며 단속하는 일이 된다고 말했다. 동시에 단속 자체가 부당하다고 느끼는 마음이 공존한다.

엠넷에서 2019년 방송된 〈프로듀스 48〉은 아이즈원IZ★ONE이라는 프로젝트 그룹을 만들어낸 프로그램으로, 제작진의 순위 조작 의혹이 사실로 밝혀졌다. 이후 팬들은 "팬질을 내려놓을 수는 없지만 꺼림칙한 마음 역시 지워지지 않는 상황"을 다루는 과정에서 아이즈원, 자신의 최애, 혹은 프로그램 방송 시기에 자신이 쏟은 열정과 노동을 조작 사건과 분리하고자 했다.[14] 논란과 최애, 혹은 본진을 분리해야만 자신의 팬심을 지켜낼 수 있다는 믿음이 있기 때문이다.

> **피자** 캐릭터만 좋아해야 해요. 배우를 유리해서 봐야 해요.
> **나** 진짜 슬프다.
> **피자** 화면에 갇힌 사람. 노이즈를 만들 수 없는 사람.

드라마와 배우의 덕질에 대해 이야기할 때 피자는 배우와 배우가 연기한 캐릭터를 분리했다. 배우는 문제를 일으킬 수 있을지

언정, 그 캐릭터 자체는 "화면에 갇힌 사람"이라서 문제를 일으킬 수 없다고. 하지만 아이돌 아티스트에 대해서는 이런 식의 분리가 작동하지 않는다. 피자는 아이돌 아티스트가 놓인 부당한 상황들을 인지하면서도, 아이돌 아티스트는 정말 사람으로 사랑하게 되는 것 같다고 말했다. 〈프로듀스 48〉의 순위 조작 논란이 아이즈원 멤버 개개인과 어느 정도 분리될 수 있었던 것은 방송사와 제작진이라는, 아티스트가 아닌 뚜렷한 책임 주체가 있었기 때문이다. 즉 이 사건에서는 예외적으로 프로그램과 출연자를 분리시키면서 즐거움만을 챙기는 실천이 비교적 수월했다.

팬들은 논란만 없었더라면 자신의 덕질이 별 탈 없이 행복했을 거라고 말하곤 한다. 이는 행복의 장애물이 우리가 "그것이 끼어들지만 않았더라면 행복했을 것처럼" 만들기 때문에 오히려 좋은 삶에 대한 행복의 약속을 유지할 수 있게 한다는 아메드의 언급을 상기한다.[15] 그러나 '두 남녀의 낭만적 사랑을 가로막는 부모'와 같은 구도에서 불행과 행복을 주는 대상이 비교적 명확하게 구분된다면, 주로 아이돌 개개인의 인성으로 환원되는 논란들은 아이돌 아티스트와 분리되기 힘들다. 그래서 논란이 발생한 순간부터 아이돌 아티스트가 주는 행복은 그 자체로 흔들리기 시작한다. 달리 표현하면 논란이 행복의 장애물인지, 아이돌 아티스트가 그자체로 행복의 장애물이 되는지 알 수 없는 상황이 펼쳐진다. 그런 의미에서 논란은 아이돌 아티스트를 더는 안전한 행복을 약속해줄 수 없는 존재로 만든다.

무대 뒤의 모습까지도 다양한 형태의 자컨으로 가공해내는 아이돌 산업의 면모에서 알 수 있듯, 아이돌 아티스트의 경우 무대 위 사람과 무대 뒤 사람을 분리해 생각하기 어렵다. 이 지점은 논란 이후 무대 영상조차 보기 힘들어하는 팬들의 마음을 설명해 준다. 가치관과 취향 혹은 팬심 사이의 갈등은 이처럼 길티 플레 저에서 때로 즐거움이나 죄책감을 삭제하는 방향으로 나아가는 듯하기도 하지만, 피자는 케이팝 듣기를 멈출 수 없다고 말한다. 성차별과 관련된 논란들과 그 과정에서 '까빠'로 찍힌 경험 때문 에 해당 그룹을 탈덕한 뒤 남성 아이돌이 아닌 여성 아이돌을 좋 아하기 시작한 그는 이제 성차별적 가사 대신 여성 아이돌들이 겪 고 있는 아이돌 산업 전반의 성차별을 마주하게 되었고, 길티 플 레저는 해소되는 대신 전이되었다. 그에게 덕질은 죄책감과 행복 사이 복잡한 감정과의 끊임없는 협상 과정이다.

사이버렉카-알고리즘-온라인 플랫폼-대중-언론-팬덤 등의 네트워크 안에서 생산되고 소비되는 논란이 기본적으로 캔슬로 향할 때, 논란은 '플레저'와 '길티'를 한 덩어리로 묶어내기보다 오 히려 정반대로 '플레저'를 '길티'로 대체한다. 하늘은 아이린/배주 현의 논란이 발생한 이후 그 논란으로 인해 자신의 즐거움이 장기 적으로 훼손되는 상황을 언급했다. 논란은 삽시간에 온라인 공간 을 휩쓸며 공론장을 만들고 없애는 동시에, 해당 아티스트에 대한 대중과 팬의 시선 자체를 뒤바꿔놓는다. 그럼에도 하늘은 아이린/ 배주현에게 향하는 댓글들을 보며 분노하고, 자신은 거기에 동참 하지 않겠다고 결심하며 그가 그런 걸 신경 쓰면서도 편하게 지내 면 좋겠다고 말했다. 그의 원망은 아티스트 개인이 아닌 그를 마 음 편히 사랑할 수 없는 상황을 향하고 있다.

길티 플레저에서 비롯되고, 길티 플레저를 지탱하는 것

m M이 자주 밉고, M을 생각할 때면 고통스럽고, 가끔은 M을 증오하기도 했다는 점에서 우리가 한 것은 M을 향한 사랑이었다. (55)

***

아메 끊임없는 합리화와 정당화의 연속인데, 정당화를 위한 논리를 구축해나가는 과정의 연속이 길티 플레저였던 것 같아요. 학교폭력과 관련한 문제의식은 계속 뜨거운 이슈이고, 학교폭력으로 인해 안타깝게 생명을 잃은 친구들이나 학교폭력에 관한 다큐멘터리나 기사 등으로 미디어에 많이 노출되어서 대중들도 문제의식에 많이 공감하고 있는데. 저도 그런 기사들 보면 가해자들에게 되게 분노하는 입장인데 과연 이 친구[수진/서수진]와 관련된 논란을 외면하려고 하는 게 맞나에 대해 저도 스스로에게 질문을 많이 던졌던 것 같아요. **그렇게 계속 질문을 던지고, 그에 대해 답을 찾으려다 보니, 내가 (다른 학교폭력) 기사에서 분노하는 것과 수진이의 사건은 다르다는 걸 계속 스스로에게 증명해야 하다 보니⋯⋯.**

아메는 정당화를 위한 논리를 구축해나가는 과정이 자신에게는 길티 플레저였다고 말했다. 학교폭력에 대한 강한 문제의식을 갖고 있으면서도 자신의 최애에 대한 마음을 놓을 수 없었던 그는 앞서 살펴본 다른 팬들처럼 처음에는 논란 자체를 부인하고 악성 루머로 여기다 직접 조사에 나서 논란 안에서 쟁점들을 하나

하나 분리해냄으로써 개별적으로 판단을 내리기 시작했다. 어떤 쟁점은 자신의 최애가 잘못한 게 맞을 수도 있지만, 어떤 것은 아니고, 설령 얼마만큼 잘못했더라도 지금 그가 대중으로부터 받는 대우가 과연 정당한지에 대해 고민했다.

이런 고민은 타협과 합리화로 나아갔는데, 그는 이것을 '정당화를 위한 논리의 구축'으로 설명했다. 여기서 정당화란 다른 사람들을 설득하기 위해 필요한 논리라기보다 스스로를 납득시키기 위한 논리에 가까웠다. 아메가 이 과정 자체를 길티 플레저라고 말한 이유는 최애에 대한 자신의 팬심과 자신이 본래 갖고 있던 가치관의 충돌을 스스로 제대로 다루지 못해 그 모순이 해소되지 않았기 때문이었다.

따라서 길티 플레저라는 감정이 감정을 넘어 태도로 전환되는 과정에는 사랑과 가치관 사이, 대중과 팬 사이, 즐거움과 죄책감 사이에서 이뤄지는 (팬의) 부단한 망설임이 필요하다. 대중이 모방을 통해 만들어지고 유지되듯, 팬들 또한 그렇다. 논란의 상황에서 팬들은 두 가지 선택지를 마주한다. 대중의 여론에 합세해 아티스트를 비난하거나, 아티스트의 편에 서거나. 팬들은 이 두 가지 선택지 사이에서 무엇을 모방할지 망설인다. 인터뷰를 통해 때로는 추억이, 때로는 자신의 가치관과 팬심 사이의 충돌이 망설임의 동력이 된다는 것을 발견할 수 있었다.

가브리엘 타르드에게 망설임hésitation은 내면에서 대립하며 충돌하는 두 힘 중에서 무엇을 모방할지 결정하지 못하는 과정이다. 그에게 망설임은 결국 해소되어야 한다.[16] 그러나 내가 발견한 것은 망설임이 해소되는 대신 그 자체로 제3의 선택지가 되는 상황이었다. 죄책감도, 즐거움도 포기할 수 없는 이들의 망설임은 논란이라는 상황을 탈덕 계기가 아닌 다른 무엇으로 변환해낸다. 이때 논란은 단지 묶여선 안 된다고 생각했던 죄책감과 즐거움이 실은 언제나 묶여 있었음을 깨닫는 것 이상의 과정으로 변환된다. 이는 무엇보다 사랑과 가치관의 충돌처럼, '길티 플레저'라는 태도를 생산해내는 자기 안의 모순을 끌어안지 않는 한 더는 사랑이 가능하지 않다는 사실, 동시에 사랑이 없다면 그 모순을 끝내 끌어안을 이유 또한 없다는 사실을 통해 사랑과 모순의 순환을 깨닫는 과정이자, 그 모순을 붙들고 유지하기 위해 수행하는 수많은 협상들의 연속이기도 하다.

덕질, 너무나도 지독한

나 구질구질하게 못 놓아줬다는 시기가 언제예요?

피자 싸불[사이버불링] 당하고, 너무 마음 지치고, 자아 대립이 엄청 심했는데, 엄청 오래 좋아했잖아요. 너무 길게 좋아했으니까 단숨에 딱 정리가 안 되더라고요. 그래서 그냥 하나도 안 보고 하나도 안 듣는 건 아니고, 그냥 뭐 사진 뜨면 봐. 저장도 해. (그런데) 막 그렇게까지는 사랑하지 않아. 그리고 **사랑하지 않으려고 자꾸 다짐하고.** 내가 탈덕해야지, 다른 애들 좋아해야지, 이제 얘네 좋아해서 뭐 하나, 이런 식으로 생각했는데 또 보면 좋고. 보면 재밌고, 얼굴 보면 좋고. 이래서 진짜 무슨 애인 있는 사람처럼, 재결합과 헤어짐을 반복하는 사람처럼, 혼자서 그렇게 구질구질하게 지냈습니다.

......

피자 애정이 있기 때문에 미운 거란 말이에요. 사랑하니까 밉다. 그래서 저는 그때 지드래곤을 엄청 미워했어요.

나 라벨 사건* 때?

피자 네, 너무 미워했어요.

덕질이란 여전히 '어디 나사 하나쯤 빠져서 돈과 시간을 낭비하며 지금만 생각하는 얕은 즐거움'이나 실제 연애에 드는 시간이나 감정과 같은 비용을 감당할 수 없어서 선택하는 불충분한 유사연애로 여겨지곤 한다. 그러나 덕질은 《환상통》에 등장하는 만옥의 말처럼 "지독한 감정 소모"(107)일 때가 많다. 피자는 아티스트와 관련된 사안에 대해 문제제기를 한 뒤 사이버불링을 당하고, 페미니스트 자아와 케이팝 덕후의 자아가 충돌하던 시점에도 자신이 오랫동안 이어온 마음을 포기할 수 없었다.

어떤 의미에서 여전히 논란 속에 있는 팬들에게 덕질이란 자신이 선택한 적 없는, 심지어 자신이 거부하고 싶어도 거부할 수 없는 팬심이라는 상황에 내던져진 상태에서 가치관이 흔들리고, 팬덤 내부와 대중의 관심 감찰 때문에 고립되는 경험에 가까웠다. 다양한 커뮤니티 안에서의 덕질이 중요했던 피자, 홍대, 소바는

---

* 지드래곤의 본명은 권지용이다. 1988년 8월 18일 출생. 2001년에 음악 활동을 시작했으며 빅뱅으로 데뷔한 것은 2006년이다. 2016년 7월, 지드래곤/권지용은 '피스마이너스원'이라는 패션 브랜드를 론칭하면서 공식 인스타그램에 브랜드 제품의 라벨 사진을 올렸다. 이 라벨에는 통상적인 세탁 방법 대신 "그냥 엄마한테 맡기세요Just give it to your mother"라고 적혀 있어서 성차별적이라는 비판을 받았다.

자신의 고민을 누구와도 나누지 못하거나, 마음이 맞는 극소수의 몇 사람과만 나누거나, 자신의 의견을 공개적으로 개진했다가 사이버불링을 당하기도 했다. 그럼에도 이들은 어떻게든 덕질을 이어나간다. 탈덕조차 끝이 아니었고, 탈덕 과정에서 알게 된 돌판의 현실까지 짊어진 채로 팬들은 또 누군가에게 '치여' 덕질을 시작한다. 그렇게 논란과 논란의 경험은 공론장의 배경을 넘어 덕질의 배경을 이루게 된다.

두 개의 생이 엉길 때

히비 실시간으로 (논란을) 안 찾아보는 것도 이게 내가 영위해야 하는 일상생활에 영향을 줄 거라는 걸 알아요. 너무 화가 나서 다른 거 하다가도 이거 생각나고, 계속 이거 팔로업follow-up 해야 하고, 새로 뜬 거 없나 봐야 하고. 이렇게 될 걸 알기 때문에 그냥 애초에 관심을 끄고 좀 정리가 된 다음에 나중에 찾아보자, 약간 이렇게 된 것 같아요.

다큐멘터리 〈케이팝 제너레이션〉 1화에서 팬들은 덕질의 행복이 현생의 고통을 덮어줘서 현생을 계속 살아갈 힘을 얻는다고 말한다. 이처럼 팬들은 종종 현실의 삶, 즉 '현생'으로부터 도피해 쉬기 위해 덕질을 한다고 말하곤 한다. 힘든 상황에 처해 있을 때 몰두할 대상을 찾는 히비에게도 덕질은 현생의 스트레스를 견딜 수 있게 "도파민"을 주는 행위였다. 그래서 그는 현생과 덕질하는 삶, 즉 '덕생' 사이의 경계를 분명히 지켜내고자 논란을 잘 찾아보지 않았다. 찾아보기 시작하는 순간, 즐거움만 가득해야 할 덕생에 온갖 윤리적 고민과 스트레스로 가득한 현생이 침입해 들어오기 때문이다.

그런 의미에서 덕생은 일종의 도피처이기도 하다. 도피처는 매력과 즐거움으로 가득 차야 현생과 분명히 구분될 수 있고, 도피처로서 기능할 수 있다. 그곳에는 행복만이 쌓여야 한다. 그러나 논란 안에서 팬심과 가치관 사이의 갈등과 협상을 경험하게 되면 현생과 덕생의 구분은 흐려진다. 따라서 도피라는 덕질의 목표는 실패한다. 하지만 그럼에도 탈덕하지 못할 때 덕질은 끝나는 대신 재구성되기 시작한다.

논란이라는 계기 속에서 덕질은 현생으로부터의 도피보다 현생의 윤리를 고민하는 과정으로 점차 변모한다. 물론 덕질 자체가 본래 돈과 시간 같은 현생의 자원을 사용하기 때문에 현생과 뚜렷이 구분되지 않지만, 덕생과 현생을 구분하는 가장 큰 기준이었던 '순수한 즐거움'마저도 사라지고 즐거움이 죄책감과의 끝나지 않는 협상에 놓일 때 덕생은 그야말로 '현생을 갈아 넣음으로써' 유지되는 무엇이 된다. 따라서 길티 플레저는 두 개의 상반된 감정 사이에서 만들어지는 태도일 뿐 아니라, 어떻게든 구분하려 했던 두 '생'의 경계가 흐려질 때 만들어지는 태도이기도 하다.

이런 경험들, 팬심에 대한 팬들의 설명들은 덕질이 '가볍고 일시적인 취미'라는 통념과 어긋난다. 길티 플레저는 이런 상황에서 팬들이 겪는 분투와 윤리적 태도를 압축적으로 제시한다. 더는 순수한 즐거움이 없는, 아니, 사실 순수한 즐거움 같은 것은 단 한 번도 없었다는 사실을 팬들은 깨닫는다. 죄책감 없는 즐거움이란 그 즐거움에 연결된 수많은 맥락을 외면할 때만 느낄 수 있는 감정이기 때문이다. 우리에게 필요한 것은 오히려 양가성을 직면하는 태도다. 무언가가 다소간 석연치 않다는 걸 알면서도 나로 하여금 그것을 사랑할 수밖에 없도록 하는 힘을 인지한다는 것.[17]

죄책감과 즐거움이 섞인 상태, 그리고 그것이 떨어질 수 없음을 받아들이는 태도에서 오히려 팬들은 더 많은 걸 배우고 알게 되고 고민하게 된다. 지금 아티스트의 마음은 어떨지, 그가 앞으로 어떻게 살지. 무엇보다도 사람들이 그에게 너무 가혹하다는 것도, 그의 잘못이 진짜인지 아닌지와 같은 아마 영영 알 수 없을 진실도. 덕질의 시작부터 이미 예고되었으나 누구도 원하지는 않았던 과정들이다. 동시에 그것은 논란 안에서도 덕질을 지속할 수 있도록 이끈다.

하늘 그 경험[어떤 배우의 논란 때는 바로 탈덕했지만 아이린/배주현은 논란 이후에도 탈덕 못함]이 있으니까 그것과 비교해서 아이린 사태 비춰봤을 때 나는 레드벨벳은 탈덕 못하겠다 생각했지. 내가 모순적이라거나 누가 날 이걸로 욕한다고 해도 그냥 나는 덕질 해야겠는데? …… 케이팝은 주술이다. 이건 진짜 주술이라고밖에 설명할 수가 없어.

***

피자 태어난 운명 같은 거지. 어쩔 수 없이 우린 이렇게. 왜냐면 케이팝 안 듣는 애들은 안 듣거든요? 근데 듣는 애들은 케이팝만 들어요. 계속 들어요, 끊임없이.

죄책감을 거부하는 순간, 팬들은 탈덕하고 새 사랑을 찾아 떠난다. 홍대가 침묵한 5년의 시간, 소바가 매일같이 인터넷을 보며 겪은 2시간씩의 시간과 같은 죄책감과 불안함의 시간을 망설이며 감수하지 않는다면, 그 아티스트에 대한 사랑은 끝나야 마땅하기 때문이다. 연구자가 전한 일침의 이야기를 듣고 홍대가 언급한 치열함은 바로 이 지점, 팬심과 덕질에서 오는 힘과 고통으로서의 감수능력patiency이다. 충분히 해소되지 않는 찝찝함을 안고 가면서도, "나와 아무 관련 없는" 사람에 대한 사랑을 포기하지 않는, 자기 스스로도 그 동력을 제대로 이해하지 못한 채 이어나가는 망설임 안에서 만들어지는 감수능력. '주술'이나 '운명' 같은 말들은 그런 감수능력을 가능케 하는 매혹을 직감적으로 포착하는 말이었을 테다.

6장

"자꾸 판단을 보류하고 싶어져요"

1. "뭐? 이렇게 예쁘다고?":
허구도 낭만도 아닌 매혹과 사랑

너와 눈이 마주친 그 순간

소바 난 춤멤*을 좋아해서 춤 영상을 많이 봤는데, 직캠도 춤 잘 추는 (있지의) 채령, 예지, 류진, 아이즈원에서 권은비, 김채원, 예나 이런 애들 있잖아. 그때 또 ((여자)아이들의) 〈Oh My God〉을 보게 된 거지. 내가 또 저음 보이스를 진짜 좋아하는데, 저음 보이스를 좋아해서 우기 딱 보고, 헉! 진짜 목소리 좋다. 거기다 **뭐? 이렇게 예쁘다고?**

---

*   '춤 멤버'의 준말로, 춤을 잘 추는 아이돌 아티스트를 말한다.

***

홍대 샤이니를 좋아하게 된 건 2009년에 〈줄리엣Juliette〉 (수록된) 앨범을 보고. 2008년인가? 아무튼 〈줄리엣〉 앨범이야. 그때 딱 뮤직비디오를 봤는데, 완전 꽂힌 거야. '어떻게 이렇게 예쁜 게 있을 수 있지? 너무 예쁘다.' **너무 예뻐서 좋아하기 시작했는데……**.

***

개미 데뷔하고 좀 지났는데, 어떻게 하다가 〈달라달라〉를 봤는데.

나 혹시 엘리베이터 문 열릴 때?

개미 내 마음도 열렸지. 눈 마주쳤는데, 아, 내 마음도 열렸지. 그때 딱 기억나는 사람이 둘이야. 류진이랑 리아였어.

나 그럼 최애는 그때 정해진 거야?

개미 리아가 최고야. …… 전체적인 퍼포먼스나 음악도 되게 좋았던 것 같아. 리아한테 좀 더 매력을 느끼게 된 건 되게 개인적인 이유이긴 한데, (내가) 포니테일을 너무 좋아해.

***

풀문 웃는 게 예쁜. 아 맞아, 나 걸스데이Girl's Day의 방민아부터 시작해서 우주소녀WJSN 루다, 이런 애들로 이어진 **눈웃음 예쁜 애들의 계보**. 아, 나 너무 빻았다. 그리고 프로미스나인 백지헌, 이렇게 웃는 게 예쁜 애들.

***

만옥 나는 그 미소가 좋다. 정말 좋아서 열 번 중 열 번은 죽어도 좋다고 생각한다. (82)

***

하늘 갑자기 막 〈피카부(Peek-A-Boo)〉가 듣고 싶은 거야. 그러니까 나는 그걸 완곡으로 들어본 적이 없었는데, 길거리 다니다 보면 그 정도 유명한 노래는 듣게 되잖아? 그래서 유튜브에 가서 완곡을 들었는데, 추천 영상으로 〈Bad Boy〉 뮤비가 있는데 심지어 며칠 전에 뜬 거였어. 타이밍이 딱 그래서, 그걸 눌렀어. 근데 세상에, 애들이, 너무 이쁘고, 너~무 이쁘고, 뮤비 분위기도 너무 좋고. …… 그리고 그때 추천 영상으로 그것도 떴어, 〈I Just〉라고. 〈피카부〉 때 수록곡인데 뮤비가 있는데, 애들도 너무 예쁘게 나오고…….

나 그럼 혹시 최애는 누구신가요?

하늘 또 최애를 못 고르거든요.

나 아, 완전 올팬이시군요.

하늘 과몰입이 심해서 한 명을 고르면 다른 한 명이 눈에 밟히고, 그럼 또 다른 애들이 눈에 밟혀. 고르질 못해.

***

아메 정확히 어떤 음방[음악방송]이었는지 기억이 안 나는데, 무지갯빛 스웨터에다 흰색 레이스 롱치마를 입은 그런 무대였는데, 춤선이 너무 예뻐서 딱 빠졌죠.

***

히비 유튜브 막 보다가, 아마 카리나 직캠이었을 거예요. (스크롤) 내리다가 썸네일이 너무 예뻐서 그냥 홀린 듯이 들어가서 봤는데…….

팬들이 아티스트와 처음 만나는 순간은 '홀린 듯한' 감각으로 표현된다. 면담 중 등장한 '너무 예뻐서'(홍대), '눈웃음'(풀문), '포니

테일'(개미)과 같은 표현들은 팬들이 아티스트와 접촉한 첫 순간의 감각을 드러낸다. 팬들은 때로 매혹된 바로 그 순간에 자신의 최애가 입었던 옷까지 상세히 묘사한다. 기술의 발전으로 우리는 점점 더 생생하게, 높은 해상도로 아이돌 아티스트를 일상적으로 접할 수 있게 되었다. 문자 매체보다 이미지로 더 풍부한 감정을 촉발하는 현대사회에서 입덕의 순간은 대체로 사진이나 무대, 뮤직비디오와 같은 시각적 경험으로 설명된다. 마치 주술에라도 걸린 것처럼, 인터뷰이들은 그 이상으로 자신이 매혹된 그 상황을 설명하지 못하는 경우가 많았다.

사회학자 이항우는 가브리엘 타르드를 인용하며 "인간은 자신에게 암시된 것을 보고 듣고 믿는 과정에서 부지불식간의 매료, 매혹, 몰입, 유혹에 빠져든다"고 말한다.[1] 기본적으로 다른 사람들의 의견을 듣고 받아들이는 과정을 설명하는 이 구절은 시각 매체를 통해 아티스트들을 접하고 매혹된 팬들의 모습을 설명하기에도 꽤 적절해 보인다. 윤리적 고민에 대한 이야기가 지난하게 이어진 데 비해 매혹의 순간은 비교적 단순한 방식으로 말해졌는데, 이는 매혹 자체가 매우 짧은 순간에 자신도 의식하지 못하는 방식으로 발생하는 최면에 가깝기 때문일 것이다.

입덕, 우연과 운명 사이

"우연 같은 운명까지 It's you, my favorite"

―이달의 소녀, 〈favOriTe〉

입덕은 찬란한 순간들로 표현되기도 하고, 어떤 경우에는 아주 운명적이거나 우연적인 서사 안에서 표현되기도 한다. 빅뱅 탈덕 이후 덕질을 쉬고 있던 소바의 경우 연애와 일, 입시 준비로 바쁜 시기에는 덕질을 이어가지 못했지만, 입시를 성공적으로 끝마친 뒤 공익근무요원으로 군 복무를 하면서 여유가 생기자 덕질을 비롯한 과거의 취미들을 재개한 경우였다.

그는 어릴 적 즐겨 하던 수집형 카드 게임과 만화 보기를 다시 시작했는데, 그때 공중파 음악방송도 다시 틀어서 보기 시작했다. 이렇게 다시 시작한 덕질은 군 복무와 입시라는 생애주기, 그리고 학창 시절 추억의 재소환이라는 맥락에서 의미화되고 있었다. 반대로 하늘의 경우 '절대 아이돌을 좋아하지 않을 것 같았던 자신이' 어찌할 수 없었던 이 사건이 마치 "주술" 같다고 말한다. 여기에는 당혹감과 사랑이 뒤엉켜 있다. 어떤 이들은 중요한 사람과의 이별과 같은 사건으로 너무도 힘들었던 삶의 시기에 갑자기 '그들이 찾아왔다'고 말한다.

만옥 나는 그의 영혼, 내가 사랑했던 열아홉 살의 G의 영혼이 M에게 옮겨간 것이 아닐까 생각을 합니다. …… 그렇지만 M을 향한 나의 사랑을 G의 대리물이라고 보아서는 안 됩니다. 오히려 M이 존재할 거였기에 내가 G를 사랑했다고 보는 것이 옳아요. 나는 이미 M과 사랑할 준비가 되어 있었는데 신의 실수로 그가 세상에 도착하지 않았던 거지요. (57)

★★★

m 만옥은 진심으로 M과 자기 사이에 인간 의지 이상의 무엇이

작용하고 있다고 믿었다. 만옥에게는 그녀가 자주 인용하는 M 과의 운명적 서사가 있었고, 그걸 근거로 만들어진 사랑의 결실 에 대한 강한 믿음이 있었다. (56)

팬심이 생기는 과정은 이처럼 우발적이면서도 지극히 운명 적인 방식으로 서사화된다. 어떤 팬들은 연인과의 이별, 학업 등 으로 인해 힘들 때 우연히 최애가 생겨 시작한 덕질이 일상을 지 탱시켜주었다고 말한다. 외부 상황에 지쳐 몰두할 대상을 찾을 때 덕질을 시작했던 히비의 사례처럼, 팬들에게 덕질은 정확히 그 순간에 무엇보다도 필요했던 것으로 의미화되고 있었다. 《환상 통》에서 만옥은 M에 대한 자신의 팬심을 설명하기 위해 이전에 자신이 덕질했던 G마저도 M을 사랑하기 위한 과정의 일부라고까 지 이야기한다. 음악방송에서 G인 줄 알고 본 사람이 사실 M이었 다는 지극히 우연적인 사건은 '영혼'과 '신'이 포함된 운명적인 서 사로 꿰어진다.

실제로 '입덕 서사'는 종종 운명적으로 설명된다. 때로 팬들은 특정한 해시태그를 통해 자신이 어떻게 덕질을 시작하게 되었는 지 고백하기도 하는데, 각기 맥락은 다르지만 핵심적인 공통점이 있다. 각자의 삶의 경로 안에서, 덕질이 너무나도 필요했지만 자신 도 덕질이 필요한지 몰랐던 그 순간에, '마침 그가 나타났다'는 것.

자신의 삶과 아이돌 산업의 전략이 조우하는 지점에서 팬들 은 '어떻게 이 사람을 사랑하지 않을 수 있나요?'라는 질문을 던질 만큼, 믿을 수 없이 매력적인 타자에게 매혹된다. 전혀 예측하지 못한 상황에서 이들은 갑자기 팬심 속에 내던져지고 덕질을 시작해야만 하는 상황에 놓인다. 선택이라고 부르기에는 조금 어려운 우발적인 사랑들.

덕질은 우연적으로 시작되었지만, 사후적으로 그것은 필연적이고 운명적인 서사로 만들어진다. 그렇게 팬심은 입덕의 우연성과 덕질의 필연성이 겹치는 지점에 놓여 있다. 아이돌 산업은 바로 이런 팬심을 얻어내기 위해, 혹은 구성해내기 위해 '헤메스',* 아티스트의 음색·창법·춤선·외모·실력, 음악, 안무, 무대 구성, 카메라 움직임, 그리고 이 모든 것이 집약된 뮤직비디오와 음악방송, 이들의 다양한 면모를 보여주는 자컨과 예능 프로그램, 직접 소통할 수 있는 팬사인회나 팬미팅 등을 총체적으로 활용한다. 아이돌 산업은 그야말로 매혹을 생산하고 상품화해 소비할 수 있도록 하는, 혹은 누군가를 소비자로 만들기 위해 그를 매혹시키는 매혹 산업인 것이다.

팬심, 낭만과 허구 사이

사회학자 에바 일루즈Eva Illouz는 사회적·문화적으로 승인되는 남성과 여성 사이의 낭만적 사랑의 각본이 어떻게 바뀌는지 추적하며 사랑이라는 감정 혹은 기획이 현대성과 자본주의에 의해 어떤 방식으로 쓰이는지 탐구한다. 그는 특히 현대의 "낭만적 자아는 매스미디어의 사랑 이야기가 지닌 강렬하게 의례화된 시간

---

* '헤어, 메이크업, 스타일링'의 준말. 여기서 '스타일링' 대신 '코디'를 넣어 '헤메코'라고도 한다.

구조를 흉내냄으로써 가장 잊지 못할 낭만적 경험을 '저술'한다"[2]
고 말한다. 이는 기본적으로 일대일의 상호작용을 바탕으로 하는
낭만적 사랑에 관한 설명이지만, 입덕의 과정을 운명적으로 설명
하는 이들의 이야기와도 무관치 않아 보인다.

실제로 아이돌 산업은 앞서 언급한 버블과 같은 플랫폼으로
일대일 관계의 환상을 상품화하고,[3] 그런 환상은 때로 팬사인회에
자주 등장하는 팬을 기억하는 아티스트의 존재로 인해 더욱 강화
되기도 한다. 팬들은 아티스트와 잠시나마 일대일 대화를 나눌 시
간이 있을 때 팬 플랫폼에 무언가를 올려달라고 부탁하며, 아티스
트는 이에 응하곤 한다. 이처럼 아이돌 아티스트와 팬 사이의 관
계는 기본적으로 일대다의 관계일 뿐 아니라, 동시에 환상이면서
이따금씩 현실이 되기도 하는 일대일의 관계가 겹쳐지게 된다.

일루즈는 테오도어 아도르노Theodor Adorno의 말을 빌려 대중
문화 혹은 소비문화가 상상력을 제도화하고, 낭만적 욕구를 특정
한 방향으로 변화시키는 데 상품화라는 체계가 작동하고 있다고
말한다. "현실과는 다르게 추상적으로 그려진 사랑을 갈망하게끔
만든 게 상상력의 제도화"이며, 여기서 상상력은 "고정된 체계 안
에" 갇혀버린다.[4] 그는 상상력이 "만들어낸 허상으로 현실의 상대
를 대체"[5]하는 일이 사랑에서만 발생한다고 말하는데, 아이돌 산
업이 팬심을 만들어내는 원리도 기본적으로 이를 따른다. 팬심은
아이돌 아티스트를 특정한 방식으로 상상하면서 만들어지는데,
상대를 만날 기회가 거의 없기 때문에 사실상 '만들어낸 허상'만
이 전부인 상황에 가깝다고 생각할 수 있다.

그러나 팬심을 '환상'이나 '허상'과 같은 말들로 섣부르게 단

정 짓기는 어렵다. 우선, 자세히 들여다보면 팬심은 일루즈가 말하는 '허구적 감정'과 거리가 있다. 일루즈는 "진짜 감정과 똑같은 인지적 내용"을 갖는 허구적 감정에 대해 "우리가 그것이 실재하지 않는다거나 불가능함을 아는 바로 그것에 의해 촉발"되며, 그것이 영화나 드라마 혹은 소설과 같은 "미학적 형식에 빠졌기 때문에 일어나는" 감정일 따름이라고 설명한다.[6] 하지만 팬심은 허구적 작품 속 인물이 아니라 실존하는 사람을 대상으로 하며, 그렇기에 어떤 실재가 분명히 있다는 확신에서 촉발된다. 팬들이 직접 아티스트와 대면하고, 대면할 수 없다면 잠깐이라도 보기 위해 멤버가 찾아올지 모른다는 일말의 희망을 안고 마음을 졸이며 생일 카페에 앉아 기다리는 등 '오프를 뛰는' 이유는 바로 여기에 있다.

이처럼 팬들에게서 발견되는 사랑은 일루즈가 '현대적 사랑'이라고 부르는 것과 유사한 듯하면서도 미묘하게 어긋난다. 일루즈는 사랑이 현대적 감정이 되는 조건으로 "충분히 잘 상상해서 그려낸 감정과 문화의 시나리오로 어떤 감정을 바라는 갈망은 물론이고 거기 속하는 멋진 인생을 더불어 동경하게" 되는 것을 꼽는다. 이를테면, 누군가를 만나 사랑을 하고, 그와 멋진 결혼식을 올리고, 좋은 집에서 가정을 꾸리고 행복하게 살아가는 것과 같은 서사를 그려내는 방식으로 제도화된 상상력을 활용하게 되는 것이 바로 현대적 사랑이다.[7] 하지만 팬들은 아티스트와 그런 식의 미래를 꿈꿀 수 없다는 사실을 안다. 돌판에서 아티스트에게 하는 '나랑 사귀자', '나랑 결혼해' 같은 말들은 고백이나 프러포즈보다는 감탄사에 가깝다.

아이돌이 약속하는 행복

물론 어떤 팬들은 자신이 좋아하는 아티스트가 너무 성공해서 팬사인회나 팬미팅에 소홀해질 것을 걱정하기도 한다. 그들이 손 뻗으면 닿는 거리에 있기를 바라는 것이다. 이처럼 자신이 '돌려받을' 것을 우위에 두는 팬들도 존재하지만, 그렇지 않은 팬들도 존재한다. 그렇다면 이런 팬들의 마음은 어떤 과정을 거쳐 만들어질까? 그 과정을 추측할 수 있는 하나의 단서가 '팬송[fan song]'에 있다.

팬들이 실질적으로 바라는, 혹은 현실적으로 바랄 수 있는 행복한 미래는 자신의 본진 혹은 최애가 더 많은 대중에게 사랑받으며 성공하는 일일 때가 많다. 이는 낭만적 사랑의 경우와 다르지만, 아이돌 아티스트들은 그와 꽤 유사한 행복을 약속한다. 이는 팬들을 위해 만든 노래, 팬들에 의해 그렇게 받아들여지는 노래, 혹은 콘서트 등에서 마지막 차례로 선곡되는 노래인 팬송에서 단적으로 드러난다.

팬송은 많은 경우 슬픔이나 아련함과 같은 감정을 불러일으키는 분위기로 만들어진다. 앞서 언급한 곡들을 직접 들어보면 그 분위기를 가장 확실하게 느낄 수 있겠지만, 작사가 "노래에 옷을 입히는 작업"[8]이고, "가사는 철저히 멜로디를 위해 존재"[9]하기 때문에 가사만으로도 어느 정도 곡의 분위기를 유추할 수 있다. 또한 팬송은 다른 곡들보다 아티스트가 직접 작사하는 경우가 좀 더 많으며, 이 점은 가사의 '진정성'을 강화한다.

〈i'M THE TREND〉에서 볼 수 있듯, 팬송은 이전의 활동들처

〈표 1〉 팬송의 가사 일부

에스파, 〈Forever(약속)〉

세상 모든 것을 다 준대도 / 바꿀 수 없어 너와의 단 하루도 / 네 곁에서 닮아가는 나를 /
기쁜 마음으로 더 마주할래 (woo woo oh) / Forever forever / 예쁜 것만 주고 싶어 / Forever forever /
가득 채운 마음을 네게 / 영원히 행복하게 / 사랑하며 살 수 있게 / 늘 네 옆에 난 서 있을게 / 늘 지금처럼

이달의 소녀, 〈Playback〉, 이달의 소녀 김립·이브·하슬 작사 참여

너와 우리가 담겨진 이 Playback / 뒤돌아보면 곁에 있으니까 /
그냥 생각 없이 더 볼래 이 밤 오롯이 우리뿐이니까 / 서로에게 맞춰 다 같이 기대앉아 있다 보면 /
우리 어느새 조금 자란 것 같아 / 함께한 Twilight / 보랏빛 하늘 아래 / 별이 빛나는 밤 / 같은 곳을 볼 때 /
여기 수많은 얘기가 시작돼 / 조금은 낯선 궤도를 만나 / 또다시 헤맨대도 / 언제나 넌 내 중심이야 On and on

NCT 127, 〈시차(Jet Lag)〉, NCT 127 마크 작사 참여

괜찮지가 않던 일이 / 너와의 짧은 대화로 / 전부 다 나아진 듯해 / 너무 보고 싶단 말이 /
내 맘을 다 못 전할 게 뻔해 / 괜히 아쉬워 말 안 한 거야 / 너무 아쉬워하지는 말자 /
떨어져 있다 해도 우린 함께 있어 / We got each other 함께라서 / Got each other 아름다워

아이유, 〈에필로그〉, 아이유 작사

짧지 않은 나와의 기억들이 / 조금은 당신을 웃게 하는지 / 삶의 어느 지점에 우리가 함께였음이 /
여전히 자랑이 되는지 / 멋쩍은 이 모든 질문들에 / '그렇다'고 대답해준다면 /
그것만으로 글썽이게 되는 나의 삶이란 / 오, 모르겠죠 어찌나 바라던 결말인지요

샤이니, 〈늘 그 자리에(Honesty)〉, 샤이니 故 종현 작사

늘 그 자리에 있어 날 지켜줘서 / 늘 내가 받을 비난 대신 해서 / 아무 말도 없이 날 감싸준 네 모습을 이젠 /
안아주려 해 / 힘들어져 포기하고 싶을 때 / 약한 맘에 도망치고 싶을 때 /
작은 네 손이 내겐 가장 큰 힘 되는 걸 / 평생 널 위한 노랠 불러 줄게

레드벨벳, 〈My Dear〉

사랑한단 말보다 / 너의 맘의 크기만큼 / 나를 안아줘요 / 내일이면 더욱 커질 맘을 /
우리 마주한 그날 보여주고 싶어 / My dear, my love, my best /
이 순간 느끼는 전부를 모아둘게 / My dear, my love, my best / 이 세상 단 한 사람 너를 위해

(여자)아이들, 〈i'M THE TREND〉, (여자)아이들 민니, 우기, 전소연 작사 참여

I'm the trend, wherever we go / It never ends, can't you see that line /
저기 나를 위해 기다리는 보랏빛을 봐 봐 (봐 봐) / 'Oh my god' / I'm gonna 'Blow Your Mind' /
And make your everyday 'LATATA' / I'm a queen like a 'LION' /
You better move like woh 'Uh-Oh'

있지, 〈믿지(Midzy)〉

It's you and I / 너와 나 지금 이 순간 / 서로가 서로를 그 누구보다 더 / 믿지 I know /
Oh We trust one another / Always be by my side / 내 옆엔 늘 It's you / 항상 믿어준 It's you /
날 따라오면 돼 / 믿지 I know / Oh We trust one another / 믿어줘서 고마워

인터뷰이들의 본진에서 나온 팬송의 가사를 일부 발췌했다. 아티스트가 직접 팬송이라고 밝힌
경우도 있지만, 팬들이 팬송이라고 해석한 경우들도 있다. 팬송이 여러 개인 경우, 작사 혹은 작곡에
아티스트가 직접 참가한 것을 우선 인용했다.

럼 팬들과 아티스트가 공유한 경험을 상기하기도 한다. 나머지 곡
들의 가사에서 알 수 있듯, 팬송에서 아티스트와 팬의 관계는 때
로 연인이나 오랜 친구 혹은 가족에 은유되며, 원래 청자를 연인
으로 설정한 곡을 콘서트 등에서 팬송으로 활용하기도 한다. 이를
테면, 팬미팅의 막바지에서 멤버들이 팬들에게 쓴 편지가 나올 때
배경에 깔린 〈Forever(약속)〉은 유영진이 자신의 아들을 위해 쓴
〈Forever(아이의 크리스마스 선물을 준비하는 아빠들에게)〉(2000)의 청
자를 연인으로 바꿔 리메이크한 것이다. 콘서트가 끝날 무렵 공연
장에 울려 퍼진 〈Playback〉과 〈민지(Midzy)〉는 팬덤의 이름을 직
접 호명한다.* 어느 작사가는 〈시차(Jet Lag)〉를 "롱디 커플의 연애"
이야기로 해석하기도 한다.[10] 이처럼 팬송의 정동은 작사 및 작곡
그리고 연행되는 맥락 안에서 구성된다.

팬송에서는 보통 팬을 충분히 사랑해주지 못한 미안함과 자
신을 언제나 사랑해주는 팬에 대한 고마움이 표현되고, 아티스트
와 팬 사이의 영원한 사랑, 이전보다 더 큰 사랑이 약속된다. 여기
서 팬은 '너', '그대' 혹은 '당신'과 같은 단어나 팬덤의 이름으로 호
명된다. 아이돌 아티스트들은 현생의 고통을 줄여주겠다고, 사랑
해주겠다고, 다음엔 더 멋진 모습을 보여주겠다고, 앞으로도 언제
나 함께하자고 약속한다. 이처럼 아이돌 아티스트들은 소속사-음
반 산업-스트리밍 플랫폼 등이 승인하고 유통하는 팬송을 통해

---

*   (여자)아이들의 공식 색과 응원봉의 색은 보라색("보랏빛")이고, 가사에 등
장하는 'Oh my god', 'Blow your mind', 'LATATA', 'Lion', 'Uh-Oh'는 (여자)아이
들의 노래 제목들이다. 있지의 팬덤명은 '민지Midzy'다. 이달의 소녀의 팬덤명은
'오빛Orbit'으로, 이를 번역하면 가사에 등장하는 '궤도'가 된다.

현생과 분리되어 있거나 현생의 고통을 완화해주는, 온전하고 순수하고 영원한 즐거움이라는 환상으로서의 사랑을 이야기함으로써 행복을 약속한다.

이 추상적인 행복은 마치 아이돌 아티스트의 인성처럼 다양한 경로를 통해 조각보의 형태로 구체화되어간다. 음악을 들을 때 그것은 귀로 들어오는 진동과 가사를 흥얼거리는 입으로, 콘서트에 갔을 때는 들고 흔드는 응원봉과 슬로건, '오프를 뛸 때' 챙겨 입은 특정한 색깔의 옷, 웃음을 주는 자컨, 차곡차곡 쌓여가는 굿즈처럼 물질적인 형태로, 혹은 잠깐 스쳐 지나가는 즐거움이나 뭉클함, 기쁨과 같은 감정의 형태로 구체화되는 행복의 모습들은 얼기설기 엮여 아이돌 아티스트가 선사하는 행복의 약속을 확인시켜준다. 생일 카페에 갔다가 '실물을 영접한' 어느 팬의 입에서 터져 나온 "아, 너무 행복해. 죽어도 좋아"라는 말에서 느껴지는 건 그런 행복감이다.

이때 이 행복의 약속은 아이돌 산업을 관통하는 한국 사회의 집단적 도덕주의를 경계하며 만들어진다. 김수정과 김수아는 2010년부터 2013년까지 가온차트 상위 100위에 오른 케이팝 곡들의 가사를 분석해 사랑을 주제로 한 노래가 85.1퍼센트를 차지한다는 사실을 밝혀냈다. 여기서 사랑은 성애가 제거된 '건전한' 사랑으로, 차트 상위에 오른 곡들이나 아티스트들의 경우 퍼포먼스 측면에서도 그런 '건전함'을 위주로 한다.[11] 한국 사회의 도덕규범에 순응함으로써 아이돌 아티스트가 매력적인 존재일 뿐 아니라 도덕적으로도 올바른 존재라고 어필해 '올바른' 행복을 약속하는 셈이다. 해당 연구가 분석한 시기는 10년 전이지만, 그 결과는 현재의 팬송들에도 충분히 적용된다.

팬송은 특히 그런 건전한 사랑의 전형을 보여준다. 팬과 아티스트가 주고받는 마음은 성적인 것과는 완전히 무관하게 그려진다. 그러나 이와 동시에 다른 곡들의 안무나 뮤직비디오의 연출, 의상 등에서 아이돌 아티스트들은 성적으로 대상화된다.* 아이돌 산업의 매혹 전략에는 다양한 요소가 있고, 성적 매력 또한 명백히 그중 하나이지만, 팬송의 가사에서 그런 측면은 말끔히 지워진다. 하나의 곡이 만들어지고 발표되는 과정에는 작사가와 작곡가, 아티스트, 연예기획사 내의 프로듀서, 때로는 회사 임원들까지 개입한다. 팬송의 가사들이 이처럼 '건전한 사랑', '순애보적인 사랑'을 그려낸다는 사실에서 우리는 아이돌 산업이 만들어내고자 하는 아티스트-팬의 관계가 재현되는 방식을 엿볼 수 있다.

팬심, 너무나도 집단적이고 너무나도 개인적인

하지만 계속해서 논해왔듯, 팬들은 그저 산업의 그물에 포획되는 존재만은 아니다. 팬들의 순애보적인 사랑 역시 일면 진실을 담고 있으며, 팬송의 가사들이 만들어낸 팬심에 얽힌 정동은 오히려 아이돌 산업에 대한 비판적 의식으로 나아가기도 한다. 그렇기

---

* 2015년 가온차트 기준 1위부터 100위 사이에 들어 있는 케이팝 아이돌 걸그룹의 댄스곡들의 안무를 분석한 논문에 따르면, 케이팝 걸그룹의 안무는 "신체성을 부각"해 '관능적'인 분위기를 연출하고, "청순한 여성미를 지닌 성애적 코드"를 포함한다. 다소 차이는 있겠지만, 보이그룹의 경우도 유사하게 논의할 만한 지점이 있다. 이자헌, 〈케이팝K-Pop 걸그룹 댄스의 움직임 특성과 움직임 코드 연구〉, 《우리춤과 과학기술》 35, 2016, 77~114쪽.

에 우리는 팬심이란 무엇인지 알고자 노력할 필요가 있다. 팬심은 어떻게 만들어지고, 어떻게 작동하며, 어떤 일을 하는가.

앞서 여러 인터뷰이들의 이야기에서 드러나듯, 아이돌 아티스트에 대한 팬의 매혹은 대개 시각적인 방식으로 설명된다. 그러나 팬송을 들으며 눈물을 흘리는 팬들의 존재는 그 매혹이 점점 더 관계적이고 정동적인 형태로 변해간다는 사실을 전해준다. 매혹에는 감정이 쌓인다. 예쁜 것만 주고 싶은 마음, 긴 어둠이 와도 너 하나만을 비추겠다는 약속, 어떤 어려움도 나아지게 해주는 것만 같은, 서로를 웃게 해주고 지켜주는, 함께 떠올릴 기억이 가득한, 누구보다도 서로를 더 믿는, 우리의 관계.

저마다의 사정이 있을 테니 단정할 수 없지만, 적어도 내게 그 사람들은 불행한 십대를 버틸 수 있게 한 존재였다. 그들은 손에 닿지 않는 먼 곳에 있었고, 그래서 나는 내가 보고 싶은 방식대로 그들을 봤다. 현실에서 내가 사랑하는 사람은 내 사랑을 거부하기도 하지만, 그들은 나를 사랑하지 않아도 내 사랑을 거부한 적은 없었다. 거부당하지 않는 사랑, 그 사랑이 부족하거나 과하다 말하지 않고 언제나 고맙다고 답해주는 사람. 그런 사랑이, 그런 사람이, 내 삶에 들어와 있는 게 좋았다. 그런 사랑과 사람이 시간이 흘러도 변하지 않도록, 져버리지 않도록, 그렇게 팬질이라는 걸 했다.[12]

소설가 천희란은 《라스트 러브》의 발문에서 팬심의 정체를 고민하며 위와 같이 쓴다. 덕질 혹은 팬심이란 "거부당하지 않는 사랑"이고, 아이돌 아티스트는 "그 사랑이 부족하거나 과하다 말하지 않고 언제나 고맙다고 답해주는 사람"이다. 천희란은 아이돌 아티스트들이 자신의 "불행한 십대를 버틸 수 있게 한 존재였다"고 말한다. 사랑이, 거부당하지 않는 사랑이, 거부당할 걱정 없이 사랑을 쏟아낼 곳이 필요했던 시기에 마침 그곳에 있었던 존재들. 흔히들 허구적 감정이라고 하지만 오롯이 허구적인 감정이라고 보기는 어려우며, 낭만적 사랑에 비견되곤 하지만 오롯이 낭만적 사랑이 될 수도 없는,* 매혹에 감정과 기억과 신뢰가 쌓여나가는 마음으로서의 팬심.

아이돌 아티스트와 팬들이 나누는 감정을 우리는 어떻게 다뤄야 할까. 그것은 어떤 팬들의 표현이나 팬송이 그리는 것처럼 특별하고 아름답기만 한 것도 아니고, 어떤 이들의 비판처럼 그저 돈벌이를 위한 산업의 전략이기만 한 것도 아니다. 마이MY, 밈지Midzy, 러비ReVeluv, 시즈니NCTzen, 네버버Neverland, 오빛Orbit, 유애나UAENA, 샤월SHINee WORLD**……. 팬덤의 이름은 나의 이름이 아니지만, 덕질을 하고 있을 때 그것은 이상하게도 나를 호명하는 것만 같다. 아이돌 아티스트나 소속사가 운영하는 소셜미디어 계정에

---

*　오해를 방지하고자 덧붙이면, 일루즈는 허구적 감정과 낭만적 사랑을 상반되는 것으로 설정하지 않았다. 오히려 낭만적 사랑이라는 관념은 다양한 매체를 통해 생산되는 허구적 감정을 통해 강화된다. 달리 말해, 허구적 감정은 상상력을 특정한 방식으로 활용하여 낭만적 사랑을 제도화하는 과정에 개입한다. 내가 여기서 두 개념을 팬심과 비교한 이유는 두 개념 모두 팬심에 대한 고정관념과 맞닿아 있는 지점이 있다는 것을 언급하기 위함이다.
**　인터뷰이들이 속한 팬덤의 이름들이다. 순서대로 에스파, 있지, 레드벨벳, NCT, (여자)아이들, 이달의 소녀, 아이유, 샤이니의 팬덤이다.

팬들을 부르는 아티스트의 멘트가 적혀 있을 때, 콘서트장에서 아티스트가 팬덤의 이름을 크게 외치며 고맙다고, 사랑한다고 외칠 때, 집단의 이름은 마치 내 이름처럼 느껴진다.

이건 어떻게 가능할까. 팬들은 모두 각기 다른 사람들이고, 너무도 다른 삶을 살아온 사람들인데, 어떻게 그렇게 같은 이름을 공유하게 될까? 책의 초반부에서 다룬 팬덤의 경험도 영향이 있겠지만, 나는 그보다 덕질의 시간성에 집중하게 된다. 덕질의 시간성이란 참으로 신기한 것이라, 시작한 지 며칠 만에 아이돌 아티스트와 팬덤의 몇 달, 몇 년을 따라잡게 된다. 그 시간을 그대로 함께한 만큼은 못 되더라도, 내가 함께하지 못한 시간을 다른 이들이 남긴 기록과 함께, 다른 이들이 봤을 영상과 함께 압축적으로 경험하게 되기 때문이다. 입덕한 이후 자신의 본진에 대해, 자신의 최애에 대해 모든 걸 알고 싶다는 마음은 며칠 밤을 새우면서까지 온갖 콘텐츠를 다 찾아보면서 자신이 놓친 순간을 하나도 남기지 않으려 노력하도록 만든다.

덕질의 시간이란 압축적일 뿐 아니라 반복적이고, 그래서 아주 농밀한 것이기도 하다. 뮤직비디오와 자컨은 팬들이 잘라서 올리는 짧은 영상으로 다시 보게 되고, 그것들을 짜깁기한 짧은 영상으로 또다시 보게 된다. 2차 창작 콘텐츠들을 통해 본 것을 보고 또 보면서, 우리는 어떤 순간들이 언제 무엇을 하다가 나온 것인지 기억하게 되고, 어느 순간에 누가 어떤 감정을 왜 느꼈는지를 기억하게 된다. 이 옷은 언제 어느 무대에서 입었던 것인지, 같은 날에 어떤 다른 일정이 있었는지와 같은 것들을 알게 된다. 옷이나 헤어스타일만 보고도 어떤 날을, 어떤 시기를, 어떤 노래를 떠올리게 된다. 이런 지식들과 감응들을 공유하면서, 또한 서로의 감응을 모방하면서 팬들은 팬덤이라는 하나의 사회를 만들어나가게 된다. 이 안에서 생겨나는 너무나 집단적이고도 너무나 개인적인 감정은 팬 정체성의 중요한 부분을 이룬다.

요컨대 팬들은 아이돌 아티스트들에게 매혹되었으며, 그 사실을 스스로 알고 있고 인정한다. 그리고 팬심은 허구적이라고 말하기도, 낭만적이라고 말하기도 어려운 감정이다. 아이돌 아티스트에게 매혹되는 일은 아이돌 산업의 전략에 포섭되는 일이지만, 그런 일이기만 한 것은 아니다. 팬심은 산업과 문화의 네트워크 안에서 제도화된 상상력에 의해 구성되기도 하지만, 동시에 팬들의 삶의 경로 안에서 각기 고유한 방식으로 솟아난다. 팬심을 이렇게 이해할 때 우리는 논란에 대한 팬들의 반응을 좀 더 정확하게 이해할 수 있다.

2. "제가 좋아하니까 그런 것 같아요": 매혹과 논란이 촉발하는 감응

최애 곁에 함께 장작이 되어

매혹된 팬들은 논란 안에서 엄청난 감정적 부하負荷를 경험한다. 논란은 자신의 운명적인 사랑, 자신을 단단하게 만들어준 관계가 실은 틀렸을 수도 있다는, 심지어는 그 자체로 누군가에게 죄를 짓는 일이 될 수도 있다는 불안과 죄책감을 사람들에게 부여하는 상황이 된다.

그래서 논란이 터졌을 때 팬들은 때로 그 상황을 이해하기조차 어려워한다. 온유/이진기 성추행 논란을 처음 접했을 때 그가 성추행을 했다는 친구의 말에 '온유가 성추행을 당했다고?'라고 반문한 홍대처럼, 피자 역시 대성/강대성의 음주운전 사건을 TV 뉴스로 처음 접했을 때 당연히 그가 사고를 당한 줄 알았다고 말했다. 혹은 풀문처럼 아이린/배주현의 논란에 대해 당사자가 인정하고 사과한 뒤에도 현실을 받아들이기 어렵거나, 일침처럼 근거의 적절성을 따지며 논란의 계기가 되는 폭로의 진실성이나 진정성을 의심하기도 한다. 아래 인용한 문학작품들에서는 내가 만난 팬들이 논란 당시 느낀 감정을 지극히 신체적 반응으로 묘사한다.

아카리 최애가 불타버렸다. 팬을 때렸다고 한다. 아직 자세한 사정은 아무것도 알려지지 않았다. 밝혀진 것이 없는데도 그 사건은 하룻밤 사이에 급속히 논란이 됐다. 잠이 오지 않던 밤이었다. 어떤 예감이었을까, 자연스럽게 눈이 떠져 시간을 확인하려고 휴대폰을 봤는데 SNS가 이상하게 떠들썩했다. 잠이 쏟아지는 눈이 마사키가 팬을 때렸대라는 글자를 포착했고, 그 순간 현실감을 잃었다. 허벅지 안쪽이 자다 흘린 땀으로 축축했다. 인터넷 뉴스를 확인한 뒤에는 여름 이불이 흘러내린 침대 위에서 꼼짝 못한 채로, 퍼지고 재생산되는 글을 바라보며 최애가 지금 어떨지만 걱정했다.[13]

***

만옥 아직도 그날, 텔레비전에서 단신으로 그 소식을 접하던 순간이 생생해요. 순식간에 가슴이 말린 무화과처럼 쪼그라들었지요. 누군가 어떡하니, 라고 말하는 소리가 먼 곳에서 들리는 것 같았고……. 나는 흘러가는 시간을 느낄 순 있지만 받아들이진 못하는 상태로 한참을 정지 속에 서 있었습니다. 뒤늦게 제 몫을 하려 심장이 뛰었지만 때는 이미 늦어, 무거워진 피를 감당하지 못하고 휘청거렸습니다. 농도가 짙은, 끈적이는 피가 어떤 고통도 희석하지 못한 채, 아니 어쩌면 고통을 전달하기 위해 몰아쳤지요. 빠르게, 무척 빠르게……. (13)

일본에서 '불탄다燃ゆ'는 표현은 '온라인에서 비난, 비판 등이 거세게 일어 논란의 대상'이 되는 상황을 묘사한다. 우사미 린의 소설 《최애, 타오르다》와 이희주의 소설 《환상통》에는 그렇게 최애가 '불타는' 상황에서 그 불길 속에 함께 내던져진 팬들의 모습이 묘사된다. 논란 속 팬들은 불면과 식은땀으로 밤을 지새우고, "스스로를 칼로 찌르"기도 하며 "태어나서 받았던 가장 큰 충격 중 하나"(m, 12~13)를 어떻게든 겪어낸다. 모든 걸 부정하고 싶거나 포기하고 싶을 때도 팬심은 즉각 사라지지 않고, 팬들은 바로 덕질을 그만두지 못한다. 인터뷰를 통해 만난 팬들의 경우처럼, 커뮤니티 활동을 그만두고 침묵해도 팬심은 사라지지 않는다.

'가해자 최애'라는 인지부조화

피자 중학생 때인지 고등학생 때인지 지금 정확히 모르겠는데, 아무튼 제가 등교하려고 준비하고 있었는데 갑자기 뉴스가 나오는 거예요. 빅뱅 대성이 음주운전 사고를 냈다고. 나는 사고를 당한 줄 알았어. 그가 운전자일 거라고 생각을 못한 거예요. 그래서 '무슨 일이야? 뭐야?' 그랬는데, 사고를 냈다는 거예요. 근데 그때 한창 2G폰 쓸 때였거든요. 그래서 제가 'VIP턴'이라고, 'VIP'가 빅뱅 팬클럽 이름이거든요. 그래서 'VIP턴'이라고 해서, 팬들끼리 공지사항을 문자로 돌리는 게 있었어요. 그러니까 만약에 희제씨가 저한테 보내면 제가 아는 다른 빅뱅 팬들한테 그걸 돌리는 시스템이죠. 그 뉴스를 보고 VIP턴에 내가 (문자를) 손수 써서 보냈던 기억이 있습니다.

논란을 접한 팬들은 자주 자신이 좋아하는 아티스트와 어떤 종류의 가해 행위를 연결하는 데 실패한다. 논란 초기 온유/이진기와 성추행 가해자를 연결하지 못했던 홍대처럼, 피자 역시 대성/강대성과 음주운전 용의자를 연결하지 못했다. 여기에는 다양한 원인이 있지만, 아이돌 아티스트를 "너무 순진하게 취급하는"(일침) 경향성도 존재한다. 팬들은 종종 아이돌 아티스트의 나이를 언급하며 '아무것도 모르는 나이'라고 이야기하기도 하지만, 여기서 '순진함'은 기본적으로 그가 누군가에게 해를 입힐 수 없는 존재, 즉 무해한 존재여야 한다는 전제와 관련된다. 행복을 주는 대상은 도덕적으로도 무해해야 하기 때문이다.

이처럼 자신이 좋아하는 아티스트가 문제를 일으키리라고 생각할 수 없는 상황에서 이들은 기본적으로 논란 자체를 인정하기 어려워한다. 더욱이 아이돌 아티스트들에게 고도의 도덕성이 요구되는 한국 사회에서 그런 논란은 곧 아이돌 아티스트의 활동 중단으로 이어진다는 점에서, 팬들 입장에서 자신이 좋아하는 아티스트와 논란을 연결해 생각하는 일은 무척이나 힘든 일이다.

따라서 논란의 상황은 팬들에게 마치 전투와도 같다. 팬들은 기본적으로 이 논란을 촉발한 폭로가 진짜인지 가짜인지 조사한다. 만일 가짜라고 판단하면 잘못된 정보를 정정하러 바삐 움직이며, 진짜라면 어떻게 해야 할지 감을 못 잡는, 극도의 긴장과 불안을 경험한다. 이 논란과 관련된 예기치 못한 다른 사태, 이를테면 또 다른 폭로가 어디서 갑자기 등장할지 알 수 없다는 감각, 그리고 잘못된 정보를 바로잡아야 한다는 마음은 팬들이 다양한 플랫폼을 오가며 그야말로 사주경계四周警戒를 하도록 만든다. 그 과정에서 팬들은 식은땀을 흘리고, 시간의 흐름에 뒤처지고, 온몸에 서늘함을 느끼기도 하고, 피가 솟구치는 등의 강렬한 신체적·감정적 반응을 보이게 된다.

논란에서 고양되는 주의력

미디어학자 제임스 애시James Ash는 1인칭 슈팅 게임 '콜 오브 듀티Call of Duty'를 플레이할 때 발생하는 신체적·감정적 반응을 논하며 언제 어디서 적이 나타날지 알 수 없어 계속 경계해야 하는 상황에서 "주의력의 고양된 감각elevated sense of attention"이 생겨난다고 지적한다.[14] 고양된 감각은 사용자들 사이의 우연한 만남이 이루어질 수 있도록 만들어진 게임 내부의 환경과 그 환경에 익숙해지기 위해 게임을 플레이하는 데 필요한 디지털 기기에 익숙해지는 신체적 반복 학습과 연결되며 사용자의 게임 플레이를 주조해낸다. 플레이어들은 이 긴장 상태를 어느 정도 유지하면서도 감정적 동요를 줄이고자 노력하며 게임에 임한다.

특정한 형태로 만들어진 온라인 공간과 그곳에 접속해 활동하기 위한 디지털 기기, 여기에 필요한 신체적 경험과 그 안에서 만들어지는 감정적 경험은 아이돌 논란이 발생했을 때 어디서 어떤 정보나 욕설 등을 접할지 알 수 없는 상태로 컴퓨터나 스마트폰을 통해 온라인 공간을 돌아다니는 매혹된 존재로서의 팬들의 상황을 이해하는 데 참고할 만한 사례가 된다.

타르드는 매혹이 사람을 최면 상태에 빠뜨리며, 그러한 최면 상태에서 사람들은 "완전히 주의를 집중하고 생생한 상상력을 수동적으로 발휘하는 이 기이한 상태"에 빠져 자신에게 들이닥치는 것들을 "꼼짝 못하고 경험한다"고 말한다.[15] 논란 속에서 사방으로 흘러 다니는 관심 혹은 주의력의 경로와 성질에 대한 팬들의 주시는 '피할 수 없어서' 이루어지며, 신고나 (대)댓글 작성 등의 구체적인 실천으로 이어지기도 하고, 진실에 대한 판단을 유보하는 막막한 시간을 불러오기도 한다. 이처럼 싸우러 다니고, 정보를 수집하고, 감정적 부하를 견뎌내는 팬들은 극도의 긴장과 집중 상태를 유지하게 된다. 감정적 동요를 최소화하기 위해 어느 시점에서는 정보 수집을 중단하기도 하고, 감정적 동요를 어느 정도 감수하면서도 계속해서 '적'들을 찾아다니기도 한다.

정동에 열리는 취약함

피자 저는 숨 쉬듯이 여자 아이돌을 보니까 앞으로 향후에 내가 그녀의 얼굴을 볼지 말지를 결정해야 하잖아요. 타임라인에 떴을 때 볼 것인가 말 것인가, 내가 팔로우하고 있는 그녀의 팬 계정을 언팔할 것인가 말 것인가. 예를 들어 (제가) 수진씨를 그렇게 옹호했는데, 만약 이게[폭로가] 진실로 밝혀진다면 저는 또 죄책감에 시달릴 거거든요. 근데 만약에 이분[피해자]의 편을 들었는데 수진씨가 정말 너무나 허위 사실에 고통받는 사람이었다? 그것도 죄책감이 들고. 자꾸 판단을 보류하고 싶어져요.

팬들은 이런 논란 속에서 자신이 마주하는 감정들을 받아들이고 그에 반응하는, 자신의 몸과 마음을 타인들의 정동을 향해 열어젖히는 '정동적으로 취약한affectively vulnerable'16 상태가 된다. 앞서 언급한 폴문과 많은 팬들처럼, 논란이 발생한 직후의 혼란스러운 상황에서 어떤 팬들은 수진/서수진의 입장문에서 전형적인 가해자의 억울함을 느끼고 폭로자에게 감정을 이입하기도 한다. 폭로글에 감정적으로 더 이입한 이들 안에서도 경우가 나뉘었다. 수진/서수진이 무대 위에서 보이는 카리스마와 무대 뒤에서 보이는 부드러운 이미지 사이의 간극에 매력을 느끼던 팬들은 무대 뒤의 이미지에 대한 배신감에 큰 충격을 받아 폭로글에 더 이입하게 되었고, 무대 위에서 보이는 카리스마를 곧 '가해자다움'과 연결했다.
　논란이 사실일 경우 피해자에게 느낄 죄책감과 논란이 허위일 경우 아티스트에게 느낄 죄책감 사이에서 판단을 유보하고 싶었던 피자는 폭로글의 감정에 이입해 결정을 내리기도 했다. 그리고 어떤 팬들은 끝까지 판단을 내리지 못하거나, 잘 모르겠다고 말하면서 여전히 망설이는 모습을 보여주기도 한다.

소바 이게 네이트 판에서 이제 정말 (수진/서수진에 대한 욕과 미담이) 혼재돼서 하루하루 네이트 판을 새로고침했다. 내 친구랑 하루하루 새로고침 하면서 나는 '이제 무서워서 못 보겠다. 나는 트위터를 보겠다' 하는 입장이었고, 처음부터 (수진/서수진을) 좋아했다는 내 친구는 맨날 네이트판에 들어가서, 이걸 읽고 싶지 않은데 읽지 않으면 못 배기겠는 거지. 나는 우기 최애이기 때문에 조금 더 떨어져 있을 수 있어. 수진 최애의 마음을 이해하지 못해. 그러니까 본인이 '이 사람을 잡아야 하냐, 놓아야 하냐.' 이걸 이해하지 못해. …… 그 새벽에 올린 (수진/서수진의) 입장문이 되게 길었는데, **누가 봐도 되게 진짜 힘든 상태에서 쓴, 손편지 같은 느낌이었어.**

나 타이핑인데 손편지 같은 느낌?

소바 어, 손편지 같은. 나는 이걸 보자마자, 아 사실관계 주르르 따라가서 보니까……. 이걸 매일매일 글을 한두 시간씩 찾아보는 나도 복잡한데 일반인들이 어떻게 알겠어요.

＊＊＊

아메 커뮤니티 같은 데서 실시간으로 올라오는 걸 계속 쫓아 다니던 시점이었다 보니, 매일같이 그러다 보니 저는 반박글이랑 같이 접한 거죠. 그러니까 다른 사람은 (수진/서수진을 겨냥한) □□□의 게시글 그 자체만 보고 그걸 아무래도 수진이한테 비교적 비판적으로 작성한 기사를 통해서 접했다면, **저는 좀 더 원본 그대로의 자료와 어떻게 보면 실드를 치는 팬들의 글을 같이 접했기 때문에, 그 자료를 봤을 때 다양한 방향으로 해석할 수 있는 시각을 가지고 있었지만,** 팬이 아닌 사람들은 뉴스만 보니까 그 자료에 다른 방향의 해석이 있다는 걸 알기 어려웠겠죠.

소바는 아티스트가 타이핑으로 작성해 올린 입장문이 마치 손편지 같았다고 묘사했다. 손편지는 아티스트의 굿즈나 특별한 이벤트에 활용되고, 때로는 자필 사과문의 형태로 팬들에게 등장하기도 한다. 공통적으로 이는 어떤 진심을 담은 것으로 여겨지는데, 그런 점에서 수진/서수진의 입장문을 읽는 소바의 행위는 단지 그 글의 내용을 머리로 이해하는 것이 아니라, 거기서 손편지가 전하는 것과 같은 진심이나 간절함을 마음으로 받아들이는 행위였다.

이처럼 정동적으로 취약한 상태에서 소바와 아메는 모두 실시간으로 나오는 정보들을 따라갔다. 두 사람은 신문 기사가 오히려 상황의 맥락을 충분히 담아내지 못한다고 지적했다. 이런 측면에서 팬과 '일반인', 즉 팬이 아닌 사람의 차이는 논란과 관련된 정보를 다르게 느끼는 것뿐 아니라, 어떤 경로로, 얼마나 빠르게, 또 얼마나 원본에 가깝게 획득하는지와 관련해 드러난다. 통상적으로 팬 혹은 팬덤은 그들이 좋아하는 아티스트와 관련된 사안에서 편향적이라는 비난을 받지만, 이들은 오히려 팬이 아닌 사람들이 더 좁은 정보를 접하는 탓에 편향적이라고 지적했다.

아메는 "다양한 견해를 보면 이게 이렇게 매도될 만한 게 아닐 수도 있겠다는 가능성을 인지"하게 될 수 있다고 말했다. 그는 논란이 진행됨에 따라 정작 원래 문제가 되었던 언행에 대한 구체적인 논의는 사라지고 대중은 기자나 사이버렉카 등에 의해 만들어진 프레임에만 집착하게 된다고 비판했다. 그는 팬이 언론-사이버렉카-대중이 이루는 네트워크와 어느 정도 거리를 둔다고 인식했으며, 그 기준은 이들이 접하는 정보의 양과 질에 있었다.

매혹이 활성화하는 주의력

종로 제가 너무 좋아해서 그렇게 본 걸 수도 있지만, 어쨌든 저는 '그렇게까지 나쁜 애 아닌데' 솔직히 이런 생각이 좀 들었어요. …… 만에 하나 아닐 수도 있잖아요. 진짜 아닐 수도 있고, 뭔가 가능성을 자꾸 열어두게 된 것 같아요. 그건 제가 좋아하니까 그런 것 같아요. …… 저 사람이 만일 가해자라면, 전 그 사람이 자숙할 거라는 믿음이 있었던 거 같아요. 그리고 분명히 저는 이런 식으로 계속해서 팬들이 그 사람한테 기회를 주길 바랐던 거 같은데, 저는 사건보다 사건 이후의 태도가 더 중요할 수 있다고 생각했고, 저 사람이 그 사건 이후에 어떤 태도를 보여줄지 아직 모르기 때문에 가능성이 있다고 생각했어요.

이때 팬들은 꾸준히 자신의 의견을 의심하고 또 수정하면서도, 그 기저에 있는 것이 이성이 아닌 매혹이라는 것을 먼저 자처해서 언급하고, 또 인정하는 이들이었다. 팬들이 이처럼 집요하게 정보를 찾고 더 나은 판단을 하고자 부단히 노력할 수 있었던 것은 이들이 스스로 인정하듯 팬심 때문이었다. 그들이 망설이고, 또 망설임을 끝내지 못하는 이유도 매혹에 있었고, 그들 역시 이 사실을 직시하고 있었다.

이때 매혹이 생성 혹은 활성화하는 것은 하나의 관심사 안에서 다양한 정보를 수집하고 종합하는 능력으로서의 주의력^{attention}이다. 논란과 관련된 정보를 주로 접하게 되는 온라인은 수많은 정보가 범람하는 공간이며, 그 정보들은 알고리즘 등을 타고 번갈아가며 우리에게 등장한다. 이때 우리가 어딘가에 관심을 기울일 수 있는 역량은 언제나 주의가 분산되는 환경과 관련된다. 소셜미디어의 수익 모델은 사람들이 클릭하고 싶어 할 법한 새로운 콘텐츠들을 계속해서 제공하며, 사람들은 이러한 콘텐츠들을 빠르게 소비하고 평가하며 지나간다. 여기서 하나의 콘텐츠에 쓸 수 있는 주의력의 지속 시간은 점점 짧아진다. 따라서 소셜미디어는 관심을 끌기 위해 알고리즘을 통해 주의를 분산시킨다는 역설적 전략을 활용한다.[17] 플랫폼 입장에서는 사용자가 개별 콘텐츠에 깊이 집중하게 만드는 것보다 해당 플랫폼에 오랫동안 머무르게 하는 것이 더 중요하기 때문이다.

이런 관심경제 안에서는 정보의 생산 주기 또한 점점 더 짧아진다. 정보는 짧은 순간 관심을 얻으며, 오래된 정보는 새로운 콘텐츠에 관심을 빼앗긴다. 그러나 사람들의 관심을 받는 주제는 더 많은 관심을 받기 쉽기 때문에, 같은 주제에 대한 새로운 정보가 계속해서 만들어진다.[18] 아이돌 아티스트들의 논란도 마찬가지다. 하나의 논란이 터지면 수많은 온라인 커뮤니티 사용자들과 사이버렉카들은 해당 아티스트와 관련된 이전의 정보들을 부정적인 형태로 재구성한다. 그의 인성은 언제나 실망스러웠고, 그것이 이제 와서야 '발견'되었을 뿐이라는 식으로. 그렇게 논란은 시간을 다시 쓴다. '피곤함'을 드러냈던 얼굴의 주름은 이제 '인성 문제'로 해석되고, 미소를 띤 인사들은 위선이 된다. 여기서 알 수 있는 것은 논란 안에서 인성이 논란의 원인보다 결과에 가깝다는 사실이다. 논란을 통해 구성된 인성은 마치 언제나 그런 형태로 거기 존재했던 것처럼 여겨짐으로써 과거를 새롭게 쓴다.[19]

이처럼 논란 콘텐츠를 새롭게 만드는 것은 그것이 사람들에게 주는 믿음 혹은 감정이다. 분산된 주의력은 음모론적 구조의 문제를 하나하나 따지기보다 그것을 자연스럽게 받아들이기 쉽도록 만들고, 대중의 재빠른 캔슬은 관심경제의 원동력인 주의 분산을 생산하는 주된 기제로 작동한다. 재빠른 캔슬이 있기 때문에 논란은 매번 새로운 콘텐츠, 최신 유행 이슈가 될 수 있다.

매혹을 인정할 때 가능해지는 것

새로운 콘텐츠가 끝없이 올라오는 온라인에서는 주의력이 분산되면서 관심이 사방을 흘러 다니는 것이 자연스러워진다. 이때 논란과 팬심이 만나는 지점에서 발생하는 주의력의 고양된 감각은 팬들로 하여금 소셜미디어가 대중들이 관심을 가질 만한 정보로 여겨지지 않는 정보를 찾게 하고, 나아가 그 정보들을 수집해 종합하는 주의력을 발휘함으로써 실시간으로 만들어지는 콘텐츠들의 구조가 음모론적인지 아닌지 판가름할 수 있게 한다.

이처럼 온라인 공론장에서 주의력을 발휘하는 데 필요한 것은 소위 '합리적 이성'이 아니라, 팬들을 정동적으로 취약하게 만드는 논란과 팬심의 접속이었다. 논란 상황에서 팬들은 영상들에 마음 편히 '좋아요'를 누르거나 조회수를 올려주지 못하게 되고, 알고리즘을 따라 계속 스크롤을 올리고 다음 동영상을 재생하는 손가락 움직임처럼 습관화되었던 주의 분산은 각각의 콘텐츠가 무엇을 보여주고 무엇을 말하며 어디에 어떻게 감응하는지를 따지는 주의력으로 바뀌어간다. 이 주의력을 통해 새롭게 얻은 판단과 지식들은 방대한 논란의 네트워크에 그대로 휩쓸리지 않고, 사실의 지위를 얻은 논란에 문제를 제기할 수 있는 힘으로 이어진다.

팬들은 팬심이 자신의 동력이라는 사실을 인정하고 있었다. 이 점은 수많은 공론장에서 논쟁을 벌이는 사람들 대부분과 팬이 구별되는 중요한 지점이다. 물론 매혹에서 비롯된 주의력의 고양된 감각은 보고 싶은 것만 보고 듣고 싶은 것만 듣도록 함으로써 음모론적 확신을 강화할 수도 있고, 폭로자나 피해자를 적극적으로 비난하도록 이끌 수도 있다. 하지만 논란과 함께 매혹은 얼마간 흔들리게 된다. 이 지점에서 팬들은 여전히 매혹되어 있지만, 자신이 매혹되었다는 사실을 다소간의 거리를 두고 인정할 수 있는 존재가 된다. 평소의 덕질에서와 달리, 논란 상황에서 매혹은 재고되거나 어떻게든 떨쳐내야 하지만 쉽게 그렇게 되지 않는 대상이기 때문이다. 이때 매혹에 대한 인정은 팬들로 하여금 자신의 판단을 온전히 신뢰하지 못하고 계속해서 되짚어 고민하도록 만들었다.

기꺼이 매혹당하고, 또 그 사실을 인정함으로써 팬들은 감응하는 존재로서 논란의 음모론적 구조에 비판적으로 접근할 수 있는 주의력의 전제를 구성할 수 있게 된다. 논란 속에서 팬들이 보여주는 문해력은 합리성보다는 매혹과 절박함에서 비롯된 주의력에서 나왔다. 지극히 이성적인 능력이라고 여겨지는 문해력조차 사실은 감정과 깊이 관련되어 있었다. 특정한 배치가 자아내는 매혹은 특정한 관심과 주의력을 출현시킬 뿐 아니라, 이를 폭발적으로 늘리고 강화하기도 한다. 여기서 주의력 혹은 관심은 제로섬이 아니며, 늘어나거나 줄어들 수 있는 가변적인 대상이라는 점이 드러난다. 그것은 일정하게 배분할 수 있는 균질적 '자원'이 아니라, 매 순간 다른 강도와 질을 지닌 '상태'에 가깝다.[20]

　이처럼 내가 만난 팬들에게 덕질의 경험은 논란의 네트워크를 겪어내는 일이었으며, 그 겪어냄의 전제에는 매혹에 대한 인정이자 굴복으로서의 팬심이 있었다. 이들의 윤리적 고민이 어느 방향으로 종결되지 않고 이어지면서 이들이 끊임없이 문제에 놓이는 주체가 될 수 있었던 이유는 매혹과 윤리가 이들 안에서 계속해서 경합했기 때문이다.

3. "결론을 정해놓지 않고 계속 돌려보냈으니까": 망설임이라는 정지비행

타자들에게 휘말리다

　이렇게 정동적으로 취약해진 상태에서 팬들이 보이는 감응은 인터넷에서 마주하는 아티스트의 사진이나 아티스트가 쓴 글, 폭로글과 그에 감응하는 학교폭력 피해자들의 댓글들이 고통받는 타자의 '얼굴'로 작동하고 있음을 보여준다. 임마누엘 레비나스 Emmanuel Levinas와 같은 철학자들은 고통받는 타자의 얼굴을 마주하면 멈춰 설 수밖에 없고, 그 얼굴에게 명령받을 수밖에 없는 수동적인 주체를 논했다.[21] 우리가 아이돌 논란 안에서 마주하는 것은 단지 아티스트 한 사람만이 아니다. 거기에는 수없이 많은, 때로는 구체적인 얼굴조차 알기 힘든 익명의 타자들이 있다. 매혹과 고통이 만나 매혹이 흔들리는 지점에서 탄생하는 것은 망설이는 주체다.

소셜미디어 계정으로 더 많은 사람과 마주치는 돌판에서 얼굴은 조금 다른 형태를 띤다. 상품화된 인격의 틈새에서 상품을 다시 인격화하면서 우리는 아이돌 아티스트의 얼굴을 만들어낸다. 그리고 아티스트에게 해를 입었다고 폭로한 이들은 '폭로글'이라는 얼굴을 지니게 된다. '어쩌면 해당 아티스트를 보고 트라우마에 힘들어할지 모를 익명의 누군가'를 걱정하며 윤리적 분투를 이어나가는 이유는 폭로글과 자신도 학교폭력 피해자라는 댓글들이 그 자체로 얼굴로 기능하기 때문일 테다.

> **홍대** 내가 클럽에서 보고 듣고 겪은 게 맞는 건지, 아니면 온유를 내치는 게 맞는 건지, 근데 이렇게 하면[내가 겪은 게 맞으면] 그 여자는 그냥 꽃뱀이 되는 거야. 그러니까 나는 아직도 온유에 대해 내 입장을 정리하지 못했어. 잘 모르겠어요. …… [2분 남짓 경과] 솔직히 말하면 아직도 나는 온유가 잘못했다고는 생각하지 않아. 이런 얘기 어디 가서 하지는 않았는데, (이야기 듣는) 상대가 어떻게 생각할 줄 아는데. 그러니까 이제 그 피해자에 대해서는 생각을 안 하기로 한 거야. 이거 거의 묻어둔 거야. 내가 이렇게 생각한 것 자체가 사실 2차 가해잖아.

인터뷰이들은 몇 분 간격으로 상반되는 말을 하곤 했다. 논란으로 탈퇴한 멤버를 기다리고 있지만 다시 돌아오진 않을 거라고 생각한다는 소바의 말이나, 논란을 겪은 멤버에 대해 입장을 정리하지 못했다고 말하면서도 해당 멤버가 잘못했다고 생각하지 않는다는 홍대의 말은 표면적으로 볼 때 앞뒤가 맞지 않는다. 반복적으로 자신의 말을 부정하는 듯한 모습들은 그들의 단정적인 말들보다는 '잘 모르겠어요'와 같은 유보적인 말들에 무게를 싣도록 한다.

홍대 (인기가 많으면) 또 조그마한 거라도 더 많이 터지니까. 이번에도 태민이 군대를 현역으로 갔다가 공익으로 전환한다고 해서, 근데 그 이유가, 이건 팬들도 몰랐는데, 거기서 공황이랑 우울증이 너무 심해져서 더 이상 할 수가 없어서 이제 (공익으로) 한다 이랬는데. 주는 아니었지만 그래도 거기에 한 30~40퍼센트 정도는 또 그런 게 있더라고. '연예인 맨날 그놈의 공황.'
나 아니, 그건 산재인데.
홍대 내 말이. 열여섯 살에 데뷔했는데 공황이 없는 게 더 (이상하지).

***

종로 저는 그 사람 남은 인생이 걱정돼요. 저 사람 자살할까봐. 뭔가 잊을 만하면 올라오고, 잊을 만하면 올라오고, 잘못하면 죽고 싶다고 생각할 수도 있을 것 같아요. …… **아이돌 못해도 상관없는데 잘 살았으면 좋겠다. 근데 잘 살 수 있을 것 같지가 않은 거야.** 이런 상황이 계속 반복되면, 저 사람이 언제 자살했다는 기사가 올라와도 이상하지 않을 것 같다.

이런 말들은 이들이 서로 충돌하는 수많은 타자들의 호소를 동시에 마주한다는 점에서 매끄럽게 정리되지 않는다. 우선 팬들은 아이돌 아티스트의 정신건강을 크게 염려한다. 실제로 어떤 소속사들은 아이돌 아티스트들의 정신건강 관리를 위해 전문 상담 인력을 붙이기도 한다. 팬들의 이런 염려는 과도하지 않은데, 실제로 사람들의 비난과 집단적인 사이버불링에 따른 우울증이나 공황장애 및 다양한 요인으로 인해 자살로 내몰린 아이돌 아티스트들의 실제 사례가 적지 않기 때문이다.

한 인터뷰이는 최근 몇 년 동안 발생한 아이돌 아티스트의 자살 사건을 언급하며, 특히 덕질 초기에 논란이 일어날 때마다 너무 두려웠다고 말했다. 연예인이나 정치가, 혹은 경영인과 같은 유명인의 자살 사건은 2005년 배우 이은주씨의 자살 사건 이후 더 빈번히 우울증과 결부되었다. 이러한 맥락을 고려할 때 우리는 "기사 보도가 우울증에 관한 사회적 관심을 증폭시키고 이후 우울증 관련 기사들이 봇물처럼 쏟아져 나오도록 영향을 끼친 것은 아닌지 생각해 볼 수 있"다. 특히 2005년부터 2010년 사이에 발행된 기사 중 우울증 관련 보도가 잦아진 것은 유명인의 사례에 대한 언급이 증가한 현상과도 밀접한 관련이 있다.[22] 아이돌 아티스트보다는 넓은 범주의 이야기지만, 여성학자 권명아는 여성 스타들의 죽음을 역사화함으로써 "한국의 문화산업은 성 착취와 여성 연예인의 무덤 위에 번창했다"고도 이야기한다.[23] 이는 특히 여성 아이돌 아티스트를 좋아하는 팬들의 불안감에 역사가 있음을 보여준다. 여성 스타를 향한 팬심에는 동경과 함께 위태로움에 대한 염려가 공존하게 된다.[24] 이러한 불안의 정동이 여성 스타를 넘어 전염되면서, 논란은 팬들로 하여금 자신이 사랑하는 아티스트를 죽음으로부터 보호해야 한다고 생각하게끔 만든다.

직업인으로서의 아이돌

아메 수진 개인을 좋아하는 팬으로서는, 실은 본인의 커리어가 망가진 거잖아요. 그리고 친구로서 생각했을 때 또 너무 안타까운 거죠. 인생에서 그것만을 위해 청소년기를 보냈던 사람에게 커리어로 재기할 기회가 없어진다는 게 너무 좌절스러운 얘기잖아요. 그래서 그런 의미에서 계속 응원하게 되는 것 같고, 정도가 과도하다고 생각하는 것 같아요. 그니까 실은 아이돌 산업에서 아이돌은 오직 아이돌 데뷔만을 위해 인생에서 학업에 열중할 시기를 다 희생해서 연습하는 건데 이 친구들은 어떻게 보면 아주 어린 시절부터 자기 커리어에 모든 걸 쏟아 붓고 있던 사람들인 거잖아요. 근데 그런 친구들을 손쉽게 탈퇴를 시켜라, 퇴출을 시켜라, 이런 건 소위 그런 거죠. 저에게 수능 볼 기회를 박탈해라, 취업을 제한해라. 할 줄 아는 게 공부밖에 없는 사람에게 그렇게 얘기하는 것과 뭐가 다른가.

팬들이 논란 속에서 아티스트가 처할 수 있는 심각한 심리적·물리적 위험을 걱정하게 되는 이유는 한편으로 그것이 이들 삶의 유일한 커리어이기 때문이다. 아메는 논란의 진실이 밝혀지지 않더라도 논란 속 아티스트의 커리어는 망가지는데, 아이돌 아티스트가 되기 위해 이들이 보낸 세월과 노력도 모두 물거품이 된다고 말한다. 대학을 나오지 않으면 사람 취급도 못 받는다는 이야기까지 나오는 한국 사회에서 수능이나 내신을 통한 대학 입시로 대표되는 학업을 포기하고 다른 진로를 선택하는 일은 종종 배수의 진을 치고 사실상 인생 전체를 거는 일이기도 하다. 아이돌 아티스트가 되기 위한 연습생 생활은 초등학교나 중학교 때와 같은 학령기에 주로 시작되며, 늦어도 고등학교를 다닐 시기에는 시작된다. 아이돌 아티스트나 연습생이 주로 진학하는 고등학교가 따로 있기까지 하며, 학교를 자퇴해야 하는 경우도 많다.* 그런 의미에서 아이돌 아티스트들은 사회적 표준에서 벗어나는 독특한 생애주기를 경험하게 된다고 볼 수 있다.

아메는 아이돌 아티스트들의 데뷔 및 활동을 학생들의 수능이나 취업에 비교하며 그들의 커리어를 고려하고 있다. 이는 아이돌 아티스트를 "직업인으로서 존중"해야 한다고 말하는 개미와도 통하는 지점이다. 아메에게 수능과 취업은 자신의 진로를 결정하고 실행하는 데 필수적인 요소이기에, 데뷔와 방송 활동은 아이돌 아티스트의 진로에서 필수적이라는 점을 아메는 강조하고 있었다. 비슷한 맥락에서 히비는 데뷔 직전부터 논란을 겪고 결국 데뷔 직후 탈퇴한 아이돌 아티스트에 대해 이야기하면서, 아이돌 아

---

* 이를테면, 앞서 언급한 SMU의 경우 오전 9시부터 오후 6시까지 주 5일 수업을 하기 때문에 이 학원에 합격하면 학교를 자퇴해야 한다. 여기서 공부는 '실용 영어'처럼 아이돌 아티스트로서 일하는 데 필요한 수준으로 이뤄진다. 이후연, 〈입학 조건이 학교 자퇴… SM, 사교육 1번지에 만든 학원 정체〉, 《중앙일보》, 2023. 4. 4.

티스트나 연습생이 아이돌을 못하게 되었을 때 선택할 수 있는 적절한 진로와 같은 안전망이 필요하다고 말했다.

아메와 개미는 아이돌 아티스트를 "친구로서" 생각하기도 했는데, 이것은 독특하게도 '직업인'으로서 그들을 바라보는 것과 같은 맥락이었다. 얼핏 거리가 멀어 보이는 '친구'와 '직업인'은 '상품'의 반대항으로, 자신의 고유한 삶을 지닌 존재를 가리킨다. 친구가 우정의 대상이나 인격체라면, 직업인은 자신의 꿈을 위해 노력하는 존재, 커리어를 지닌 존재를 말한다. 두 경우는 각각 '인격'과 '노력'이 지워지지 않는 한에서 비난이 아닌 정당한 비판을 하길 요구하는 언어이기 때문이다. 다른 인터뷰이들에게서도 '직업인'이라는 표현이 자주 등장한 데는 그러한 맥락이 존재하는 동시에, 아마 인터뷰이들의 주변에 직업인들이 존재하는 생애주기라는 점 또한 작동했을 것이다.

수많은 얼굴이 나를 멈춰 세울 때

하지만 논란 안에서 팬들은 아티스트만을 마주하지 않는다. 태도나 실력이 아닌 학교폭력이나 성폭력 등으로 논란이 될 경우, 팬들은 실재할지 모를 피해자들과 그들이 겪었을 고통을 짐작하고, 그 고통에 감응한다. 팬들은 자신이 좋아하는 아티스트를 죽음으로부터 보호해야 하는 동시에, 그들 때문에 고통받았을지 모를 누군가의 편에도 서야 한다. 이처럼 논란이라는 상황에서 타자들은 제각기 다른 호소를 하며, 이 호소들은 수없이 충돌한다.

온유/이진기와 피해 여성이라는 타자들 사이에서 윤리적 분투를 이어나가야 했던 홍대처럼, 소바와 피자, 아메는 수진/서수진이라는 타자와 자신이 대면할지도 모르는 학교폭력 피해자들 사이에서 윤리적 분투를 이어나갔다. 아직 대면한 적 없는, 어쩌면 앞으로도 대면할 리 없을, 직접 다가오지도 않은 이들까지 타자로 받아들이고 그들 앞에 멈춰서는 일이 논란 속 망설이는 팬들의 모습에 가까웠다. 매혹된 주체, 좀 더 정확히는 자신이 매혹되었음을 인지하고 또 인정하는 주체인 팬들은 논란 속에서 고통 받는 타자의 얼굴(들) 앞에 멈춰서는 망설이는 주체가 되는 것이다.

망설이는 팬들은 자신이 놓인 상황에서 자기가 사랑하는 "타자만이 아닌 타자들이 이미 개입해 있"음을 알고, 때로는 그들에게 이입하여 윤리적 판단을 수정하기도 한다. "여기서는 내가 대면하고 있는 타자에 대한 책임만이 아니라, 타자들에 대한 책임이, 모두를 위한 책임이 성립"[25]하는 동시에, 자기 자신의 가치관에 대한 책임이 성립하고 있었다. 논란 속 팬들의 가치관과 사랑이 충돌하는 지점에서 생겨나는 것은 바로 죄책감과 망설임이다. 이들은 논란 대신 그 안의 타자들에게 휘말리고 끊임없이 문제에 놓임으로써 윤리적 태도를 구성해나가게 된다.[26]

어떤 팬도 팬이기만 하지 않다

팬들의 망설임은 특정 사건이나 논란에 대해서만이 아니라, 오직 팬이기만 할 수 없는 자기규정과도 관련된다. 페미니즘 리부트 이후 팬들의 문화 실천에 대한 한 연구에서는 팬들이 스스로를 팬이라고 말하는 것보다 페미니스트라고 말하기를 더 어려워한다고 밝혔다. 그들은 자신이 페미니스트라고 생각하면서도 부채감이나 죄책감을 느끼고 있었고, 페미니스트라고 말할 자신이 없다고도 말했다. 아이돌 팬으로서 자신을 이야기할 때는 "부끄러움과 웃음이 공존한 반면, 페미니스트인 자신에 대해서 말하는 것은 면접자에 따라 어려움이 있었"다. 이처럼 "입덕 후 자신을 아이돌 팬으로 정의내리는 것은 너무나 자연스러운 일"이었지만, "페미니스트로 자신을 정의내리는 것은 자연스러운 일보다는 의식적이고 당위성이 필요한 일"이었다.[27] 페미니스트라는 명칭에 자신이 정말 부합하는지에 대한 고민은 너무도 복잡한 문제였지만, 그에 반해 자신이 누군가의 팬이라는 것은 꽤 자명하게 여겨졌다.

반면 논란 속 팬들에게 학교폭력이나 갑질 등이 비도덕적인 행위라는 가치관이나 태도는 당연히 받아들여야 하는 영역이었다. 오히려 이들은 자신이 논란 속에서도 여전히 팬임을 인정하기 어려워했다. 이는 주로 집단적 도덕주의의 형태로 나타나는 대중의 도덕을 내면화하면서도, 그 관점을 온전히 모방하지 않고 자신의 팬심을 돌아보며 윤리를 갱신해나가는 팬들의 모습을 보여준다.

여전히 사건 자체의 진실에 대해서는 알 수 없다고 말하는 이들이 많지만, 설령 논란 속 폭로들이 진실이더라도 이들은 논란 속 아티스트들이 변할 수 있는 존재라고 믿었다. 그리고 그렇게 믿기 위해 망설이는 과정에서 때로는 자신의 가치관을 바꾸기도 하면서, 팬과 아티스트의 관계는 (직접 소통하지 않더라도) 서로를 '변할 수 있는 존재'로 만들어내는 관계가 되어간다. 팬심, 팬심으로 수집한 수많은 정보, 그룹에 대한 추억과 애정, 팬심으로 엮어낸 조각보로서의 사람이 팬들의 망설임을 지탱했다.

감수능력, 망설이는 힘

홍대 그런 결론을 내리기까지 나 혼자서 너무 많은 정리를 하고 거기서 부딪히는 모순들을 찾아가면서, '이걸 어떻게 해결하지?' 결론을 정해놓지 않고 계속 돌려보냈으니까.

이처럼 망설임을 끝내지 못하는 것, 끊임없이 문제에 놓이는 것은 팬들의 감수능력에 의해 가능해진다. 가브리엘 타르드는 "타자에게 매혹되고, 빙의되고, 그 위세에 포획되는 인간, 타인의 영향력에 휘말리고, 암시받고, 매료되는 인간"으로부터 사회세계가 만들어진다고 주장한다.[28] 사회가 만들어지는 과정으로서의 모방은 암시에 걸리는 자, 즉 감수자感受者, patient로부터 시작되며, 사회는 모방에 의해 만들어지기 때문이다. 여기서 수동성은 능동성의 선행 조건이며, 주체는 타자에게 응답하는 행위자이기 이전에 타자의 매혹을 겪고 감수하는, "다른 존재들이 가하는 행위의 작용을 수용하고 받아들이는 자"이다.[29]

감수자의 행위는 "망설임이나 기다림, 고통과 수난과 같은 '견딤endurance'"[30]으로 나타난다. 홍대는 수많은 정보를 수집하고, 그 정보들을 다시 의심하기도 한다. 정보를 찾아 헤매는 그의 모습은 분명 적극적인 팬의 모습이지만, 동시에 그 과정은 그가 수년간 떳떳하지 못하다는 감각을 견디면서도 피할 수 없었던 것이었다. 그 배경에는 그가 경험한 매혹이 있었다. 그 과정은 그에게 '선택한 것'보다 '선택하지 않을 수 없었던 것', '견뎌야만 하는 것'에 가까웠다.

대다수의 팬과 대중이 비슷한 판단을 내리는, 그 판단을 거스르는 것이 비윤리적인 동시에 다른 여성들에게 해를 끼치는 일로 여겨지는 상황은 홍대에게 강한 죄책감을 불어넣었다. 논란 상황에서 홍대가 마주친 팬덤의 경계 감찰과 대중의 강도 높은 비판이라는 외부적 요인들은 그의 내부로 들이닥쳐 그의 본래 가치관과 부딪혔다.

여기서 발견되는 것은 '감수능력patiency'이다. 감수능력은 "외부로부터 가해진 작용을 견디고 겪어내는 힘, 참고, 침묵하고, 받아들이고, 그럼으로써 서서히 변화해갈 수 있는 역량"이다.[31] 이는 "능동성과의 역동적 연관 속에서 생성되고, 변형되고, 전개되는 과정에서 발현되는 수동성"에 초점을 맞춘다.[32] 물론 능동성과 수동성은 명료하게 구분되지 않는다. 진실을 찾아나가는 팬들의 능동적인 실천은 논란 앞에서 아무것도 할 수 없었던 수동적인 상황에서 비롯되었고, 팬심 혹은 온라인 공간에 대한 불신은 다양한 콘텐츠를 찾아 즐기거나, 폭력적인 언행들에 대항하는 능동적인 실천에 기인했다. 하지만 덕질을 시작하게 되는 순간에서는 특히 수동성이 더욱 두드러진다. 앞서 살펴보았듯, 입덕이라는 매혹의 순간은 내게 '닥친' 사건이었고, 덕질은 '하지 않을 수 없는' 실천이었다.

행위능력agency이 언제나 능동적인 형태는 아니지만, 팬덤에서 가능성을 찾고자 하는 최근의 논의들은 주로 팬덤의 행동주의activism에서 드러나는 능동적인 형태의 행위능력에 주목하곤 한다. 팬덤이 그저 자신의 최애를 쫓아다니는 존재가 아니라 최애에게 적극적으로 개입하고, 자기 주변의 환경을 바꿔나가는 주체적인

존재라고 강조한다.[33] 그러나 팬덤의 행위능력에 대한 그런 식의
강조는 주로 '적극적인 공동체', 아니면 소셜미디어와 관심경제가
결합할 때 나타나는 '속도'에 초점을 맞추므로, 사실의 지위를 얻
은 논란에 질문을 던지는 고립된 실천, 그리고 그 기저에 존재하
는, 팬들이 여지없이 겪어내야 했던 일들에 대해서는 다루지 않는
다.[34] 그러나 "행위는 이미 수동성에 적셔져 있"다.[35] 나는 덕질과
논란이라는 소용돌이에 휘말리는 경험 안에서 생겨나는 것을 보
고자 한다.

망설일 결심

감수능력은 "수동적 태도가 내포하고 있는 '잠재적^{virtual}' 역
량"[36]이다. 사회학자 김홍중은 망설이는 자가 내면에서 대립하며
충돌하는 두 힘 중 어떤 방향을 취할지 결정하지 못하는 동시에,
망설임을 결국 끝내야 하는 상황에 처해 있기도 하다고 말하면서,
망설임을 끝내는 순간을 '감수능력으로 생성된 행위능력의 실행'
으로 이야기한다.[37] 망설임은 그 자체로 전염되기 어렵고, 이는 사
회나 공동체, 혹은 공론장을 구성하는 집단적 모방으로 이어지기
어렵다는 의미이기 때문이다.

나는 이 논의를 조금 다른 방향으로 이어가고 싶다. 망설임
은 반드시 끝나야만 하는가? 나는 내가 만난 인터뷰이들의 모습
을 통해 어떤 망설임은 끝나지 않고 오히려 적극적으로 추구되어
야 한다고 말하고 싶다. 우리는 망설임 자체에 대해서도 망설인
다. '이렇게 계속 망설여도 괜찮은 걸까? 내가 망설이는 동안 여전

히 논쟁들은 진행되고 있고, 사람들은 자기 자리를 찾아가고 있는데? 어쩌면 실제로 피해자가 존재할지 모르고, 지금의 상황 자체가 누군가에게는 고통일 수도 있는데? 이런 상황에 망설임이란 그냥 내 마음 편하자고 하는 무책임한 행동이 아닐까?'

그러나 앞서 언급한 것처럼, 길티 플레저라는 윤리적 태도는 홍대처럼 '답을 정하지 않고 계속해서 돌려보내면서', 즉 망설임을 선택함으로써 가능해진다. 이는 '편함'이나 '무책임'과는 거리가 멀었다. 오히려 이 과정은 자신의 판단이 피해자에게 더 큰 해를 끼치지 않으려면 자신의 가치관을 어떤 방식으로 바꿔나가야 하는지를 고민하는 과정이기도 했다. 망설임은 자신의 판단이 틀릴 수도 있다는 사실, 자신이 누군가에게 해를 끼치고 있을지도 모른다는 불안, 나의 사랑이 틀렸을지도 모른다는 생각의 충돌을 다루는 하나의 방식이자, 다른 누군가의 정동에 계속해서 열려 있기를 선택하는 방법이기도 했다. 그렇게 자신의 망설임 자체에 대한 망설임을 놓지 못하면서, 타자들 사이에서 망설이며 머물기를 선택하는 시점에 죄책감과 즐거움의 단단한 얽힘을, 그 안에서 내가 감수해야 하는 책임을 받아들일 수 있게 된다. 열려 있다는 것은 책임을 받아들이는 일이었다.

바로 이 지점에서 감수능력이 빛을 발한다. 망설임은 윤리적 고민을 해소하는 대신, 그것을 놓지 않거나 놓지 못하는 일이고, 무엇보다도 그것에 사로잡히는, 그럼으로써 문제에 계속해서 놓이는 일이다. 그렇게 문제에 놓이면서, 망설이고 기다리면서 만들어진 감수능력이라는 역량은 다시금 망설임이라는 태도 혹은 행위로 나타난다.

망설일 수 없는 세상에서의 망설임

물론 팬들의 망설임이 언제나 깊은 고민의 결과이기만 한 것은 아니다. 어떤 망설임은 단순한 피로감의 결과물이기도 했고, 결정을 내리지 않으면서 고민 또한 이어나가지 않는 단순한 유보의 형태이기도 했다. 하지만 나는 여기서 진정한 망설임과 그렇지 않은 망설임을 나누고 싶지는 않다. 우리는 진실이 불분명한 상황에서 빠른 판단과 부정적 정동의 생산·유통·소비로 이익을 보고 대중과 도덕을 만들어내는 네트워크를 1부에서 살펴보았다. 망설임을 불가능하게 하는 네트워크는 사람들에게 자신들에게 동참하라는 선택지를 준다. 팬덤 안의 어떤 이들은 거기에 맞서는 선택지를 준다. 집단적이고 빠른 증오와 분노, 그에 대항하는 즉각적인 사랑이라는 두 선택지 사이에서 무엇을 모방하든, 모방이 이뤄지는 속도에 질문을 던지기는 어렵다.

어떤 형태든 망설임이 지니는 의의는 그것이 논란으로 이익을 보는 네트워크에 동원되는 것을 거부하는 일이자, 논란의 속도에 질문을 던지는 계기가 된다는 데 있다. 망설임이 그 자체로 어떤 진실을 산출하지는 않을지언정, 그것은 우리 나름의 진실, 무엇보다도 우리 나름의 속도를 발명할 수 있는 시간을 마련해준다. 동시에 그것은 외부에서 오는 정동에 열린, 정동적으로 취약한 상태에서 발휘되는 주의력이 정보와 감정들을 종합한 결과를 감내하는 데 필요한 시간을 마련해준다. 이는 사이버렉카-대중-언론-알고리즘-소셜미디어 플랫폼의 네트워크가 만들어내는 여론에 휩쓸리기보다 어딘가에 우선 머무를 역량이 된다. 공론장을 다시 상상할 수 있는 가능성은 먼 곳이 아닌, 때로는 우리가 있던 바로 그 자리에 머무를 때 발견되는 것일지도 모른다.

내가 만난 팬들의 망설임은 공중에서 같은 자리를 지키며 떠 있는 정지비행에 가까웠다. 이를테면, 벌새는 사냥을 하거나 꽃에서 꿀을 빨아먹을 때 정지비행을 하며, 이를 위해 1초에도 수십 번의 날갯짓을 한다고 한다. 한자리에 가만히 있는 것처럼 보이지만, 벌새는 자신의 위치를 유지하기 위해 날갯짓을 멈추지 않는다. 공중에서 머무르는 것과 아무것도 하지 않음은 같지 않다. 논란을 겪으며 덕질의 안정적인 지반을 잃고서도 자신의 자리에서 망설이는 팬들은 내게 추락하지 않고 어떤 행동을 취하기 위해 공중에서 안간힘을 쓰는 벌새처럼 보인다.

논쟁의 지형을 되묻는 망설임

망설임에 대한 망설임을 끝냄으로써 망설이길 선택할 수 있는 힘, 우선 있던 자리에 머무름으로써 고민을 놓지 않을 수 있는 힘이 논란 속 팬들의 감수능력이다. 망설임으로써 형성되거나 활성화되고, 그것이 다시금 망설임을 가능하게 하는 힘으로서의 감수능력은 주어진 선택지 중 하나를 모방하는 것이 아닌 제3의 선택지로 이어질 수 있다.

망설이는 팬들이 팬덤과 대중으로부터 고립되고, 그들의 의견이 온라인에서 증폭되지 못함에 따라 이들의 감수능력은 "다른 존재와의 관계 속에서 실행되어 그에게 전염되고 전달되는 사회적 정동"[38]으로까지는 아직 나아가지 못하는 경우가 많았다. 그러

나 나는 이런 망설임과 감수능력이 더 많은 이들에게 찬찬히 닿을
수 있다고 믿는다. 비록 아직은 개인 안에 갇혀 있다고 할지라도,
때때로 대화의 형태로, 혹은 온라인상의 게시글이나 댓글의 형태
로, 혹은 영상이나 사진의 형태로, 혹은 이 글과 같은 형태로 사람
들에게 조금씩 가닿는다.

타르드는 질문보다는 설의법에 가까운 다음의 문장을 썼다.
"내면적인 갈등, 동요, 모순되는 교의나 행동 사이에서의 번민을
끝내도, 사람들은 자신들의 상이한 선택에 따라 두 진영으로 나뉘
어 다시 서로 싸우기 시작한다는 것은 분명하지 않은가?"[39] 나는
묻고 싶다. 여기서 상정된 두 진영, 이를테면 찬성과 반대, 지지와
비난에는 모두 망설임의 해소, 즉 확신이 전제되어 있지 않은가?
만약 두 진영이 망설임과 확신으로 재구성될 수 있다면, 이때의
싸움을 과연 이전의 싸움과 같다고 할 수 있을까?

망설이는 팬들은 논쟁에 참여하지 않아서 비난받는다. 찬성
이든 반대든 빨리 선택하라는 요구를 마주하지만 그 요구에 응할
수 없는 이들. 만약 이런 모습이 그 자체로 하나의 선택지가 될 수
있다면, 우리는 논쟁 자체를 지금과는 다른 모습으로 상상할 수
있을 것이다. 찬성과 반대, 지지와 비난이 아니라 망설임과 확신
사이의 논쟁 말이다. 그것은 우리가 여전히 감정적으로 논란에 휘
말린 채로 논쟁이 이뤄지는 기존의 장 전체를 간파하도록 이끌지
도 모른다. 이때 우리는 '누구를 퇴출시켜야 하는가?', '누구를 보
호해야 하는가?'라는 질문이 아닌, '당신은 어떻게 확신하는가?',
'당신은 왜 망설이는가?'라는 질문과 마주하게 된다.

빈틈 속 기다림에서 우리에게 쌓이는 것들

혹자는 이를 팬들이 아이돌 산업에 더욱 강하게 포섭되는 과정으로 해석할 수도 있다. 그러나 그런 해석은 상품화라는 아이돌 산업의 전략을 절대화함으로써 오히려 그 전략을 불변의 것으로 전제하며, 팬을 아티스트를 착취함으로써 산업에 이득을 가져다주는 방식으로 착취당하는 존재로만 바라보는 틀을 미리 전제한다. 나는 이런 해석에 동의하지 않는다. 사실 기획사와 시장이 바라는 팬의 모습은 아티스트를 적극적으로 보호하고 소비하는 팬이지, 시장에 더는 존재하지 않는 이의 옆에 머물면서 어떻게 해야 할지 망설이는 팬은 아니기 때문이다.

아메 저는 항상 기대를 가지고 살아요. 그냥 제 판타지상으로도 그렇고, 여전히 제가 좋아하던 완벽한 ()아이들의 모습에 수진이가 있기도 하고.

***

하늘 멈추면 편하겠지. 이런 쓸데없는 고민도 안 해도 되고, 나와 전혀 관련 없는 사람 때문에 마음 고생하는 것도 없겠지. 근데 하고 있어! 어떻게 할 수도 없어.

"기다림을 견딜 만한 것, 욕망할 만한 것"으로 만들어주고, "실망 속에서도 살 수 있"게 해주는 것은, 아메의 말에서 드러나듯, 우리가 기다리면 미래에 좋은 것을 돌려받으리라는 행복의 약속 때문이다.[40] 하지만 하늘이나 홍대, 종로, 소바처럼 미래에 아무

것도 돌려받지 못할 것이라고 생각하는 팬들의 존재는 팬의 기다림을 그와 다른 맥락에서 생각해보도록 한다.

기다리고 망설이는 팬들에게서 발견할 수 있는 것은 산업적 포섭에 존재하는 빈틈이다. 인격의 상품화 안에서 아티스트를 한 명의 '사람'으로 대하고자 노력할 때, 그리고 상품으로서의 아이돌과 사람으로서의 아이돌 사이의 간격을 인식하게 될 때, 팬들은 그들이 놓인 노동 조건에 분노하고, 아이돌 산업 전체에 영향을 주고 있는 성차별과 같은 사회적 축들을 인식하게 된다. 여전히 아이돌 산업 안에서 돈과 시간을 쓰고, 관심과 애정을 쏟고 있다고 하더라도 말이다.

설령 그것이 당장 거대한 움직임으로 변환되지 않더라도, 팬들은 매혹과 고통을 동시에 안고 덕질을 이어나간다. 기다림, 망설임, 견딤을 가능케 하기도 하고, 그것들 안에서 만들어지기도 하는 정동적 힘으로서의 감수능력은 어디로 튈지 알 수 없다. 이는 기다림이나 망설임과 같은 행위들이 지니는 양가성 때문이다. 아티스트의 무죄 판결이나 사과문, 복귀처럼 자신이 원하는 결과를 기다리는 일은 해소되지 않는 윤리적 고민들 안에서 내리는 선택이기도 하지만, 동시에 팬심이라는 우발적인 사건 때문에 선택하지 않을 수 없었던 것이기도 하다. 또한 실제로 기다리며 판단을 유보하는 망설임 외에는 선택지가 없는 상황도 그런 기다림의 이유가 된다. 망설이는 팬들의 감수능력을 마냥 희망적으로 바라볼 수는 없는 이유다.

우리는 팬들이 덕질과 논란 안에서 얻게 되는 감수능력이 그저 현재의 아이돌 산업에 순응하는 방향으로 나아갈지, 그 산업에 깊숙이 문제를 제기하며 그것을 바꿀 수 있을지 알 수 없다. 그러나 하나만은 확실하다. 덕질과 논란 안에서 그것을 망설이고 견디며 체화하게 된 힘과 태도, 자신의 모순을 해소하기보다 계속해서 그것이 제기하는 문제에 놓임으로써 고민을 놓지 않는 길티 플레저라는 윤리적 태도, 매혹이 촉발하는 치열한 정지비행으로서의 망설임. 그 역동적인 머무름은 아이돌 산업의 전략으로 환원되지 않는, 어디로 튈지 모르는 감응하는 힘이다. 그리고 그 안에서 상상되는 것은 '반성하고 나아질 수 있는 존재'로서의 윤리적 인간이다. 당장 무언가를 바꾸지 못하더라도, 바뀔 수 있다는 희망을 놓지 않는다. 그렇게 기다림으로써 자기 자신 또한 변해간다.

우리는 어디서든 세상과 불화할 수 있다

홍대 나도 참 스스로가 납득이 안 되고, 스스로가 너무 모순적으로 느껴지니까 이걸 정당화하거나 진위를 밝히려고 할 수 있는 만큼 최선을 다한 것 같아. 내 소중했던 덕질의 시간을 다시 되돌리기 위해서. 근데 되돌려지는 건 아니더라. 그 감정을 어쩌면 다시 느끼고 싶어서 내가 그렇게 막 다니고 물어도 보고 찾아도 보고 했던 것 같은데, 그렇게 한다고 해서 다시 그 감정을 그대로 느낄 수는 없는 것 같아.

홍대는 스스로도 자신의 감정이 납득되지 않았고, 그 모순을 견디기 어려웠다. 그가 정당화해야 했던 것은 논란을 겪은 아이돌 아티스트가 활동해도 되는 이유가 아니라, 자신이 모순을 견디고 있는 상황 그 자체였다. 이를 위해 그는 최선을 다해 사건의 진실을 알아내고 판단을 내리고자 노력했다. 그럼에도 그의 덕질은 논란 이전으로 돌아가지 않았다. 죄책감 없이 사랑할 수 있었던 그 시절로 돌아가고 싶었지만, 그는 이제 그것이 불가능하다고 생각한다. 그의 덕질은 이미 논란 안에서, 논란을 통해 다른 형태로 변해버렸다. 즐거움의 이면에는 항상 죄책감과 윤리적 고민이 존재하기 마련이라, 그가 겪은 모순은 불쑥 다시 수면 위로 떠오르곤 한다. 그런 과정을 통해 얻는 것은 죄책감과 그로 인한 모순을 견디는 능력이다.

팬들의 이런 감수능력이 대중과 팬덤 모두로부터 당하는 소외를 견딤으로써 형성된다는 점으로 미루어볼 때, 어쩌면 이 힘은 본래 빠르게 전염될 수 없도록 만들어졌는지도 모른다. 느리게 만들어지는 힘인 만큼, 그 힘 자체도 느리다. 이 느림은 어떤 열림을 보여준다. 외부의 정동에 감응하며 자신을 변화시킬 수 있는 이유는 이들이 매혹에 열려 있고, 매혹을 인정하는 정동적 인간이기 때문이다. 매혹될 수 있다는 것은 열려 있다는 것이고, 매혹을 인정한다는 것은 쉽게 결론 내리지 않는 태도와 연결된다. 나는 빠른 속도로 논란들을 증폭하고 처리하는 네트워크가 지닌 폭력성에 대항할 도구가 바로 그 폭력과 속도 안에서 웅크린 채 매혹과 고통을 겪어내고 있는 이들에게 있다고 믿는다.

어떤 형태의 네트워크에서든 그대로 복종하는 행위자란 존재하지 않는다. 팬들이 아이돌 산업에 포섭되는 매 순간 산업과 팬들 사이에, 온라인 공간에서도 팬들, 대중, 플랫폼들, 알고리즘들, 언론들과 사이버렉카들 사이에 협상과 타협이 일어나고 있다.

"강함은 언제나 약점들의 중층적 배열에서 비롯된다."[41] 그래서 협상이 결렬되는 순간에 저항은 튀어나온다. 저항은 항상 튀어나올 채비를 하고 있다. 권력이나 폭력은 결코 우리보다 앞서서 존재하지 않으며, 어떤 네트워크의 효과일 뿐이기 때문이다. 우리는 논란에 연루되면서도 그에 저항한다. 아니, 연루되기 때문에 저항하게 된다.

이때 저항이 반드시 연합해서 들고 일어나는 거대한 형태의 행위일 이유는 없다. 여기서 말하고자 하는 저항은 그보다 훨씬 넓은 개념이다. 팬들과 아티스트들이 산업에 의해 끊임없이 관리되고, 플랫폼과 알고리즘을 어떻게든 자신이 원하는 대로 길들이려고 사람들이 노력하는 이유는 사람이든 사람이 아니든, "어떤 것도 우리 명령을 수행하는 비굴한 허수아비가 아니기 때문이다."[42] 길티 플레저 또한 그렇게 튀어나오는 저항의 한 형태다. 그어떤 팬도 그저 '충성도 높은 소비자'이기만 한 것은 아니다. 팬들의 실천이 산업을 당장 바꾸지는 못하더라도, 팬들의 감정은 항상 산업을 초과한다. 그리고 그런 감정은 언젠가 분명 무언가를 바꿔낼 수 있을 것이다. 우리는 연약할 것이지만 우리를 망설이지 못하게 하는 사회도 그렇다.[43]

서로를 인식적 행위자로 만들어내는 관심

'난 고민을 포기했다', '그냥 좋아할래'라고 말하는 팬들조차 인터뷰 과정 내내 계속해서 혼란스럽고 답답한 마음을 드러냈다. 그냥 지금처럼 앞으로도 레드벨벳을 좋아하며 살겠다고 말하는 하늘 또한 논란에 대해 아티스트가 잘못한 점이 있다고 생각했고, 이에 대한 자신의 생각을 다른 이들에게 마음 편하게 말할 수 없는 상황을 언급했다. 그런 의미에서 이들이 끝냈다고 말하는 고민 혹은 망설임이란 탈덕할지 말지 사이에서의 망설임이었다. 대신 이들은 '어떻게 남아 있을 것인가'라는 새로운 망설임을 선택했다. 어떤 방식으로 남아 있어야 논란이 야기하는 고통을 줄일 수 있을까. 어떻게 하면 '대중'과 '여론', 그리고 '도덕'이라는 이름으로 저질러지는 폭력에 가담하지 않을 수 있을까. 논란의 네트워크에서 발생하는 폭력은 아이돌 아티스트만을 향하지 않는다. 그것은 팬덤을 향하고, 피해자 폭로의 신빙성을 떨어뜨린다.

인식적 행위자가 되기에 적절한 양과 질의 관심을 받고 있는 이들은 누구인가? 언제든 돌아설 준비가 되어 있는 듯한 여론 앞에서 인식적 행위자가 될 수 있는 사람은 존재하는가? 공인이 마주하는 관심이 항상 캔슬을 예비하는 관심일 때, 그에게 윤리적 고민과 변화는 가능한가? 무조건적인 지지라는 관계는 지지하는 이들과 지지받는 이의 힘을 키워 서로를 인식적 행위자로 만들어내기도 하지만, 과연 이때 만들어지는 인식론이 '좋은' 인식론이라고 할 수 있을까? 묻어두고 지지하는 행위가 공론장에서 지배적인 모습이 될 때, 여기서 만들어지는 상식은 과연 질문을 허용하는가?

논란에 모두가 연루되었다는 것은 논란 앞에서 우리 모두 똑같다는 의미가 아니다. 논란에 연루되는 각자의 방식에 따라, 모두에게는 각기 다른 책임과 윤리적 고민이 요청된다. 그리고 이 책임과 고민을 다하고자 할 때 망설임은 필연적이다. 나는 우리에

게 윤리적 고민에 열려 있는, 누구든 그런 고민을 할 기회와 시간
이 주어지고 그에 마땅한 변화의 책임을 다하도록 노력할 수 있
는, 모두가 인식적 행위자로서 존재할 수 있는 공론장이 필요하다
고 생각한다. 이를 위해 필요한 것은 견딤이다. 우리는 서로를 견
디면서 변해간다. 견딤 속에서 생성되는 관계가 우리의 느린 변화
를 지탱한다.

　폭력적인 논란이 아티스트를 죽음으로까지 몰아가기도 하는
현실은 경우에 따라 우리에게 모든 종류의 논쟁을 피함으로써 아
티스트에 대한 일말의 부정적인 의견도 차단하려는 마음을 불어
넣곤 한다. 그러나 우리는 논란에 반대하면서도 제대로 된 비평과
토론을 전개할 수 있다. 비평과 토론은 폭력이 아니다. 비평과 토
론을 불가능하게 하고 다른 이야기를 순식간에 제압하는 것이 폭
력이다. 재빠른 수배와 무조건적인 보호 양쪽 모두로부터 단절할
때, 비로소 서로를 인식적 행위자로 만들 수 있는 논쟁이 가능해
진다. 망설임은 바로 이 단절로 나아가는 과정이다.

　그렇게 함으로써 논란의 다른 배치를 상상하고 싶었다.[44] 결
론이 미리 주어진 논란이라는 도덕적 드라마 대신 필요한 것은 우
리가 서로의 욕망과 믿음, 감정, 그리고 더 나은 정의에 대해 이야
기할 수 있는 논쟁의 장이다. 누가, 왜, 어떤 이유에서 특정한 주장
을 사실로 만들고자 노력하는지 들여다봐야 한다. 단지 논란과 거
리를 두는 것만으로는 충분치 않다. 오히려 문제의 한복판에서 이
야기를 시작해야 한다. '비판적 거리' 대신 "비판적 근접성"이 필요
하다.[45] '중립 기어'가 아니라 망설임이 중요한 이유는 그것이 여전
히 논란에 휘말린 채 그것을 재조립하고 논란에 대한 새로운 논쟁

을 출현시키는 과정이기 때문이다.

논란이라는 끝이 보이지 않는 어두운 터널 속에 있는 팬들의 망설임은 거기 얽힌 수많은 행위자들의 네트워크 안에서 자신의 책임을 다하는 길이 무엇인지에 대한 고민으로 변해 간다. 이자간의 망설임이 다자간의 망설임으로 바뀌는 과정에서 팬들의 망설임은 자기 최애의 논란을 넘어 사이버렉카와 언론, 팬덤, 대중, 알고리즘, 소셜미디어 플랫폼, 그리고 수배의 기술을 향한다. 그렇게 우리는 논란 안에서의 윤리적 분투를 통해 논란이 제조되는 장 전체에 대한 문제의식으로 나아갈 수 있다. 망설임은 정답이 아닌 출발점이다. 숨을 골라야 한다.

논란 안에서 재구성되는 것

재미 아래에 묻힌 것들

✈ 나 정말 거짓말안하구 논란이란 단어에 가슴이 두근거리와요

✈ 혹시나 내가 실수했을까하고 몇초안에 식은땀이 팍팍난당

✈ 드립이어쩌?

✈ 미아내

아이돌 아티스트들의 논란은 그 자체로 밈^{meme}이 된다. 돌판에서는 어떤 아티스트의 외모를 비하할 때뿐 아니라 칭찬할 때도 '외모 논란'이라는 말이 장난으로 사용되며, 이는 실력이나 인성을 평가하는 경우에도 마찬가지다. 그런 영상들의 댓글 창에는 '가슴 철렁했다'와 같은 팬의 댓글이나, '이게 무슨 논란이냐'는 댓글에 '당연히 농담이다'라고 답하며 논란이라는 말이 유머로 사용될 수

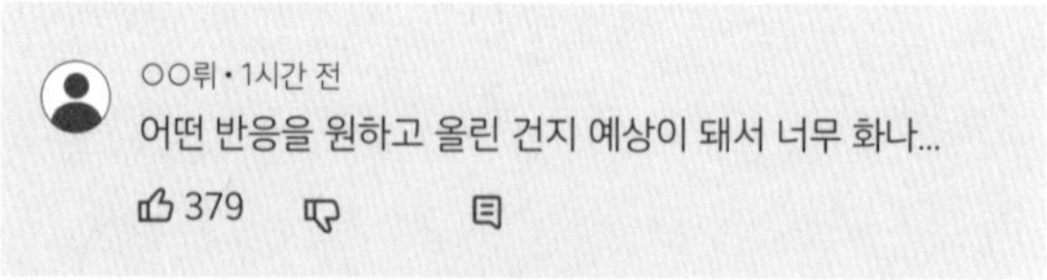

○○뤼 · 1시간 전
어떤 반응을 원하고 올린 건지 예상이 돼서 너무 화나...

👍 379   👎   💬

〈그림 14〉 한 여성 아이돌 아티스트가 승마하는 영상에 달린 댓글. 실제로 이 영상에는 성희롱을 하는 댓글들이 다수 달려 있었다.

있음을 강조하는 댓글들이 존재한다.

하지만 논란이라는 단어 자체에 두려움을 느끼는 이들도 있다. 앞의 인용문은 어느 여성 아이돌 아티스트가 "이건 논란이 있겠는걸요"라는 한 팬의 댓글을 보고 팬 플랫폼에 남긴 말이다. 아이돌들은 자신이 무엇을 잘못했는지 걱정하며 떨고, 그런 불안을 드러낸 것에 대해서도 사과해야 하는 위치에 놓인다. 이처럼 논란이라는 용어가 밈이 되어버린 동시에 그 밈을 두려워하는 이들이 공존하는 상황은 재미가 항상 폭력과 병치되는 온라인 세계의 현실을 잘 보여준다. 무엇보다 경계해야 하는 것은 우리가 다루는 게 무엇인지도 모르는 채로 맥락을 삭제해 재미, 폭력, 학대를 도덕적으로 납작하게 눌러버리는 일이다.[1]

덕질하는 팬들은 처형대나 성희롱 영상, 논란 관련 영상에 분노하는데, 그 이유 중 하나는 아티스트를 보기만 해도 그런 부정적인 콘텐츠들이 동시에 상기되기 때문이었다. 자신이 좋아하는 아이돌 아티스트가 자주 성희롱을 당하면, 댓글창에 들어가기도 전에 이미 성희롱들을 예상하고 신고할 채비를 하게 된다. 이것이 팬들을 가장 힘들게 하는 것 중 하나다. '동태 눈깔', 무대 영상, 논란, 자컷, 성희롱, 처형대, 팬의 2차 창작 영상 등이 번갈아 나오며 마구 뒤섞이는 소셜미디어의 알고리즘 안에서 재미와 폭력, 사랑과 분노, 나아가 행복과 고통도 마구 뒤섞여 한 덩어리가 되어 버린다. 돌판의 기쁨이란 사실 언제나 길티 플레저였다. 이 사실을 직시할 수밖에 없을 때, 우리는 길티 플레저를 감정을 넘어 태도로서 갖게 된다. 그리고 바로 이것이 밈으로서의 논란과 한 덩어리가 되어버린 이를 다시 사람으로 복원하는 원동력이다.

그 원동력으로서의 사랑은 낭만이나 즉각적인 쾌락과는 거리가 멀다. 오히려 그것은 오랜 시간 고통을 감수하면서 도달하게 된 절박한 선택지에 가깝다. 그것은 문제가 주어지는 상황을 돌아보는 것이고, 더는 아무도 그 논란을 이야기하지 않을 때조차 나 자신에게 질문을 던지는 일이다. 그것은 피해자와 아이돌 아티스트 모두에게 감응할 때 선택할 수밖에 없는 어떤 태도였다. 논란 속 팬들에게서 발견할 수 있었던 것은 '길티'가 없는 '플레저'는 성립할 수도 없다는, 달리 표현하면 감수의 감각이 없을 때 '덕질'이라는 사랑은 가능하지 않다는 사실이었다. 논란 속에서 '팬'은 소비가 아니라, 견딤, 기다림, 망설임으로 정의되고 있었다.

행복을 포기하는 일과 행복의 전제를 드러내는 일은 같지 않다. 논란에서 덕질의 배경에 있던 죄책감들이 다시 상기된다고 하더라도, 반드시 탈덕할 필요는 없다. 우리에게 필요한 것은 무언가를 포기하는 일이 아니라 질문을 던짐으로써 분위기를 깨는 일이다. 논란이 질문의 장소가 될 때, 비로소 행복한 덕질, 즉 행덕과 탈덕 사이의 다른 이야기가 가능해진다. 길티 플레저는 바로 그 질문의 장소를 만들어내는 하나의 조건이다.

논란은 모순 안에서 망설이는 윤리적 주체가 결정화되는 하나의 환경이다. 논란을 자신의 삶의 이야기에 통합하기에 명확하게 '중립 기어'를 밟지 못하고, 그렇다고 옹호도, 비판도 할 수 없는 경험. 옹호하면서도 한편으로 개운치 않은 마음을 견뎌야 하는 경험. 아티스트를 처벌하기보다 자신이 아티스트와 연루된 방식과 그 안에서 발생하는 책임을 직면하며 인격의 상품화와 상품의 인격화 사이의 회색지대로 나아가는 입체적인 사랑.

이때 사랑은 행복이 아니라 길티 플레저 위에서만 성립한다. 모순을 치열하게 끌어안을 때만, 모순을 치열하게 끌어안을 수밖에 없을 때만 사랑은 가능해진다. 이미 깨져버린 행복의 약속을 (그것이 불가능하다는 사실을 알면서도) 어떻게든 복원하려고 할 때 생겨나는 길티 플레저는 불안정한 감정이다. 행복과 불행, 즐거움과 죄책감 중 어떤 것도 포기할 수 없는 이 흔들리는 사랑이 우리를 어디로 이끌지는 두고 볼 일이다.

덕질을 통해 사랑을 다시 이해할 수 있다면

"보기만 하여도 울렁, 생각만 하여도 울렁."

—임영웅, 〈열아홉 순정〉(원곡: 이미자)

할아버지의 폐암 말기 진단과 할머니의 알츠하이머병 진단 이후 우리는 두 분을 집 근처로 모셨다. 생전에 할아버지는 여러 차례 며칠씩 병원에 입원하곤 했는데, 그때마다 할머니는 집에 혼자 남아 계셔야 했다. 할머니는 어둠이 무서워서 잘 때도 TV를 틀어놓는 사람이라, 우리는 할머니가 우리 집에서 주무시길 바랐다. 하지만 할머니는 계속해서 '사위 있는 집에서 어떻게 자냐'며 우리의 제안을 거절했다. 소모적인 언쟁이 이어졌다.

그러다가 나와 어머니를 동시에 납득시킨 한 문장. "여기 있으면 노래 못 들어." 노래 듣고 따라 부르기를 정말 좋아하는 할머니는 혼자 있을 때 가장 편하게 노래를 듣고 불렀다. 매일같이 스마트폰으로 '임영웅 무료듣기'를 눌러 "보기만 하여도 울렁, 생각만 하여도 울렁" 하고 따라 부르는 할머니를 알고 있던 나와 어머니는 "그래, 덕질은 해야지"라며 할머니를 더는 붙잡지 않았다. 얼마 뒤 어머니는 할머니에게 임영웅 캘린더를 선물했다. 덕질이란 뭘까 대체.

이희주의 소설 《환상통》의 제목은 때로 나에게조차 실재하지 않는 무엇으로 느껴지지만 너무나도 실재하는, 즉 '없다고 하기에는 너무나 있는'[2] 어떤 감각으로서 팬심을 포착하는 듯하다. 내가 이 책에서 《환상통》을 자주 언급한 이유는 이 책이 아이돌 팬의 관점, 그리고 팬을 짝사랑하는 사람의 관점을 차례대로 보여줌으로써 무엇이 더 '진짜' 사랑인지 평가하는 이들에게 질문을 던지는 것만 같았기 때문이다.

만옥 방송국 앞에서, 사람들이 경멸에 찬 눈으로 보거나 욕을 하고 지나갈 때마다 나는 생각합니다. 당신은 평생 이 정도로 사랑하는 감정을 알지 못할 거야, 라구요. (11)

팬심과 덕질이 사랑과 별반 다르지 않을 수 있다는 말은 그런 의미에서 틀렸을 수도 있다. '통상적인 사랑'을 당연하게 전제하기 때문이다. 그래서 나는 조금 다른 제안을 하고자 한다. 사랑으로 팬심과 덕질을 평가하지 말고, 오히려 팬심과 덕질을 통해 사랑을 다시 이해해보자고 말이다. 그때 어쩌면 우리는 생각하게 될지도 모른다. 덕질이 불완전한 사랑이 아니라, 사랑이 불충분한 덕질일 수도 있는 것이라고.

　친구는 말했다. 자기 동생은 어릴 때부터 다양한 덕질에 진심이었는데, 아이돌이든 배우든 누가 되었든, 과연 그들이 동생이 쏟는 만큼의 사랑을 받을 자격이 있는지 모르겠다고. 나는 대답했다. 팬들에게는 그런 사랑을 할 자격이 있는 것인지도 모른다고. 무언가가 세상의 전부인 것처럼, 나의 인생이 이 순간을 향해 달려온 것처럼 무언가를 사랑할 자격이 우리에게는 있다고. 설령 그 덕질이 허무하게 끝날지라도, 우리에게는 무언가가 남는다. '보기만 하여도, 생각만 하여도 울렁'하는 경험은 우리에게 무언가를 분명히 남긴다. 기다리다 지쳐 떠날지라도, 영원히 함께하겠다고 약속했던 마음은 또 다른 약속을 할 용기와 힘을 남길 것이다.

　사랑이 흔들리면서도 끊어지지는 않는 순간에, 집요하고도 혼란스러운 어떤 찬란함이 고개를 든다. 마치 방금 따라 불렀지만 모든 부분이 기억나지는 않고, 다만 노래가 내게 묻혀둔 감정만이 선명한 순간처럼, 그런 사랑은 우리 안에 꿈틀거리는 어떤 감정들의 흔적, 기다림의 흔적을 남긴다. 무언가를 사랑하고 기다리는 일이란 망설일 틈을 주지 않는 세상에서 망설일 수 있는 힘을 기르는 일이었다. 논란을 계속해서 생산해내는 네트워크 속에서 관심과 정동의 속도에 뒤처지는 경험은 그 속도에 저항할 수 있게 될지도 모를 가능성으로서의 감수능력으로 변모한다. 그렇게 덕질과 팬심은 논란 안에서 재구성된다.

덕질을 한다는 것은 스스로도 설명하기 힘든 매혹을 인정한다는 의미이기도 하다. 팬의 가능성은 바로 여기에 있다. 무엇이 옳고 그른지 고민하게 만드는 동력이 거창한 이론도 논리적 귀결도 대단한 신념도 아닌, 그저 너무 예쁘고 찬란한 당신에 대한 매혹과 사랑이라는 사실에 대한 인정이 바탕이 될 때, 우리는 음모론적 구조를 벗어나 논란을 겪을 수 있고, 나아가 행복과 죄책감이 불가분하다는 전제를 구성할 수 있게 된다. 온갖 정보와 감정들이 뒤섞여 휘몰아치는 난기류 안에서 힘이 된 것은, 팬들의 의지와 무관하게 그들의 팬심과 덕질을, 무엇보다도 그들이 세상과 그 안의 서로에 대해 지키고자 한 윤리를 지탱한 것은 다름 아닌 망설임이었다. 망설인다는 것은 어떤 의미에서 나를 둘러싼 세상과 불화한다는 의미이며, 그러한 불화의 순간은 지금 우리가 놓인 세상의 모습과 우리 사이의 충돌을 드러낸다.

브뤼노 라투르는 어느 누구도 다른 사람들과 충돌하기 전에는 한 '문화'에도, 한 '사회'에도 속하지 않는다고 말한다.[3] 충돌의 순간이야말로 우리가 논쟁하며 비로소 연결의 방식을 모색할 수 있는 순간이기도 하다. 물론 이것은 조각보를 얼기설기 엮어내는 처절한 힘겨루기다. 그렇다면 우리는 누구와, 어떻게, 어떤 조각보를 엮어낼 것인가. 논쟁의 전선을 가해자와 피해자 사이가 아니라 확신과 망설임 사이에 새로 그을 때, 논란 안에서 재구성되는 것은 덕질이기도, 팬심이기도, 그리고 '우리'이기도 할 것이다.

무엇인가가 희망이라고 제시하고 싶고, 무엇보다도 망설임이 희망이라고 단정하고 싶었다. 하지만 조금 더 솔직해지자. 망설임이 곧 희망일 수는 없을 것이다. 그러나 이것만큼은 확실하다. 망설이지 않을 때, 무엇이든 빠르게 처리하는 속도는 변화의 기회도, 윤리적 고민의 시간도 지나쳐서 내달려 나가버린다. 망설임을 통해 비평과 토론이 가능한 시간을 확보할 수 있을 때, 비로소 우리는 관심경제와 논란의 속도를 벗어나 더 나은 윤리를 고민하며 더 정확하게 사랑할 수 있는 우리 나름의 속도를 발명할 수 있을 것이다.

숨을 고르며 확신에 맞서야 한다. 그러니 우리, 망설이기를 망설이지 말자.

감사의 말

모든 책이 그렇겠지만, 이 책은 기획부터 문장 하나하나까지 정말 많은 사람들에게 빚지고 있어 누굴 먼저 이야기해야 할지 모르겠다. 그러니 우선은 시간 순서대로 적어보자.

이 책의 대부분은 학교에서 들은 두 개의 수업에 주로 기대고 있다. 케이팝과 공론장의 관계에 대해 처음으로 쓴 글은 《문화/과학》 110호에 실린 〈영원한 수수께끼라는 공론장의 가능성: 케이팝 세계관 콘텐츠를 중심으로〉이고, 이는 연세대학교 문화인류학과 2021년 2학기 수업 '표상문화론'의 보고서를 바탕으로 작성되었다. 해당 수업을 담당하신 김항 선생님은 성긴 연결들로 가득한 내 기획에 핵심적인 개념을 제안해주시고, 글의 출간을 격려해주셨다. 무엇보다도 '조각보'라는 이미지와 가브리엘 타르드는 선생님의 수업에서 배웠다. 그리고 《문화/과학》에서 주신 수정·보완 의견들은 글을 더 정교하게 다듬는 데 큰 도움이 되었다.

이 책의 가장 큰 줄기는 연세대학교 문화인류학과 2022년 1학기 수업 〈디지털사회와 문화변동〉의 보고서다. 이 책에 인용된 자료 중 소셜미디어와 알고리즘 등에 관한 것은 해당 수업에서 동료들과 함께 읽고 토론하며 이해할 수 있었다. 재밌고 중요한 읽을거리들과 수많은 고민거리를 안겨주시고, 다소 편협하고 정돈되지 않은 상태였던 부족한 보고서가 더 나은 방향으로 갈 수 있도록 핵심 개념부터 논지의 흐름까지 애정 어린 조언을 아끼지 않으신 이지은 선생님, 그리고 그 수업에서 함께 고민하며 부족한 나의 글을 존중을 담아 비판하고 발전시켜 준 동료들 모두에게 큰 감사를 전하고 싶다. 이 수업에서의 공부와 경험들이 없었다면, 이 기획을 생각조차 하지 못했을 것이다. 관심경제와 관심 혹은 주의력의 문제, 그리고 온라인 환경에 대한 문제의식은 모두 이때 배우고 공부를 이어나간 것이다.

책을 쓰는 내내 내가 얼마나 가족에게 영향을 받는지도 많이 느꼈다. 덕질에서 정치적 가능성을 모색하는 어머니의 지향은 이 책에 가장 중요한 방향성을 잡는 데 큰 영향을 주었다. 직접 덕질을 하지는 않지만 항상 나와 어머니의 덕질을 응원하고 함께 즐기는 아버지도 빠뜨릴 수 없다. 감정과 몸의 문제를 중요하게 여기는 두 사람과의 대화에서 항상 많은 것을 배운다. 이에 더해, 어머니를 거쳐 나에게까지 덕질의 DNA를 물려주신 할머니께도 감사하다고 말씀드리고 싶다.

이 책이 나의 이전 작업들과 어떻게 연결되는지 나도 뚜렷이 말하기 힘들 때, 임세현 선생님은 그 연속성에 감응해주셨다. 긴 원고를 정말 꼼꼼히 검토해주신 임세현 선생님, 그리고 활자와 그

림, 여백 등의 깔끔한 배열과 멋진 표지로 원고에 물성을 부여해
주신 조하늘 선생님, 이를 실제 종이책의 형태로 제작해주신 제이
오 덕택에 어설픈 기획이 이렇게 한 권의 책으로 나올 수 있었다.
책이 더욱 많은 사람에게 닿을 수 있도록 해주실 신연경 선생님,
그리고 바쁘신 와중에도 긴 원고를 읽고 추천사를 써주신 박희아
기자님, 차우진 평론가님, 이지행 선생님께도 감사드린다. 책이 완
성되기 전에 책의 내용을 포럼에서 발표할 기회를 주신 김영미 선
생님께도 감사드린다.

　책 작업 과정에서 나는 운이 좋게도 멋진 사람들과 함께 공
부하며 브뤼노 라투르, 그리고 행위자-네트워크-이론에 대해 배
울 수 있었다. 많이 부족한 나와 꾸준히 세미나를 하며 매번 내가
많은 걸 배울 수 있게 해주신 강미량 선생님과 장하원 선생님, 그
리고 함께 머리를 쥐어뜯으며 행위자-네트워크-이론을 공부하고
있는 이주원, 한혁규에게 큰 감사를 전한다. 항상 나의 공부를 응
원해주시고, 공부 중에 생긴 고민들을 진지하게 듣고 조언을 남겨
주시는 조문영 선생님께도 감사하다는 말씀을 드리고 싶다. 만일
책에서 이론이 잘못 사용된 부분이 있다면 그것은 전적으로 나의
몫이다.

　무엇보다도 인터뷰이들에게 말로 다할 수 없을 만큼 감사하
다. 이 책의 많은 부분은 그들의 말을 그대로 옮긴 것이거나, 그들
의 말을 다양한 맥락과 엮어서 해석한 결과물이다. 나 또한 인터
뷰이가 된 경험들이 있는데, 그때마다 나의 이야기가 어떻게 전
달되고 해석될지 걱정도 많이 되었다. 사실 인터뷰이가 되는 일은
유쾌하기만 한 일은 아니다. 오히려 불안하고 떨리는 일일 때도

많다. 대부분 익명으로 처리되기 때문에 기여가 잘 드러나지도 않는다. 그래서일까, 누군가가 인터뷰에 응해준다는 일은 기적처럼 느껴지기도 한다. 인터뷰와 녹음, 그리고 책 출간에 흔쾌히 동의해준 인터뷰이들에게 꼭 말하고 싶다. '저에게 당신의 감정과 기억과 아픔과 행복의 단면들을 나누어주어 고맙습니다. 인터뷰가 서로의 길티 플레저를 공유하고, 말하기 힘들었던 것들을 말할 수 있게 되는 시간이어서 즐거웠습니다.'

나는 누군가를 인터뷰할 때마다 상대방에게 매혹되곤 한다. 이번에도 어쩌면 나는 망설이는 팬들에게 매혹된 것일지도 모른다. 때로 인터뷰 중에 들은 어떤 말들을 다시 떠올리며 마음이 울렁거리곤 했다. 인터뷰이들 외에도, 연구와 무관하게 온라인과 오프라인으로 만난 팬들이 있었다. 그들이 하는 말, 그들의 표정, 그들이 남긴 글을 보면서도 마음이 울렁거리곤 했다. 자신이 좋아하는 아이돌 아티스트들이 사실상 작별을 말하는 날들에도 사랑한다는 말을 멈추지 않는 그 마음은 아프고 찬란했다. 자신의 사랑이 다른 누구의 마음보다도 강할 것이라고 생각하는 그런 이들과 함께일 때, 나는 외롭지 않았던 것 같다.

그래서 어쩌면 나는 그들의 감정과 언어를 통해 희망과 사랑을 말하고 싶어졌는지도 모른다. 나를 매혹시킨 팬들을 글로써 모방하고, 책으로 그 이야기들을 사람들에게 전달하고 싶어진 것이다. 이 사실을 알기에 나의 판단을 미뤄두려 했다. 희망과 사랑을 이야기하는 것은 언제나 섣부른 일이니까. 그럼에도 불구하고 그런 섣부른 일을 할 수밖에 없게 해준 인터뷰이들에게, 그리고 팬들에게 약간의 원망과 큰 감사를 보낸다.

덕질을 하다가 책을 쓰기 시작했고, 책을 쓰다가 덕질을 시작하기도 했다. 인터뷰 당시에는 충분히 이해하지 못했던 어떤 말들을 나 자신이 논란 속 팬이 되면서 비로소 이해하기도 했고, 어떤 마음들은 나의 마음이 되기도 했다. 그래서 이 책의 어떤 부분들은 명백히 나 자신의 팬심에 대한 고민에서 나오기도 했다. 그 과정에서 내가 마주한 건 사랑이라는 게 도대체 무엇인지에 대한 끝내 해결하지 못할 고민이었다. 내가 온갖 고민의 궤도를 기꺼이 빙빙 돌게 만들어준 아이돌 아티스트들에게도 큰 감사를 전하고 싶다. 그들에게 매혹되지 않았더라면, 나는 팬심에 대해 한마디도 할 수 없었을 것이다.

내가 가진 몸의 역량에 비해 글을 쓰는 동안 많이 바빴고, 그래서 자주 아프기도 했다. 그러면서도 글을 쓸 수 있었던 것은 어디까지나 나의 몸을 이해하려고 노력하고, 애쓰고, 이런 성가신 몸과 함께 지내기로 마음먹고 부대낀 이들 덕분이다. 아픈 몸이 글을 쓰기 위해서는 아픈 몸이 사람으로 인정받고 존재할 수 있는 관계들이 필요하다는 사실을 새삼 많이 느꼈다. 내가 지금과 같은 형태로 존재할 수 있게 지탱해주는 모두에게 감사를 전한다.

프롤로그

1   조우리, 〈Twilight Zone: 여돌 팬픽에서의 사랑이라는 세계관: 내가 매혹당한
     이야기들, 그 찬란함을 목격한 자의 증언〉, 연혜원 기획, 《퀴어돌로지》,
     오월의봄, 2021, 205쪽.
2   박정훈, 〈개딸? 잼칠라? '부유하던 심판자' 2030 여성의 변신〉, 《오마이뉴스》,
     2022. 3. 24.
3   국민통합지원단 통합지원국 정치·지역통합정책과, 〈'팬덤과 민주주의
     특별위원회' 출범식 및 제1차 회의 개최: 팬덤과 민주주의 선순환을 위한
     사회적 합의 토대 마련〉, 대통령직속 국민통합위원회 보도자료, 2022. 10. 26.
4   금태섭, 〈정치권의 '반지성주의' 어떻게 막나? 팬덤의 집단행동 부추기는
     정치인들부터 자성해야〉, 《월간중앙》, 2022년 7월호, 69쪽.
5   강은교, 〈아이돌의 자필 사과문: 소비하는 팬덤, 소진되는 팬심〉,
     류진희·백문임·허윤 기획, 《페미돌로지》, 빨간소금, 2022, 225쪽.
6   조은혜, 《'팬덤 정치'라는 낙인》, 오월의봄, 2023, 29~36쪽; 이지행, 〈미디어와
     팬덤의 담론 전쟁〉, 《페미돌로지》.
7   이희주, 《환상통》, 문학동네, 2016, 141쪽. 이후 이 책의 등장인물이 한 말을
     인용할 때는 인용문 마지막에 책 쪽수를 표기하기로 한다.
8   브뤼노 라투르, 《젊은 과학의 전선》, 황희숙 옮김, 2016, 140~143쪽.
9   브뤼노 라투르, 《판도라의 희망》, 장하원·홍성욱 책임 번역, 휴머니스트,
     2018, 187~232쪽.

10 이용숙 외, 《인류학 민족지 연구 어떻게 할 것인가》, 일조각, 2012, 149쪽.

11 브뤼노 라투르, 《젊은 과학의 전선》, 413쪽. 번역서 원문에 '연결망'이라고 적혀 있던 것을 이곳에서는 용어의 통일성을 위해 '네트워크'로 바꿨다.

12 Henry Jenkins, *Convergence Culture: Where Old and New Media Collide*, New York University Press, 2006, p.247(김민형, 〈팬덤의 수행성 연구: 인터넷 밈과 시민 참여문화〉, 《기호학 연구》 66, 2021, 15쪽에서 재인용).

1장. 논란이 휩쓸고 지나간 자리에서

1 사라 아메드, 《행복의 약속》, 성정혜·이경란 옮김, 후마니타스, 2021, 288쪽.

2 고혜리·양은경, 〈남성 아이돌 그룹의 여성혐오 논란과 여성 팬덤의 분열〉, 《한국콘텐츠학회논문지》 17(8), 2017, 506~519쪽.

3 장지현, 〈3세대 아이돌 산업의 친밀성 구조: BTS 팬덤을 중심으로〉, 연세대학교 대학원 문화인류학과 석사학위논문, 2019, 70쪽.

4 오자영, 〈30대 기혼 여성의 팬덤과 나이의 문화정치학: '동방신기(東方神起)' 팬덤을 중심으로〉, 이화여자대학교 대학원 여성학과 석사학위논문, 2007, 7쪽.

5 같은 글.

6 최유나, 〈아줌마, 팬이 되다: 중년 주부들의 온라인 팬 커뮤니티에 대한 민족지적 연구〉, 서울대학교 대학원 인류학과 석사학위논문, 2007, 75쪽.

7 Peng Jinni, 〈중국 한류 팬덤의 한국 이주와 초국적 활동〉, 연세대학교 대학원 문화학협동과정 문화학 전공 석사학위논문, 2017.

8 사라 아메드, 《행복의 약속》, 74~75쪽. 인용한 책에서는 'affect'를 '정서'라고 번역하지만, 나는 '움직임'이라는 측면을 용어 자체에서 드러내는 '정동'이라는 번역어를 채택했다. 즉 《행복의 약속》을 인용한 부분에 있는 '정동'은 번역서 원문에 '정서'로 표기되어 있다.

9 티빙 오리지널 다큐멘터리 〈케이팝 제너레이션〉 3화.

10 아이돌 아티스트의 생일을 포함한 기념일 관련 이벤트 등 팬덤의 생일 의례에 관한 내용은 다음의 책에 자세히 나와 있다. 김정원, 《음악인류학자의 케이팝하기》, 세창미디어, 2022.

11 김현미, 〈[특집/흘러넘침과 비어 있음: 대한민국, 2002년 6월의 기억] 2002년 월드컵의 '여성화'와 여성 '팬덤'〉, 《당대비평》 20, 2002, 51~52쪽.

2장. 캔슬의 분해와 배신감이라는 정동

1 Pippa Norris, "Cancel Culture: Myth or Reality?", *Political Studies*, 2021.

2 Gwen Bouvier & David Machin, "What gets lost in Twitter 'cancel culture' hashtags? Calling out racists reveals some limitations of social justice campaigns", *Discourse & Society* 32(3), 2021, p.308.

3 ibid.

4 Jonina Anderson-Lopez & R. J. Lambert & Allison Budaj, "Tug of War: Social Media, Cancel Culture, and Diversity for Girls and The 100", *KOME: An International Journal of Pure Communication Inquiry* 9(1), 2021, p.76.

5 Edson C Tandoc, Jr & Beverly Tan Hui Ru & Gabrille Lee Huei & Ng Min Qi Charlyn & Rachel Angeline Chua & Zhang Hao Goh, "#CancelCulture: Examining definitions and motivations", *New Media & Society*, 2022.

6 이를테면, 다음의 책을 참고하라. 앤절라 네이글, 《인싸를 죽여라》, 김내훈 옮김, 오월의봄, 2022, 137~165쪽.

7 Hervé Saint-Louis, "Understanding cancel culture: Normative and unequal sanctioning", *First Monday* 26(7), 2021; Gabriella Saporito, "#Canceled: Positionality and Authenticity in Country Music's Cancel Culture(Master of Arts in Musicology)", West Virginia University, 2021.

8 Loydie Solange Burmah, "The curious cases of cancel culture", Master of Arts in Communication Studies, California State University, 2021.

9 서경주, 〈캔슬 컬처Cancel Culture 그때는 맞고 지금은 틀리다〉, 《언론중재》 156, 2020, 46~51쪽.

10 마리아나 마추카토, 《가치의 모든 것》, 안진환 옮김, 민음사, 2020, 126쪽.

11 Herbert A. Simon, "Designing organizations for an information-rich world", *Computers, Communications, and the Public Interest*, ed. Martin Greenberger, Johns Hopkins Press, 1971, pp.37–72(Morten Axel Pedersen & Kristoffer Albris & Nick Seaver, "The Political Economy of Attention", *Annual Review of Anthropology* 50, 2021에서 재인용).

12 Claudio Celis Bueno, *The Attention Economy: Labour, Time, and Power in Cognitive Capitalism*, Rowman & Littlefield International Ltd, 2017, pp.1-5.

13 Michael H. Goldhaber, "Attention shoppers!", *Wired Magazine*, 1997.

14 Claudio Celis Bueno, *The Attention Economy*.

15 Tiziana Terranova, "Attention, economy and the brain", *Culture Machine*

13, 2012.

16 Jodi Dean, "Communicative capitalism: Circulation and the foreclosure of politics", *Cultural Politics* 1(2), 2005, pp.51-74(이희은, 〈디지털 노동의 불안과 희망〉,《한국언론정보학보》66, 2014, 217쪽에서 재인용).

17 김수아, 〈저항하는 팬덤과 소비자: 팬덤의 모순적 공존〉,《페미돌로지》, 200쪽.

18 이준형, 〈셀러브리티 사회와 좌파 포퓰리즘 전략〉,《문화/과학》108, 2021, 98~102쪽.

19 Lee Jin & Crystal Abidin, "Backdoor advertising scandals, Yingyeo culture, and cancel culture among YouTube Influencers in South Korea", *New Media & Society*, 2021, p.6.

20 차영란, 〈인플루언서의 '뒷광고' 논란 전, 후에 대한 댓글 비교 분석: LDA와 Word2vec을 중심으로〉,《한국콘텐츠학회논문지》20(10), 2020, 119~133쪽.

21 Lee Jin & Crystal Abidin, "Backdoor advertising scandals, Yingyeo culture, and cancel culture among YouTube Influencers in South Korea", pp.4-5.

22 휘트니 필립스,《미디어는 어떻게 허위정보에 속았는가》, 박상현 옮김, 한국언론진흥재단, 2019, 19쪽. 해당 보고서는 한국언론진흥재단 홈페이지에 무료로 공개되어 있다. 보고서에는 더 나은 보도를 위한 제언들 또한 담겨 있다.

23 가브리엘 타르드,《모방의 법칙》, 이상률 옮김, 문예출판사, 2012, 132쪽.

24 가브리엘 타르드,《여론과 군중》, 이상률 옮김, 이책, 2015, 81쪽.

25 이상길, 〈공론장의 사회적 구성〉,《한국언론학보》47(1), 2003, 14~15쪽.

26 Sara Ahmed, "Affective Economies", *Social Text* 22(2), 2004, pp.117-139.

27 ibid.

28 따라서 이 책에서 특정한 대상에 대해 '정동적'이라고 표현할 때는 그 대상에 특정한 감정이 쌓일 수 있고, 그것이 특정한 감정을 생산하거나 유통함으로써 무언가 혹은 누군가를 움직이게 만들고, 어떤 집단이나 대립을 구획할 수 있다는 의미다. Sara Ahmed, *The Cultural Politics of Emotion*, Routeldge, 2015.

29 김홍중, 〈가브리엘 타르드와 21세기 사회이론: 정동, 페이션시, 어셈블리지 개념을 중심으로〉,《한국사회학》56(1), 2022, 88~89쪽.

30 유진현,《가브리엘 타르드》, 커뮤니케이션북스, 2018, 49쪽.

31 김홍중, 〈가브리엘 타르드와 21세기 사회이론〉, 91쪽.

32 유진현, 〈가브리엘 드 타르드의《모방의 법칙들 Les Lois de l'imitation》에 나타난 심리사회학의 특성〉,《불어불문학연구》91, 2012, 217쪽.

33 유진현, 《가브리엘 타르드》, 51쪽.

34 가브리엘 타르드, 《여론과 군중》, 97쪽.

35 여기서 하나 짚고 넘어가자면, 타르드는 사회 현상들을 종종 정신적이고
    심리적인 층위로 환원하는 경향을 보이는데(이를테면 "사회 상태란 최면
    상태와 마찬가지로 꿈의 한 형식에 불과하다"와 같은 문장), 그런 정신적이고
    심리적인 사건 또한 명백히 물질적인 조건에 뿌리를 내리고 있다. 기존에는
    그 물질적 토대가 신문처럼 동시다발적이면서도 수직적으로 생산·유통되는
    문자 매체와 그것을 둘러싼 네트워크였다면, 지금은 상하관계나 선후관계가
    뚜렷하지 않은—스마트폰, 소셜미디어 플랫폼, 사이버렉카, 언론, 팬,
    알고리즘 등—온갖 행위자들이 얽힌 네트워크가 모방의 물질적 토대가 되기
    때문이다. 따라서 모방은 그것이 신체의 형상을 흉내 내는 것이 아닐지언정,
    물질적 토대 위에서 이루어지고, 또 다른 물질적 토대를 만들어나가는 현상이
    된다. 이 미주의 괄호에 인용된 타르드의 문장은 다음을 참고하라. 가브리엘
    타르드, 《모방의 법칙》, 120~121쪽.

36 김효영, 〈공명하는 공중과 대중적 감염 사이: 가브리엘 타르드, 《여론과
    군중》, 이상률 옮김, 이책, 2015〉, 《뉴래디컬리뷰》 1, 2021년 가을(창간호),
    286쪽.

37 이항우, 〈타르드, 정동 그리고 소셜미디어의 네트워크 효과〉, 《경제와사회》
    136, 2022, 281~282쪽.

38 가브리엘 타르드, 《모나돌로지와 사회학》, 이상률 옮김, 이책, 2015, 44쪽.

39 김홍중, 〈가브리엘 타르드와 21세기 사회이론〉, 94쪽.

40 손희정, 《페미니즘 리부트》, 나무연필, 2017, 126쪽.

41 같은 책, 120쪽.

42 같은 책, 132쪽.

43 같은 책, 132쪽.

44 김신현경, 〈여자 아이돌/걸 그룹과 샤덴프로이데: 아이유의 《챗셔》 논란 다시
    읽기〉, 김은실 엮음, 《더 나은 논쟁을 할 권리》, 휴머니스트, 2018, 126쪽.

45 같은 책, 128~130쪽.

46 같은 책, 131쪽.

47 같은 책, 140쪽.

48 같은 책, 같은 쪽.

49 같은 책, 146쪽.

50 사라 아메드, 《행복의 약속》, 84쪽.

51 같은 책, 84~85쪽.

52 김수정, 〈팬덤과 페미니즘의 조우: 페미니즘 관점에서 본 팬덤 연구의 성과와
    쟁점〉, 《언론정보연구》 55(3), 2018, 72쪽.

53 김수정, 〈한국 리얼리티 프로그램의 정서구조와 문화정치학〉,
    《방송문화연구》 23(2), 2011, 63~64쪽.
54 김수정·김수아, 〈'집단적 도덕주의' 에토스: 혼종적 케이팝의 한국적
    문화정체성〉, 《언론과사회》 23(3), 2015, 43쪽.
55 김수정, 〈팬덤과 페미니즘의 조우〉, 73~74쪽.
56 김주희, 〈속도의 페미니즘과 관성의 정치〉, 《문학과사회》 116, 2016, 34쪽.

3장. "너 같은 아이들이 사랑받는 직업으로 성공하면 안 되지"

1   이동연, 《문화부족의 사회》, 책세상, 2005(Sun Jung, "Fan Activism,
    Cybervigilantism, and Othering Mechanisms in K-pop Fandom",
    Transformative Works and Cultures 10, 2012에서 재인용).
2   Sun Jung, ibid.
3   김수정, 〈한국 리얼리티 프로그램의 정서구조와 문화정치학〉, 64쪽.
4   홍지아·정윤정, 〈리얼리티 프로그램 〈프로듀스 101〉이 재현하는 아이돌
    되기의 자격〉, 《현상과인식》 42(2), 2018, 143쪽.
5   세 기획사가 인성을 얼마나 중요하게 여기는지는 다음의 글에서 상세히
    설명하고 있다. 김수정·김수아, 〈'집단적 도덕주의' 에토스〉, 19~31쪽.
6   김수정·김수아, 〈'집단적 도덕주의' 에토스〉, 19~28쪽.
7   황지영, 〈'SM학' 가르치는 K팝 학교… "시범 교육에 1200명 몰렸다"〉,
    《중앙일보》, 2022. 7. 26.
8   원용진·김지만, 〈사회적 장치로서의 아이돌 현상〉, 《대중서사연구》 28, 2012,
    319~361쪽.
9   사라 아메드, 《행복의 약속》, 32쪽.
10 전상현·이종혁, 〈뉴스는 '어떻게' 페이스북에서 유튜브로 가게 되었나?:
    행위자-연결망 이론 관점을 적용한 플랫폼 뉴스 보도의 의미 연결망 분석〉,
    《방송통신연구》 111, 2020, 110~151쪽.
11 장혜원, 〈사이버렉카 '혐오장사' 요지경… 성희롱·패드립 등 조회수에 눈 먼
    온라인 지옥도〉, 《스카이데일리》, 2022. 3. 22.
12 Rachel Berryman & Misha Kavka, "Crying on YouTube: Vlogs, self-
    exposure and the productivity of negative affect", *Convergence* 24(1),
    2018, pp.85~98.
13 권유리야, 〈토크쇼, 문화적 관행으로서의 제의〉, 《한국문학논총》 87, 2021,
    478쪽.
14 저스틴 토시·브랜던 웜키, 《그랜드스탠딩》, 김미덕 옮김, 오월의봄, 2022,

41~77쪽.

15 이신행·이주연·조민정·박태강, 〈기계학습 기반 유튜브 악플 분석:
   "사이버렉카"에 달린 댓글의 어휘적 특성〉,《디지털콘텐츠학회 논문지》
   23(6), 2022, 1115~1122쪽.

16 저스틴 토시·브랜던 웜키,《그랜드스탠딩》, 49쪽.

17 박지윤, 〈아이돌 팬덤의 분노 연구〉, 연세대학교 커뮤니케이션대학원
   미디어문화연구 석사학위논문, 2021, 58~60쪽.

18 이희은, 〈디지털 노동의 불안과 희망〉,《한국언론정보학보》 66, 2014, 217쪽.

19 머신러닝과 딥러닝 응용을 통해 유튜브 알고리즘의 작동 원리를 역추적한
   연구에서는 댓글의 수, 좋아요·싫어요 수가 영상의 조회수에 큰 영향을 주고
   있고, 조회수가 높은 영상일수록 검색 결과에서 상위에 나타난다고 분석하고
   있다. 김철년·배승주·하윤수·이상호, 〈유튜브 알고리즘 요인 탐색을 위한
   역공학설계 연구: 머신러닝과 딥러닝 응용을 중심으로〉,《디지털콘텐츠학회
   논문지》 23(6), 2022, 1123~1130쪽.

20 장지현, 〈3세대 아이돌 산업의 친밀성 구조〉, 33쪽.

21 강은교, 〈아이돌의 자필 사과문: 소비하는 팬덤, 소진되는 팬심〉,
   《페미돌로지》, 225쪽.

22 장지현, 〈"항상 함께할 거예요."의 이면〉,《페미돌로지》, 189쪽.

23 이지행, 〈미디어와 팬덤의 담론 전쟁〉,《페미돌로지》, 23쪽.

24 휘트니 필립스,《미디어는 어떻게 허위정보에 속았는가》, 139~140쪽.

25 같은 책, 143~144쪽.

26 한국기자협회 기자협회보 편집위원회, 〈포털 종속된 저널리즘… 괴물 되진
   말아야〉,《기자협회보》, 2020. 11. 18.

27 다음의 글이 인스타그램의 구조를 분석한 것을 참고했다. Diana
   Zulli, "Capitalizing on the look: insights into the glance,
   attention economy, and Instagram", *Critical Studies in Media
   Communication* 35(2), 2018, pp.137-150.

28 Nick Seaver, "Captivating algorithms: Recommender systems as traps",
   Journal of Material Culture 24(4), 2019, pp.421-436.

29 넷플릭스 오리지널 다큐멘터리 〈소셜 딜레마〉. 디자인이 그 자체로 중독을
   유도하는 원리에 대해서는 라스베이거스의 도박 기계를 분석한 다음의 책을
   참고하라. Natasha Dow Schüll, *Addiction by Design: Machine Gambling in
   Las Vegas*, Princeton University Press, 2012.

30 이지은, 〈"한국여성의 인권에 대해 알고 싶으면, 구글에서 '길거리'를 검색해
   보라": 알고리즘을 통해 '대중들' 사이의 적대를 가시화하기〉,《미디어, 젠더 &
   문화》 35(1), 2020.

31 같은 글, 36쪽.

32 휘트니 필립스, 《미디어는 어떻게 허위정보에 속았는가》, 144~146쪽.

33 Tarleton Gillespie, "#trendingistrending: When algorithms become culture", Robert Seyfert & Jonathan Roberge (ed.), *Algorithmic Cultures: Essays on meaning, performance and new technologies*, Routledge, 2016, pp.52-75.

34 이항우, 〈타르드, 정동 그리고 소셜미디어의 네트워크 효과〉, 277쪽.

35 Whitney Phillips, "It Wasn't Just the Trolls: Early Internet Culture, "Fun", and the Fires of Exclusionary Laughter", *Social Media + Society* 5 (no.3), 2019, p.3.

36 김홍중, 〈그림 형제와 라투르: ANT 서사 기계에 대한 몇 가지 성찰〉, 《문명과경계》 6, 2023, 33~34쪽.

37 민가영, 〈가해와 피해 중첩성에 대한 연구: 가출한 십대 또래그룹의 폭력/범죄 문화와 그 안에서 여성의 위치를 중심으로〉, 《여성연구논총》 32, 2017, 17~18쪽.

38 강은교, 〈아이돌의 자필 사과문: 소비하는 팬덤, 소진되는 팬심〉, 《페미돌로지》, 227쪽.

39 이를테면, 다음의 글들을 참고하라. 임정란·임경희·전영국, 〈한 대학생의 학교폭력 피해 경험 및 회복 과정에 대한 질적 사례 탐구〉, 《질적탐구》 5(3), 2019, 175~205쪽; 이희연, 〈학교폭력 경험에 관한 문화기술지〉, 《학교사회복지》 25, 2013, 275~309쪽. 학교폭력의 축소와 은폐가 어떻게 이루어지는지 분석한 다음의 논문도 참고할 만하다. 김유원, 〈학교폭력 축소·은폐 양상에 대한 질적 사례 분석〉, 《교육정치학연구》 30(1), 2023, 155~187쪽.

40 서정기, 〈학교폭력 이후 해결과정에서 경험하는 갈등의 구조적 요인에 대한 질적 사례연구〉, 《교육인류학연구》 15(3), 2012, 133~164쪽.

41 서근원·문경숙, 〈"이게 다 학교 때문입니다.": 학교에서 새겨진 폭력〉, 《교육인류학연구》 19(4), 2016, 41~81쪽.

42 김수아, 〈저항하는 팬덤과 소비자-팬덤의 모순적 공존〉, 《페미돌로지》, 217쪽.

43 Matthew D. Sanscartier, "Denunciatory technology: forging publics through populism and secrecy", *Economy and Society* 46(1), 2017, pp.71-77.

44 Bruno Latour, "When Things Strike Back: A Possible Contribution of 'Science Studies' to the Social Sciences", *The British Journal of Sociology* 51(1), 2000, p.113; 김환석, 〈신유물론으로서의 브뤼노 라투르 사상〉, 몸문화연구소, 《신유물론》, 필로소픽, 2022, 38~39쪽.

45 음모론적 구조와 케이팝의 연관성에 대한 좀 더 자세한 분석으로는 다음의
글을 참고하라. 안희제, 〈영원한 수수께끼라는 공론장: 케이팝 세계관
콘텐츠를 중심으로〉, 《문화/과학》 110, 2022, 259~276쪽.

46 가브리엘 타르드, 《모방의 법칙》, 130쪽.

47 브뤼노 라투르, 《젊은 과학의 전선》, 55~56쪽, 61쪽.

48 Andrew McKenzie-McHarg, "Experts versus eyewitnesses. Or, how did
conspiracy theories come to rely on images?", Word & Image 35(2), 2019.

49 이혜수, 〈한국 팬덤의 민족주의 정체성 전략에 관한 연구〉, 《사회사상과문화》
22(2), 2019, 237~268쪽.

4장. "진짜 피해자면, 아니야, 도로 삼킬게요"

1 알페스의 퀴어함과 관련한 논쟁들의 지형도를 그리며 그러한 논쟁에
적극적으로 개입한다는 점에서 다음의 책에서는 알페스와 '정치적 올바름'
사이의 관계 또한 살펴볼 수 있다. 권지미, 《알페스×퀴어》, 오월의봄, 2022.

2 조우리, 《라스트 러브》, 창비, 2019, 61쪽.

3 같은 책, 68쪽.

4 이도훈, 〈현장을 전유하는 다큐멘터리: 한국 독립 다큐멘터리가 현장과
결합하는 방식〉, 《현대영화연구》 44(0), 2021, 128쪽.

5 장지현, 〈"항상 함께할 거예요"의 이면〉, 《페미돌로지》, 180쪽.

6 장지현, 〈3세대 아이돌 산업의 친밀성 구조〉, 6쪽.

7 연휘선, 〈빅톤 허찬, 음주운전 적발 자필편지로 사과 "하루하루 후회와 자책…"
[전문]〉, 《OSEN》, 2022. 9. 23.

8 Chu Yi Wen, 〈포스트 코로나(COVID-19) 케이팝(K-pop) 아이돌 팬들의
감정 작업에 관한 연구: 영상통화 팬사인회를 중심으로〉, 연세대학교 대학원
한국학협동과정 석사학위논문, 2022, 4쪽.

9 주디스 버틀러, 《윤리적 폭력 비판》, 양효실 옮김, 인간사랑, 2013, 87~88쪽.

10 같은 책, 88쪽.

11 Leonie Smith & Alfred Archer, "Epistemic Injustice and the Attention
Economy", Ethic Theory Moral Prac 23, 2020, pp.777-795.

12 ibid.

13 ibid.

14 장지현, 〈3세대 아이돌 산업의 친밀성 구조〉, 99쪽.

15 강은교, 〈아이돌의 자필 사과문: 소비하는 팬덤, 소진되는 팬심〉,
《페미돌로지》, 245쪽.

16 류진희, 〈초국적 한류와 걸그룹 노동〉, 《페미돌로지》, 59쪽.

5장. "내 인생론이 결국 ○○○이 형성한 거라는 거지"

1 장수정, 〈이달의소녀 츄 '학폭' 폭로자, 하루 만에 사과 [종합]〉, iMBC, 2021.
   2. 24.
2 이영민, 〈에이프릴 이나은 '학폭' 허위였다⋯ 폭로자 "자격지심에" 사과〉,
   《머니투데이》, 2022. 1. 8.
3 사라 아메드, 《행복의 약속》, 164쪽.
4 이연숙, 〈여성혐오적인 '에로틱 스릴러', 페미니스트는 즐길 수 있나〉,
   《한국일보》, 2022. 4. 16.
5 장지현, 〈3세대 아이돌 산업의 친밀성 구조〉, 1~3쪽.
6 양인화, 〈페미니즘 리부트 이후 한국 아이돌팬의 문화실천기록〉,
   《문화·경영·기술》 1(1), 2021, 23~45쪽.
7 이시림·이수현, 〈한국 아이돌, 그들은 어떻게 살아남는가?: 한국 아이돌 산업
   생태계의 생존과 성공 요인〉, 《미디어, 젠더 & 문화》 34(2), 2019, 51~98쪽.
8 이수현·이시림, 〈한국 대중음악산업의 과점화와 그 영향력에 대한 연구〉,
   《문화산업연구》 18(2), 2018, 51~64쪽.
9 박성모, 〈자본주의사회에서 나타나는 아이돌 그룹의 소외〉, 《사회과학연구》
   31(1), 2015, 275~301쪽.
10 이나은, 〈온라인 공간에서의 유사-초점화된 상호작용과 친밀감의 의미: 팬
   플랫폼 '버블' 사용자를 중심으로〉, 서울대학교 사회학과 석사학위논문, 2021.
11 사라 아메드, 《행복의 약속》, 80쪽.
12 오자영, 〈30대 기혼 여성의 팬덤과 나이의 문화정치학〉, 29쪽.
13 같은 글, 7쪽.
14 이준형·강신규, 〈놀동의 붕괴, 정동의 봉합: 다시, 〈프로듀스 48〉과 팬덤의
   재구성〉, 《지역과 커뮤니케이션》 26(2), 2022, 71~106쪽.
15 사라 아메드, 《행복의 약속》, 64쪽.
16 가브리엘 타르드, 《사회법칙》, 이상률 옮김, 아카넷, 2013, 62~71쪽.
17 Pamela Robertson, *Guilty Pleasures. Durham: Duke University Press*, 1996,
   p.17, p.120, p.147.

6장. "자꾸 판단을 보류하고 싶어져요"

1   이항우, 〈타르드, 정동 그리고 소셜미디어의 네트워크 효과〉, 277쪽.
2   에바 일루즈, 《낭만적 유토피아 소비하기》, 박형신·권오헌 옮김, 이학사, 2014, 291쪽.
3   다음의 논문은 이 지점을 집중적으로 분석하고 있다. 이나은, 〈온라인 공간에서의 유사-초점화된 상호작용과 친밀감의 의미〉.
4   에바 일루즈, 《사랑은 왜 아픈가》, 김희상 옮김, 돌베개, 2013, 385~386쪽.
5   같은 책, 389쪽.
6   같은 책, 407쪽.
7   같은 책, 398~399쪽.
8   황성진, 《프로의 작사법》, 1458music, 2022, 17쪽.
9   안영주, 《그니까 작사가 뭐냐면》, 더 디퍼런스, 2020, 18쪽.
10 같은 책, 98~101쪽.
11 김수정·김수아, 〈'집단적 도덕주의' 에토스〉, 31~36쪽.
12 천희란 발문 〈이 사랑이 첫사랑은 아니지만 너와의 사랑은 처음이어서〉, 조우리, 《라스트 러브》, 183~184쪽.
13 우사미 린, 《최애, 타오르다》, 이소담 옮김, 미디어창비, 2021, 7~8쪽.
14 James Ash, "Technologies of Captivation: Videogames and the Attunement of Affect", *Body & Society* 19(1), 2013, p.42.
15 가브리엘 타르드, 《모방의 법칙》, 124~128쪽.
16 James Ash, "Technologies of Captivation", p.45.
17 Susanna Paasonen, "Fickle focus: Distraction, affect and the production of value in social media", *First Monday* 21(10), 2016.
18 Giovanni Luca Ciampaglia & Alessandro Flammini & Filippo Menczer, "The production of information in the attention economy", *Scientific Reports* 5, 2015, p.9452.
19 여기서 라투르와 영국의 사회학자 스티브 울거의 과학 실험실 연구를 상기할 필요가 있다. 이들은 과학 실험을 통해 '사실'이 일단 구성되면, 그것은 (이전까지 한 번도 그렇게 받아들여진 적이 없었음에도) 언제나 세상에 존재해 왔다는 방식으로 이해되기 시작한다고 지적한다. "우리의 논점은 '바깥쪽 저기에 있음'이 과학 연구의 **원인**이라기보다는 과학 연구의 **귀결**이라는 것이다."라는 문장의 의미는 그러한 것이다. 만약 또 다른 실험이나 사건이 발생한다면, 또 다른 '사실'이 기존의 '사실'을 덮어씀으로써 과거를 다시 쓸 것이다. 실험이라는 현상은 그렇게 시간을 새로 쓴다. 논란도 그렇다. 브루노 라투르·스티브 울거, 《실험실 생활》, 이상원 옮김,

한울아카데미, 2018, 237쪽, 강조는 원문.

Morten Axel Pedersen & Kristoffer Albris & Nick Seaver, "The Political Economy of Attention", *Annual Review of Anthropology* 50, 2021.

21 이를테면 다음을 참고하라. 강영안, 〈책임으로서의 윤리〉, 《철학》 81, 2004, 51~85쪽.

22 이현정, 〈1991~2010년 신문기사 분석을 통해 살펴본 한국 우울증 담론의 변화와 그 문화적 함의〉, 《한국문화인류학》 45(1), 2012, 53쪽.

23 권명아, 〈여성 살해 위에 세워진 문학/비평과 문화산업〉, 《문학과사회》 31(1), 2018, 149쪽. 사이버렉카의 폭력성과 온라인 기반 성착취 사건들을 하나의 맥락 속에서 살피며 여성에 대한 폭력이 부의 축적으로 이어지는 현상을 분석한 글로는 다음을 참고하라. 손희정, 〈기이한 열정: 디지털 시대의 고어 남성성〉, 《횡단인문학》 12, 2022, 57~83쪽.

24 권명아, 〈소녀의 죽음과 퀸의 미로〉, 《문화/과학》 78, 2014, 142쪽.

25 문성원, 〈정치와 윤리: 데리다의 레비나스론〉, 《시대와철학》 26(3), 2015, 27쪽.

26 같은 글, 17쪽.

27 양인화, 〈페미니즘 리부트 이후 한국 아이돌팬의 문화실천기록〉, 《문화·경영·기술》 1(1), 2021, 32쪽.

28 김홍중, 〈가브리엘 타르드와 21세기 사회이론〉, 95쪽.

29 김홍중, 〈인류세의 사회이론 1: 파국과 페이션시patiency〉, 《과학기술학연구》 19(3), 2019, 26쪽.

30 김홍중·조민서, 〈페이션시의 재발견: 고프만과 부르디외를 중심으로〉, 《한국사회학》 55(3), 2021, 40쪽.

31 김홍중, 〈인류세의 사회이론 1〉, 26~27쪽.

32 김홍중·조민서, 〈페이션시의 재발견〉, 57쪽.

33 이승원, 〈팬덤 정치와 포퓰리즘: 대안적 정치문화를 위한 기획〉, 《문화/과학》 108, 2021, 105~124쪽.

34 기존의 팬덤 연구는 팬이 팬으로 되어가는 과정, 팬과 아티스트 사이에 오가는 감정은 별로 바라보지 않아서 팬들의 정동을 간과한 측면이 존재한다. 팬덤 연구의 흐름에 대한 자세한 논의는 다음을 참고하라. 김수정·김수아, 〈해독 패러다임을 넘어 수행 패러다임으로: 팬덤 연구의 현황과 쟁점〉, 《한국방송학보》 29(4), 2015, 53쪽.

35 김홍중, 〈그림 형제와 라투르〉, 36쪽.

36 김홍중·김유하·김정환·류연미, 〈고시패스의 욕망과 수험의 페이션시patiency 《고시계》(1980~2018년) 사법시험 합격 수기를 중심으로〉, 《경제와사회》 126, 2020, 448쪽(각주 6).

37 아마 이는 타르드가 "때때로 개인의 망설임은 그 개인 안에 갇혀 있다. 따라서
     그의 망설임은 그의 이웃에게 퍼져나가지 않으며 또 그러한 경향도 나타내지
     않는다"와 같이 말한 것과 연결될 것이다. 인용구는 가브리엘 타르드,
     《사회법칙》, 72~73쪽.
38 김홍중, 〈가브리엘 타르드와 21세기 사회이론〉, 97~98쪽.
39 가브리엘 타르드, 《사회법칙》, 76쪽.
40 사라 아메드, 《행복의 약속》, 65쪽.
41 Bruno Latour, *Pasteurization of France, trans. Alan Sheridan and John Law*,
     Havard University Press, 1988, p.201(그레이엄 하먼, 《네트워크의 군주》,
     김효진 옮김, 갈무리, 2019, 44쪽에서 재인용).
42 그레이엄 하먼, 《네트워크의 군주》, 46쪽.
43 원문은 다음과 같다. "우리는 연약할 것이지만 권력자들도 그렇다." 같은 책,
     47쪽.
44 문화인류학자 조문영은 빈곤을 연구하는 동시에 그것에 어떻게 연루될
     것인지 고민한다. 그는 빈곤에 기존과 다른 방식으로 접근하기 위해
     "다른 빈곤을 출현시키고 싶다면 다른 배치를 만들어야 한다"고 말하며,
     "참여자·연루자"로서의 태도를 강조한다. 이는 빈곤의 문제에만 국한되지
     않으며, 어떤 현상을 '네트워크' 혹은 '배치'로 이해함으로써 그것에
     개입하고자 하는 모든 실천에 해당하는 이야기다. 조문영, 《빈곤 과정》,
     글항아리, 2022, 324쪽.
45 아네르스 블록·토르벤 엘고르 옌센, 《처음 읽는 브뤼노 라투르》, 황장진 옮김,
     사월의책, 2017, 249쪽.

나가며

1   Whitney Phillips, "Am I why I can't have nice things?: A reflection on
     personal trauma, networked play, and ethical sight", Z. Papacharissi (ed.),
     A networked self and love, Routledge, 2018, pp.202-212, pp.208-209;
     Whitney Phillips, "It Wasn't Just the Trolls: Early Internet Culture, "Fun,"
     and the Fires of Exclusionary Laughter".
2   이생진 시인의 시 〈있었던 일〉 중 일부를 활용했다.
3   브뤼노 라투르, 《젊은 과학의 전선》, 397쪽.

단행본

가브리엘 타르드, 《모나돌로지와 사회학》, 이상률 옮김, 이책, 2015.

가브리엘 타르드, 《모방의 법칙》, 이상률 옮김, 문예출판사, 2012.

가브리엘 타르드, 《사회법칙》, 이상률 옮김, 아카넷, 2013.

가브리엘 타르드, 《여론과 군중》, 이상률 옮김, 이책, 2015.

권지미, 《알페스×퀴어》, 오월의봄, 2022.

그레이엄 하먼, 《네트워크의 군주》, 김효진 옮김, 갈무리, 2019.

김연화·성한아·임소연·장하원, 《겸손한 목격자들》, 에디토리얼, 2021.

김은실 엮음, 《더 나은 논쟁을 할 권리》, 휴머니스트, 2018.

김정원, 《음악인류학자의 케이팝하기》, 세창미디어, 2022.

네이글, 앤절라, 《인싸를 죽여라》, 김내훈 옮김, 오월의봄, 2022.

류진희·백문임·허윤 기획, 《페미돌로지》, 빨간소금, 2022.

마리아나 마추카토, 《가치의 모든 것》, 안진환 옮김, 민음사, 2020.

몸문화연구소, 《신유물론》, 필로소픽, 2022.

브루노 라투르·스티브 울거, 《실험실 생활》, 이상원 옮김, 한울아카데미, 2018.

브루노 라투르 외, 《인간·사물·동맹》, 홍성욱 엮음, 이음, 2010.

브뤼노 라투르, 《젊은 과학의 전선》, 황희숙 옮김, 2016.

브뤼노 라투르, 《판도라의 희망》, 장하원·홍성욱 책임 번역, 휴머니스트, 2018.

사라 아메드, 《행복의 약속》, 성정혜·이경란 옮김, 후마니타스, 2021.

손희정, 《페미니즘 리부트》, 나무연필, 2017.

아네르스 블록·토르벤 엘고르 옌센,《처음 읽는 브뤼노 라투르》, 황장진 옮김,
　　사월의책, 2017.
아이리스 매리언 영,《차이의 정치와 정의》, 김도균·조국 옮김, 모티브북, 2017.
안영주,《그니까 작사가 뭐냐면》, 더디퍼런스, 2020.
에바 일루즈,《낭만적 유토피아 소비하기》, 박형신·권오헌 옮김, 이학사, 2014.
에바 일루즈,《사랑은 왜 아픈가》, 김희상 옮김, 돌베개, 2013.
연혜원 기획,《퀴어돌로지》, 오월의봄, 2021.
우사미 린,《최애, 타오르다》, 이소담 옮김, 미디어창비, 2021.
유진현,《가브리엘 타르드》, 커뮤니케이션북스, 2018.
이동연,《문화부족의 사회》, 책세상, 2005.
이용숙 외,《인류학 민족지 연구 어떻게 할 것인가》, 일조각, 2012.
이희주,《환상통》, 문학동네, 2016.
저스틴 토시·브랜던 웜키,《그랜드스탠딩》, 김미덕 옮김, 오월의봄, 2022.
조문영,《빈곤 과정》, 글항아리, 2023.
조우리,《라스트 러브》, 창비, 2019.
조은혜,《'팬덤 정치'라는 낙인》, 오월의봄, 2023.
주디스 버틀러,《윤리적 폭력 비판》, 양효실 옮김, 인간사랑, 2013.
황성진,《프로의 작사법》, 1458music, 2022.
휘트니 필립스,《미디어는 어떻게 허위정보에 속았는가》, 박상현 옮김,
　　한국언론진흥재단, 2019.

Ahmed, Sara, *The Cultural Politics of Emotion*, Routeldge, 2015.
Celis Bueno, Claudio, *The Attention Economy: Labour, Time, and Power in
　　Cognitive Capitalism*, Rowman & Littlefield International Ltd, 2017.
Greenberger, Martin(ed.), *Computers, Communications, and the Public Interest*,
　　Johns Hopkins Press, 1971.
Jenkins, Henry, *Convergence Culture: Where Old and New Media Collide*, New
　　York University Press, 2006.
Latour, Bruno, *Pasteurization of France*, trans. Alan Sheridan & John Law,
　　Havard University Press, 1988.
Papacharissi, Zizi(ed.), *A networked self and love*, Routledge, 2018.
Robertson, Pamela, *Guilty Pleasures*, Durham: Duke University Press, 1996.
Schüll, Natasha Dow, *Addiction by Design: Machine Gambling in Las Vegas*,
　　Princeton University Press, 2012.
Seyfert, Robert & Roberge, Jonathan(ed.), *Algorithmic Cultures: Essays on
　　meaning, performance and new technologies*, Routledge, 2016.

논문

강영안, 〈책임으로서의 윤리: 레비나스의 윤리적 주체 개념〉,《철학》81, 2004, 51~85쪽.

고혜리·양은경, 〈남성 아이돌 그룹의 여성혐오 논란과 여성 팬덤의 분열〉, 《한국콘텐츠학회논문지》17(8), 2017.

권명아, 〈소녀의 죽음과 퀸의 미로〉,《문화/과학》78, 2014, 130~143쪽.

권명아, 〈여성 살해 위에 세워진 문학/비평과 문화산업〉,《문학과사회》31(1), 2018, 140~167쪽.

권유리야, 〈토크쇼, 문화적 관행으로서의 제의〉,《한국문학논총》87, 2021쪽.

김민형, 〈팬덤의 수행성 연구: 인터넷 밈과 시민 참여문화〉,《기호학연구》66, 2021, 7~36쪽.

김수정, 〈한국 리얼리티 프로그램의 정서구조와 문화정치학〉,《방송문화연구》 23(2), 2011, 37~72쪽.

김수정, 〈팬덤과 페미니즘의 조우: 페미니즘 관점에서 본 팬덤 연구의 성과와 쟁점〉,《언론정보연구》55(3), 2018.

김수정·김수아, 〈'집단적 도덕주의' 에토스: 혼종적 케이팝의 한국적 문화정체성〉, 《언론과사회》23(3), 2015.

김수정·김수아, 〈해독 패러다임을 넘어 수행 패러다임으로: 팬덤 연구의 현황과 쟁점〉,《한국방송학보》29(4), 2015.

김세연, 〈뉴미디어 시대 속 '참교육' 콘텐츠와 현대인의 의식구조〉, 《한국콘텐츠학회논문지》22(4), 2022, 468~478쪽.

김주희, 〈속도의 페미니즘과 관성의 정치〉,《문학과사회》116, 2016.

김철년·배승주·하윤수·이상호, 〈유튜브 알고리즘 요인 탐색을 위한 역공학설계 연구: 머신러닝과 딥러닝 응용을 중심으로〉,《디지털콘텐츠학회논문지》 23(6), 2022, 1123~1130쪽.

김현미, 〈[특집/흘러넘침과 비어 있음: 대한민국, 2002년 6월의 기억] 2002년 월드컵의 '여성화'와 여성 '팬덤'〉,《당대비평》20, 2002, 48~61쪽.

김홍중, 〈인류세의 사회이론 1: 파국과 페이션시patiency〉,《과학기술학연구》 19(3), 2019.

김홍중, 〈가브리엘 타르드와 21세기 사회이론: 정동, 페이션시, 어셈블리지 개념을 중심으로〉,《한국사회학》56(1), 2022.

김홍중, 〈그림 형제와 라투르: ANT 서사 기계에 대한 몇 가지 성찰〉, 《문명과경계》6, 2023.

김홍중·김유하·김정환·류연미, 〈고시패스의 욕망과 수험의 페이션시patiency 《고시계》(1980~2018년) 사법시험 합격 수기를 중심으로〉,《경제와사회》

126, 2020.

김홍중·조민서, 〈페이션시의 재발견: 고프만과 부르디외를 중심으로〉,
《한국사회학》 55(3), 2021.

김효영, 〈공명하는 공중과 대중적 감염 사이: 가브리엘 타르드,《여론과 군중》,
이상률 옮김, 이책, 2015〉,《뉴래디컬리뷰》 1, 2021.

문성원, 〈정치와 윤리: 데리다의 레비나스론〉,《시대와철학》 26(3), 2015.

민가영, 〈가해와 피해 중첩성에 대한 연구: 가출한 십대 또래그룹의 폭력/범죄
문화와 그 안에서 여성의 위치를 중심으로〉,《여성연구논총》 32, 2017.

박성모, 〈자본주의사회에서 나타나는 아이돌 그룹의 소외〉,《사회과학연구》 31(1),
2015, 275~301쪽.

박지윤, 〈아이돌 팬덤의 분노 연구〉, 연세대학교 커뮤니케이션대학원
미디어문화연구 석사학위논문, 2021.

베르비기에 마티유·조영한, 〈케이팝K-pop의 한국 팬덤에 대한 연구: 해외 팬들에
대한 인식을 중심으로〉,《한국언론정보학보》 81(1), 2017, 272~298쪽.

서근원·문경숙, 〈"이게 다 학교 때문입니다.": 학교에서 새겨진 폭력〉,
《교육인류학연구》 19(4), 2016, 41~81쪽.

서정기, 〈학교폭력 이후 해결과정에서 경험하는 갈등의 구조적 요인에 대한 질적
사례연구〉,《교육인류학연구》 15(3), 2012, 133~164쪽.

손희정, 〈기이한 열정: 디지털 시대의 고어 남성성〉,《횡단인문학》 12, 2022,
57~83쪽.

안희제, 〈영원한 수수께끼라는 공론장: 케이팝 세계관 콘텐츠를 중심으로〉,
《문화/과학》 110, 2022, 259~276쪽.

양인화, 〈페미니즘 리부트 이후 한국 아이돌팬의 문화실천기록〉,
《문화·경영·기술》 1(1), 2021, 23~45쪽.

오자영, 〈30대 기혼 여성의 팬덤과 나이의 문화정치학: '동방신기(東方神起)'
팬덤을 중심으로〉, 이화여자대학교 대학원 여성학과 석사학위논문, 2007.

원용진·김지만, 〈사회적 장치로서의 아이돌 현상〉,《대중서사연구》 28, 2012,
319~361쪽.

유진현, 〈가브리엘 드 타르드의《모방의 법칙들 Les Lois de l'imitation》에
나타난 심리사회학의 특성〉,《불어불문학연구》 91, 2012.

이강형·김상호, 〈감정과 공론장〉,《언론과사회》 22(1), 2014.

이나은, 〈온라인 공간에서의 유사-초점화된 상호작용과 친밀감의 의미: 팬 플랫폼
'버블' 사용자를 중심으로〉, 서울대학교 사회학과 석사논문, 2021.

이도훈, 〈현장을 전유하는 다큐멘터리: 한국 독립 다큐멘터리가 현장과 결합하는
방식〉,《현대영화연구》 44(0), 2021.

이상길, 〈공론장의 사회적 구성〉,《한국언론학보》 47(1), 2003.

이수현·이시림, 〈한국 대중음악산업의 과점화와 그 영향력에 대한 연구〉,
《문화산업연구》, 18(2), 2018, 51~64쪽.

이승원, 〈팬덤 정치와 포퓰리즘: 대안적 정치문화를 위한 기획〉, 《문화/과학》 108,
2021, 105~124쪽.

이시림·이수현, 〈한국 아이돌, 그들은 어떻게 살아남는가?: 한국 아이돌 산업
생태계의 생존과 성공 요인〉, 《미디어, 젠더 & 문화》 34(2), 2019, 51~98쪽.

이신행·이주연·조민정·박태강, 〈기계학습 기반 유튜브 악플 분석:
"사이버렉카"에 달린 댓글의 어휘적 특성〉, 《한국디지털콘텐츠학회 논문지》
23(6), 2022, 1115~1122쪽.

이자헌, 〈케이팝K-Pop 걸그룹 댄스의 움직임 특성과 움직임 코드 연구〉, 《우리춤과
과학기술》 35, 2016, 77~114쪽.

이준형, 〈셀러브리티 사회와 좌파 포퓰리즘 전략〉, 《문화/과학》 108, 2021.

이준형·강신규, 〈놀동의 붕괴, 정동의 봉합: 다시, 〈프로듀스 48〉과 팬덤의
재구성〉, 《지역과커뮤니케이션》 26(2), 2022, 71~106쪽.

이지은, 〈"한국여성의 인권에 대해 알고 싶으면, 구글에서 '길거리'를 검색해
보라": 알고리즘을 통해 '대중들' 사이의 적대를 가시화하기〉, 《미디어, 젠더 &
문화》 35(1), 2020.

이항우, 〈타르드, 정동 그리고 소셜 미디어의 네트워크 효과〉, 《경제와사회》 136,
2022, 266~299쪽.

이현정, 〈1991~2010년 신문기사 분석을 통해 살펴본 한국 우울증 담론의 변화와
그 문화적 함의〉, 《한국문화인류학》 45(1), 2012.

이혜수, 〈한국 팬덤의 민족주의 정체성 전략에 관한 연구〉, 《사회사상과 문화》
22(2), 2019, 237~268쪽.

이희연, 〈학교폭력 경험에 관한 문화기술지〉, 《학교사회복지》 25, 2013,
275~309쪽.

이희은, 〈디지털 노동의 불안과 희망〉, 《한국언론정보학보》 66, 2014, 211~241쪽.

임정란·임경희·전영국, 〈한 대학생의 학교폭력 피해 경험 및 회복 과정에 대한
질적 사례 탐구〉, 《질적탐구》 5(3), 2019, 175~205쪽.

장지현, 〈3세대 아이돌 산업의 친밀성 구조: BTS 팬덤을 중심으로〉, 연세대학교
대학원 문화인류학과 석사학위논문, 2019.

전상현·이종혁, 〈뉴스는 '어떻게' 페이스북에서 유튜브로 가게 되었나?:
행위자-연결망 이론 관점을 적용한 플랫폼 뉴스 보도의 의미 연결망 분석〉,
《방송통신연구》, 2020, 110~151쪽.

조은수·윤아영, 〈BTS ARMY에서 페미니스트 팬으로: 3세대 K-Pop 아이돌 팬의
페미니즘 실천과 한계〉, 《미디어, 젠더 & 문화》 35(3), 2020, 5~59쪽.

차영란, 〈인플루언서의 '뒷광고' 논란 전, 후에 대한 댓글 비교 분석: LDA와

Word2vec을 중심으로〉,《한국콘텐츠학회논문지》20(10), 2020, 119~133쪽.

최유나, 〈아줌마, 팬이 되다: 중년 주부들의 온라인 팬 커뮤니티에 대한 민족지적 연구〉, 서울대학교 대학원 인류학과 석사학위논문, 2007.

하대청, 〈루프 속의 프레카리아트: 인공지능 속 인간 노동과 기술정치〉, 《경제와사회》 118, 2018, 277~305쪽.

홍지아·정윤정, 〈리얼리티 프로그램 〈프로듀스 101〉이 재현하는 아이돌 되기의 자격〉,《현상과인식》 42(2), 121~150쪽.

Chu Yi Wen, 〈포스트 코로나(COVID-19) 케이팝(K-pop) 아이돌 팬들의 감정 작업에 관한 연구: 영상통화 팬사인회를 중심으로〉, 연세대학교 대학원 한국학협동과정 석사학위논문, 2022.

Peng Jinni, 〈중국 한류 팬덤의 한국 이주와 초국적 활동〉, 연세대학교 대학원 문화학협동과정 문화학 전공 석사학위논문, 2017.

Ahmed, Sara, "Affective Economies", *Social Text* 22(2), 2004, pp.117-139.

Anderson-Lopez, Jonina & Lambert, R. J. & Budaj, Allison, "Tug of War: Social Media, Cancel Culture, and Diversity for *Girls* and *The 100*", *KOME: An International Journal of Pure Communication Inquiry* 9(1), 2021.

Ash, James, "Technologies of Captivation: Videogames and the Attunement of Affect", *Body & Society* 19(1), 2013.

Axel Pedersen, Morten & Albris, Kristoffer & Seaver, Nick, "The Political Economy of Attention", *Annual Review of Anthropology* 50, 2021.

Berryman, Rachel & Kavka, Misha, "Crying on YouTube: Vlogs, self-exposure and the productivity of negative affect", *Convergence* 24(1), 2018, pp.85–98.

Bouvier, Gwen & Machin, David, "What gets lost in Twitter 'cancel culture' hashtags? Calling out racists reveals some limitations of social justice campaigns", *Discourse & Society* 32(3), 2021.

Burmah, Loydie Solange, "The curious cases of cancel culture(Master of Arts in Communication Studies)", California State University, 2021.

Ciampaglia, Giovanni Luca & Flammini, Alessandro & Menczer, Filippo, "The production of information in the attention economy", *Sci Rep* 5, 9452, 2015.

Dean, Jodi, "Communicative capitalism: Circulation and the foreclosure of politics", *Cultural Politics* 1(2), 2005, pp.51-74.

Jin, Lee & Abidin, Crystal, "Backdoor advertising scandals, Yingyeo culture, and cancel culture among YouTube Influencers in South Korea", *New*

Media & Society, 2021.

Jung, Sun, "Fan Activism, Cybervigilantism, and Othering Mechanisms in K-pop Fandom", *Transformative Works and Cultures* 10, 2012.

Latour, Bruno, "When Things Strike Back: A Possible Contribution of 'Science Studies' to the Social Sciences", *The British Journal of Sociology* 51(1), 2000, pp.107-123.

McKenzie-McHarg, Andrew, "Experts versus eyewitnesses. Or, how did conspiracy theories come to rely on images?", *Word & Image* 35(2), 2019.

Norris, Pippa, "Cancel Culture: Myth or Reality?", *Political Studies*, 2021.

Paasonen, Susanna, "Fickle focus: Distraction, affect and the production of value in social media", *First Monday* 21(10), 2016.

Phillips, Whitney, "It Wasn't Just the Trolls: Early Internet Culture, "Fun," and the Fires of Exclusionary Laughter", *Social Media + Society*, 2019.

Saint-Louis, Hervé, "Understanding cancel culture: Normative and unequal sanctioning", *First Monday* 26(7), 2021.

Sanscartier, Matthew D, "Denunciatory technology: forging publics through populism and secrecy", *Economy and Society* 46(1), 2017.

Saporito, Gabriella, "#Canceled: Positionality and Authenticity in Country Music's Cancel Culture(Master of Arts in Musicology)", West Virginia University, 2021.

Seaver, Nick, "Captivating algorithms: Recommender systems as traps", *Journal of Material Culture* 24(4), 2019, pp.421-436.

Smith, Leonie & Archer, Alfred, "Epistemic Injustice and the Attention Economy", *Ethic Theory Moral Prac* 23, 2020, pp.777-795.

Tandoc Jr, Edson C. & Tan Hui Ru, Beverly & Lee Huei, Gabrille & Min Qi Charlyn Ng & Chua, Rachel Angeline & Goh, Zhang Hao, "#CancelCulture: Examining definitions and motivations", *New Media & Society*, 2022.

Terranova, Tiziana, "Attention, economy and the brain", *Culture Machine* 13, 2012

노래

뉴진스, 〈Attention〉, 《NewJeans 1st EP 'New Jeans'》, 2022. 8. 1.
레드벨벳, 〈Campfire〉, 《The Red: The 1st Album》, 2015. 9. 9.

레드벨벳, 〈My Dear〉, 《Russian Roulette: The 3rd Mini Album》, 2016. 9. 7.

방탄소년단, 〈욱(UGH!)〉, 《MAP OF THE SOUL: 7》, 2020. 2. 21.

샤이니, 〈늘 그 자리에(Honesty)〉, 《'Sherlock' SHINee The 4th Mini Album》, 2012. 3. 19.

아이브, 〈Kitsch〉, 《Kitsch》, 2023. 3. 27.

아이유, 〈에필로그〉, 《IU 5th Album 'LILAC'》, 2021. 3. 25.

이달의 소녀, 〈favOriTe〉, 《[+ +]》, 2018. 8. 20.

이달의 소녀, 〈Playback〉, 《Summer Special[Flip That]》, 2022. 6. 20.

임영웅, 〈열아홉 순정〉(원곡: 이미자), 《2021 KBS 송년특집 We're HERO 임영웅》, 2021. 12. 26.

있지, 〈믿지(MIDZY)〉, 《믿지(MIDZY)》, 2021. 3. 20.

에스파, 〈Forever(약속)〉, 《Forever(약속)》, 2021. 2. 5.

에스파, 〈Girls〉, 《Girls: The 2nd Mini Album》, 2022. 7. 8.

트리플에스, 〈Rising〉, 《ASSEMBLE》, 2023. 2. 13.

NCT 127, 〈시차(Jet Lag)〉, 《NCT #127 WE ARE SUPERHUMAN: The 4th Mini Album》, 2019. 5. 24.

(여자)아이들, 〈i'M THE TREND〉, 《i'M THE TREND》, 2020. 7. 7.

기타

국민통합지원단 통합지원국 정치·지역통합정책과, 〈'팬덤과 민주주의 특별위원회' 출범식 및 제1차 회의 개최: 팬덤과 민주주의 선순환을 위한 사회적 합의 토대 마련〉, 대통령직속 국민통합위원회 보도자료, 2022. 10. 26.

금태섭, 〈정치권의 '반지성주의' 어떻게 만나? 팬덤의 집단행동 부추기는 정치인들부터 자성해야〉, 《월간중앙》, 2022년 7월, 66~69쪽.

김희경, 〈구독 안의 구독… 마니아층 만들어내는 유튜브 '채널 멤버십'〉, 《한국경제》, 2019. 6. 26.

넷플릭스 오리지널 다큐멘터리 〈소셜 딜레마〉.

〈아이돌 홈마의 생태계를 들여다보았다〉, 닷페이스, 2018. 12. 19.

도우리, 〈뉴진스에는 광야 같은 세계관이 왜 없을까〉, 《한겨레21》, 2023. 2. 2.

박정훈, 〈개딸? 잼칠라? '부유하던 심판자' 2030 여성의 변신〉, 《오마이뉴스》, 2022. 3. 24.

서경주, 〈캔슬 컬처Cancel Culture 그때는 맞고 지금은 틀리다〉, 《언론중재》 156, 2020, 46~51쪽.

연휘선, 〈빅톤 허찬, 음주운전 적발 자필편지로 사과 "하루하루 후회와 자책…"

[전문]〉,《OSEN》, 2022. 9. 23.

이연숙, 〈여성혐오적인 '에로틱 스릴러', 페미니스트는 즐길 수 있나〉,《한국일보》, 2022. 4. 16.

이영민, 〈에이프릴 이나은 '학폭' 허위였다… 폭로자 "자격지심에" 사과〉, 《머니투데이》, 2022. 1. 8.

이후연, 〈입학 조건이 학교 자퇴… SM, 사교육 1번지에 만든 학원 정체〉, 《중앙일보》, 2023. 4. 4.

장수정, 〈이달의소녀 츄 '학폭' 폭로자, 하루 만에 사과 [종합]〉, iMBC, 2021. 2. 24.

장혜원, 〈사이버렉카 '혐오장사' 요지경… 성희롱·패드립 등 조회수에 눈 먼 온라인 지옥도〉,《스카이데일리》, 2022. 3. 22.

티빙 오리지널 다큐멘터리 〈케이팝 제너레이션〉

한국기자협회 기자협회보 편집위원회, 〈포털 종속된 저널리즘… 괴물 되진 말아야〉,《기자협회보》, 2020. 11. 18.

황지영, 〈'SM학' 가르치는 K팝 학교… "시범 교육에 1200명 몰렸다"〉,《중앙일보》, 2022. 7. 26.

Goldhaber, Michael H., "Attention shoppers!", *Wired Magazine*, 1997.

JYP Entertainment ESG Report 2021.

망설이는 사랑

초판 1쇄 펴낸날	2023년 8월 1일
초판 2쇄 펴낸날	2024년 1월 24일
지은이	안희제
펴낸이	박재영
편집	이정신·임세현·한의영
마케팅	신연경
디자인	조하늘
제작	제이오
펴낸곳	도서출판 오월의봄
주소	경기도 파주시 회동길 363-15 201호
등록	제406-2010-000111호
전화	070-7704-2131
팩스	0505-300-0518
이메일	maybook05@naver.com
트위터	@oohbom
블로그	blog.naver.com/maybook05
페이스북	facebook.com/maybook05
인스타그램	instagram.com/maybooks_05
ISBN	979-11-6873-068-7 03300

만든 사람들

책임편집	임세현
디자인	조하늘